服装高等教育"十二五"部委级规划教材

服装品牌策划实务

马大力　主　编

卫小鹃　蒋　蕾　副主编

中国纺织出版社

内 容 提 要

本书从服装品牌策划的基础知识和观点入手，分别在基本策略、竞争性策略和创新性策略层面对服装品牌理论、原理和方法进行了系统分析和阐释。全书由十章内容组成，主要包括品牌与消费者生活形态的关系、品牌符号的设计与定位原理、个性的发展与价值延伸、品牌营销力与竞争法则、品牌策略与观念的创新等内容。本书从研究视角和观点上体现了当前中国服装市场和品牌发展的阶段性特点；从学习目的与方法上体现了从现实出发、学以致用的原则；从知识体系上体现了提炼总结、探究发现和求实创新的融会贯通；从整体架构上体现了新理论、新视角、新方法在具体问题中的应用。本书旨在对服装品牌理论有所创建，同时运用现实中的典型例证说明问题及观点，力求深入浅出，此外还设置了一些具有示范性引例及创意供读者参考和借鉴。

本书既可作为高等院校服装专业的教科书，又可供相关专业人员和广大读者阅读和参考。

图书在版编目（CIP）数据

服装品牌策划实务 / 马大力主编 . —北京：中国纺织出版社，2015.4（2019.8重印）
服装高等教育"十二五"部委级规划教材
ISBN 978-7-5180-1444-6

Ⅰ.①服…　Ⅱ.①马…　Ⅲ.①服装工业—工业企业管理—经营决策—高等学校—教材　Ⅳ.① F407.866.11

中国版本图书馆 CIP 数据核字（2015）第 050883 号

责任编辑：宗　静　　特约编辑：李春香　　责任校对：楼旭红
责任设计：何　建　　责任印制：储志伟

中国纺织出版社出版发行
地址：北京市朝阳区百子湾东里A407号楼　邮政编码：100124
销售电话：010 — 67004422　传真：010 — 87155801
http://www.c-textilep.com
E-mail:faxing@c-textilep.com
中国纺织出版社天猫旗舰店
官方微博 http://weibo.com/2119887771
北京云浩印刷有限责任公司印刷　各地新华书店经销
2015年4月第1版　2019年8月第4次印刷
开本：787×1092　1/16　印张：14.5
字数：260千字　定价：39.80元

凡购本书，如有缺页、倒页、脱页，由本社图书营销中心调换

出版者的话

《国家中长期教育改革和发展规划纲要》中提出"全面提高高等教育质量"、"提高人才培养质量",教高〔2007〕1号文件"关于实施高等学校本科教学质量与教学改革工程的意见"中,明确了"继续推进国家精品课程建设"、"积极推进网络教育资源开发和共享平台建设,建设面向全国高校的精品课程和立体化教材的数字化资源中心",对高等教育教材的质量和立体化模式都提出了更高、更具体的要求。

"着力培养信念执著、品德优良、知识丰富、本领过硬的高素质专门人才和拔尖创新人才",已成为当今本科教育的主题。教材建设作为教学的重要组成部分,如何适应新形势下我国教学改革要求,配合教育部"卓越工程师教育培养计划"的实施,满足应用型人才培养的需要,在人才培养中发挥作用,成为院校和出版人共同努力的目标。中国纺织服装教育学会协同中国纺织出版社,认真组织制订"十二五"部委级教材规划,组织专家对各院校上报的"十二五"规划教材选题进行认真评选,力求使教材出版与教学改革和课程建设发展相适应,充分体现教材的适用性、科学性、系统性和新颖性,使教材内容具有以下三个特点:

(1)围绕一个核心——育人目标。根据教育规律和课程设置特点,从提高学生分析问题、解决问题的能力入手,教材附有课程设置指导,并于章首介绍本章知识点、重点、难点及专业技能,增加相关学科的最新研究理论、研究热点或历史背景,章后附形式多样的习题等,提高教材的可读性,增加学生学习兴趣和自学能力,提升学生科技素养和人文素养。

(2)突出一个环节——实践环节。教材出版突出应用性学科的特点,注重理论与生产实践的结合,有针对性地设置教材内容,增加实践、实验内容,并通过多媒体等形式,直观反映生产实践的最新成果。

(3)实现一个立体——开发立体化教材体系。充分利用现代教育技术手段,构建数字教育资源平台,开发教学课件、音像制品、素材库、试题库等多种立体化的配套教材,以直观的形式和丰富的表达充分展现教学内容。

教材出版是教育发展中的重要组成部分,为出版高质量的教材,出版社严格甄选作者,组织专家评审,并对出版全过程进行跟踪,及时了解教材编写进度、编写质量,力求做到作者权威,编辑专业,审读严格,精品出版。我们愿与院校一起,共同探讨、完善教材出版,不断推出精品教材,以适应我国高等教育的发展要求。

中国纺织出版社

教材出版中心

前言

中国民族服装业的开蒙，是近100年前因奉化"红帮裁缝"的兴盛而起步的西装定制，代表品牌有"造寸""波纬（后更名为"红都"）""蓝天""雷蒙"等。而今天意义上中国时装的启蒙，则始于1979年法国著名时装设计师皮尔·卡丹在北京民族文化宫举办的首场时装表演以及1981年皮尔·卡丹模特队在北京饭店的首场演出；与之同时兴起的中国服装制造业培养了一批代表中国服装形象的品牌，包括20世纪80年代的"雅戈尔""劲霸""九牧王"和90年代的"利郎""七匹狼""庄吉""报喜鸟""白领""江南布衣""淑女屋"等；而武汉的汉正街、广州的白马服装市场和虎门的富民时装城，则是中国服装市场及服装品牌进入发展模式的开端。

在30多年的时间里，中国服装品牌完成了三步跨越，特别是在21世纪以来的十几年中，中国服装品牌基本完成了从模仿到创新的转变，成为当今世界上一支不容忽视的竞争力量。但是，存在的问题也很尖锐：同质化的竞争造成了较高的市场淘汰率，使整体的品牌文化积淀十分薄弱；由于过多地把目标瞄准了世界一流品牌，致使国外的大众化时装乃至平民服饰品牌抓住了机遇而在中国市场快速发展……这就要求中国服装品牌在下一步能够创造优秀的品牌基因，成为行业的主导力量促进资源配置的优化和价值链上利益的合理分配，准确把握市场需求，全面开拓营销渠道，真正提升品牌文化。而实现这一目标，需要对品牌有现实而深入的认识。

如果将企业的资源比喻为电源，将产品比喻为电灯，那么，品牌就好比是接通电源后的灯光。管理者要明确经营企业、开发产品、创造品牌之间的区别与关系，尤其要明确消费者的作用。

品牌理论是对实践的总结，更是对现实情况的理解和把握，服装品牌更是如此。在宏观的理论之外，发现新的问题并寻求解决的办法，是实际工作和专业教学中应该首先考虑的事情。

根据服装专业改革和课程创新的需要，以及为专业人员和广大爱好者提供参考资料的目的，我们编写了这本《服装品牌策划实务》。本书对服装品牌从策划、设计到经营、创新进行了全方位的介绍，立足于我国服装市场的实际，结合我国服装品牌的现状，其中包括许多近年来作者与合作者的研究所得，力争做到系统、新颖、实用。

本书由天津工业大学马大力担任主编，负责全书的策划和纲要的拟定；由太原理工大学卫小鹃、天津工业大学蒋蕾任副主编，负责内容统筹及修改，并协助主编进行统稿、定稿。由马大力、卫小鹃、蒋蕾、朱啸宇、张俊霞组成的编委会分别执笔编写各章内容，具体分工为：第一、第九、第十章由马大力编写，第三、第四章由卫小鹃编写，第二、第五、第六章由蒋蕾编写，第七、第八章由朱啸宇编写，张俊霞负责全书资料编辑、整理工作。

在本书出版之际，我们特向为本书热情提供资料、素材的同行和朋友们表示感谢！特向因缺少信息来源而未能署名的图片等素材的作者和提供者表示感谢与歉意！本书采用了天津工业大学高立燕老师以及毕业于天津工业大学的研究生李婧、孙美芹、王永莉、韩卓、李珂珂、张瑜、张奇、蔡晓秋、李亚、杨勇等同学的一些研究成果，另外个别创意参考了本科班学生作品，具体情况已在文中予以注明，向他们表示感谢！

本书作者独立或与合作者共同拥有书中"创意"的知识产权（已被企业所采用的除外），未经许可任何人不得擅自使用。

由于作者水平所限，书中疏漏之处在所难免，恳请各位读者批评指正！

编者
2015年1月

教学内容及课时安排

章/课时	课程性质/课时	节	课程内容
第一章 （2课时）	课程定位与 指导思想 （2课时）		●服装品牌：消费社会的闪亮标志
		一	分门别类的服装品牌
		二	消费者如何认识服装品牌
		三	企业怎样给品牌定位
第二章 （2课时）	基础理论与 基本方法 （10课时）		●品牌策划：为消费者"定制"生活形态
		一	选定消费者
		二	定义品牌价值
		三	策划品牌驱动
		四	构思品牌传播
第三章 （4课时）			●品牌设计：创造鲜明的品牌符号
		一	感性时代的设计思想
		二	品牌标志设计
		三	品牌形态提炼
		四	品牌美学规划
		五	品牌符号分析
第四章 （4课时）			●创造形象：实现品牌定位
		一	品牌形象系统
		二	产品设计定位
		三	营销方式定位
		四	客户关系定位
		五	形象表达定位
第五章 （3课时）	基本策略之 原理与方法 （6课时）		●分化求新：用差别塑造个性
		一	同质化的市场格局
		二	品牌个性化的实现
		三	创造独特感

章/课时	课程性质/课时	节	课程内容
第六章 （3课时）	基本策略之 原理与方法 （6课时）		●价值延伸：维护品牌的光环效应
		一	品牌的价值体系
		二	品牌价值感知
		三	品牌价值提炼
		四	品牌价值维护
第七章 （3课时）	竞争性策略之 原理与方法 （6课时）		●品牌营销：使品牌资产形象生动
		一	品牌资产的本质
		二	强化品牌可传播性
		三	创造感性化品牌
第八章 （3课时）			●竞争法宝：把握个性的制高点
		一	品牌竞争力的提升
		二	竞争法则：个性为王
第九章 （3课时）	创新性策略之 理论与方法 （6课时）		●品牌策略：以营销思想规划品牌
		一	同质化的市场格局
		二	流行化设计策略
		三	符号商品营销策略
		四	品牌化延伸策略
		五	新媒体渠道策略
第十章 （3课时）			●创新法则：让消费者永远拥有新感觉
		一	品牌表达创新
		二	品牌概念创新
		三	符号学方法
		四	适度的创新

注 各院校可根据自身的教学特色和教学计划对课程时数进行调整。

目录

课程定位与指导思想——

服装品牌：消费社会的闪亮标志

课题名称：服装品牌：消费社会的闪亮标志

课题内容：1. 分门别类的服装品牌

2. 消费者如何认识服装品牌

3. 企业怎样给品牌定位

课题时间：2课时

教学目的：解释当今服装品牌趋于类型化的市场机制和消费心理；提出品牌分类模型并说明其意义；指明消费者看待品牌的立场以及选择品牌的方法；指明企业进行品牌定位的原则；说明本课程的指导思想和基本观点。

教学要求：1. 根据学生知识基础对主要知识点进行相应的展开。

2. 说明有关品牌竞争与消费者生活方式的概念与原理。

3. 结合当前实际并运用实例分析品牌定位与品牌价值的概念。

4. 深入讲解对消费者分析的目的与意义。

教学方式：课堂讲授与课堂讨论相结合。

第一章　服装品牌：消费社会的闪亮标志

　　为什么会有那么多人拿服装品牌来衡量自己的满足感？因为品牌是社会生活的坐标，它帮助人们通过消费衡量与别人的关系，找到自己的位置。尤其在一个消费社会中，服装品牌无疑是最闪亮的标志。

　　当今社会有两种影响消费的力量，一种是社会的，它通过分工和分配，使社会成员区分为不同阶层；另一种是市场的，它通过细分和发展品牌，使消费者趋于"同质化"，即大众消费者也可以享受时尚消费甚至奢侈消费带来的满足，品牌消费和时尚潮流则使不同社会阶层的人可以聚集在同一个品牌下。前一种力量促进了消费社会的发展，后一种力量则促进了市场的发展——这反映了两种力量在本质上的一致性。

　　消费者是市场上的决定性力量，但绝不是决定市场结构和消费模式的力量。他们被无数品牌锁定，每个人都被当作目标销售对象。在交织着社会和市场两方面游戏规则的日常生活中，人们必须选择一种适合自己的生活方式，而生活方式其实就是由某种消费方式来体现的。今天的社会是一个人与人高度依存的社会，纯粹的个人意志和个性表达就如同一个水泡一样无足轻重，人们只能借助于品牌来降低自己与社会坐标相互契合的成本，而品牌往往能够回报给消费者种种意外的满足与快乐。

　　服装品牌在今天的社会背景下，成为能够统一社会、市场、文化、心理和情感对人的不同影响的一种方式，并且构建了消费者能够实现的愿望和不能实现的梦想，从而成为消费者用以表达自我的符号。

　　对于中国的服装市场而言，品牌策划的外部条件已经发生了巨大的变化，他山之石未必可以攻玉，服装品牌经营者应当深刻理解服装品牌的本质，立足于现实，探索适合于当前市场竞争形态的品牌策略，以创造力弥补基本功的不足，让中国服装品牌真正崛起。

第一节　分门别类的服装品牌

　　市场是人在社会、文化、心理以及基本生活层面的需要在经济上的实际体现，因此具有多元和综合的特点，而不是简单、孤立的。在现代生活中，服装市场无疑是必不可少的，但它却不仅是为了基本需要的满足而存在，更多情况下，它作为表现现代生活丰富性、多样性的一个大舞台，展示了社会的富足与发展，人的无穷创造力以及诸多的欲望和梦想，这就使服装市场不断地向复杂化发展。

以竞争性作为观察角度来透视服装市场，可以从错综复杂的关系当中看到市场的结构特点，而最具有代表性的，是按照市场规律和生活形态聚集而成的服装品牌。如果把服装品牌分门别类，就会使市场的区隔变得清晰可辨，使分析研究工作能够找到比较明确的思路。

如果透过表明现象，从人们的社会生活内容和物质与精神追求，心理本质和情感需要，以及市场文化发展的走向来考量服装品牌的特点，就会比较客观地发现服装品牌分门别类和相互对应的规律性。按照这样的角度，可以将服装品牌进行分类（图1-1）。

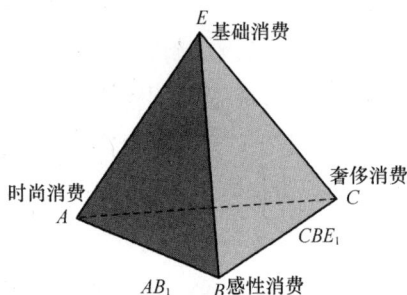

图1-1　服装品牌分类模型

图1-1中以三棱锥的四个顶点E、A、B、C分别表示服装消费的四个主要取向，依次为基础消费、时尚消费、感性消费和奢侈消费。如果将服装品牌所代表的消费取向作为分类的依据，就可以把服装品牌划分为基础品牌、时尚品牌、感性品牌和奢侈品牌。从图上看，四个顶点分别表示具有单一取向并且是市场上最为典型的四个类型的品牌。事实上，大多品牌都兼有不同的取向，并非绝对的单一类型，如果用示意图来表示的话，其特点就可以通过三棱锥上某个具体的位置表示出来。例如，位于图中A与B连线上的AB_1点，表示一个时尚性非常突出，并且兼有感性特征的品牌；而位于EBC平面上的CBE_1点，则表示一个具有较突出的感性，又有一些基础特征的奢侈品牌。利用这个分类模型，可以表示市场上各种不同类型的服装品牌，此外，还可以用于进行服装品牌定位和服装消费结构的分析。

当西班牙"快时尚"品牌ZARA以席卷之势改变了中国消费者对服装更新换代的看法时，"快时尚"的概念很快成为一种消费潮流，一些与之有相似特征的品牌也以"快时尚"的名义在市场上开展传播和营销攻势，并很快取得了显著的收效，如H&M和优衣库（UNIQLO）。如果按照品牌分类模型，根据品牌各方面的特征，分别对"快时尚"品牌进行系统分析，或者可以得出一些不同的看法：ZARA最突出的市场表现，也是它取得成功的一个要点，就是丰富的产品和极为快速的产品更新，因此，它给人的直观感受、传达的消费理念和整体印象都是一个"快"或是"新"字，所以应该将其划为以感性见长的品牌；H&M以欧洲顶级时装设计师作为号召市场的旗帜，但定位在一个大众化的价位上，从而使大众消费者有机会尝试一种"购买时尚，把握流行"的消费体验，所以可以视为以时尚性为标志的品牌；而优衣库的品类定位、产品系列以及价格策略都极其鲜明地表现出一个基础品牌的特征。然而，如果按照上述品牌所进行的市场宣传和推广来看，它们都一致地被视为"快时尚"的代表，这反映了一个基本的市场法则：当一个概念成为流行的时候，其内涵往往会被放大甚至发生某种改变。

第二节　消费者如何认识服装品牌

对服装文化有些了解的人一定知道高级定制（Haute Couture），以前的叫法是高级时装或高级女装。总之，一提到这个概念，许多历史悠久、声名远播的"大牌"就会浮现在人们脑海里，一下子激起人们无尽的遐想。然而，高级定制只服务于极少数"高端"消费者，对于大众消费者来说，它们只是杂志里的广告，心目中的想象，真正能够消费的只是那些普及型产品，如香水、口红、睫毛膏等。这便揭示了一个事实：消费者认识服装品牌的渠道、方式、过程，离不开自己的实际生活，具体而言，不外乎通过社交圈、商圈和文化圈这三个层面去了解林林总总的服装品牌，从而形成自己的"品牌字典"。一个人在社交圈里，会接触到各种品牌信息，诸如品牌名称、品牌故事、消费体验等，这些熏染可以使消费者对"圈子里的品牌"有所认识，要不断地寻找那些与自己相关的品牌并学会评价它们。在商圈里，即消费者喜欢或习惯光顾的购物场所，浏览和购买是了解品牌最直接的方法，产品的款式、质感、包装、陈列使一个个品牌变得直观、鲜活、生动起来，既展现出它们的价值所在，也拉近了与消费者的距离，使得消费者的购买欲望被激发出来，或是得以释放和宣泄，消费的体验也油然而生，令人感到愉悦和满足。与此同时，消费者可以邂逅和自己同属一个类型的消费者，这便会形成一种对照和参考，对个人认识品牌的角度和态度有所启发。在文化圈里，娱乐和流行时尚使人可以获得许多对服装品牌的感性认识以及对品牌象征性的体会与感悟。时装杂志与其说是服装品牌的传播者，不如说是服装品牌的塑造者，它把图片和词语交织成故事与评论，以服装品牌的名义描绘出一个个诱人的生活画面，引导它的读者学着为幸福买单。

一旦被收录进消费者的品牌字典，服装品牌就有了它在市场、文化和情感上的意义，消费者也就会根据这个字典去选择心仪的服装品牌，并参与到这些品牌的建设中，成为品牌资产的贡献者。

第三节　企业怎样给品牌定位

来自美国的耐克（NIKE）和来自德国的阿迪达斯（Adidas）都是全球最具声望的体育

用品品牌，多年的市场角逐，奠定了各自的地位——世界第一。两个品牌都是第一，这似乎是一个悖论，但却完全符合品牌的特性：因为它们分属于不同的消费者，在各自的消费者眼里，它们都是第一。这个事实说明品牌是以竞争作为立足之本的，而竞争的结果并非一定要分出伯仲，也未必你死我活，针锋相对的竞争也可以实现共存乃至双赢，但前提一定是找到彼此的能够相互对照的差别，这种差别并无高下之分，只是各自对消费者需求的一种反映或是表达。据中华文本库《耐克与阿迪达斯对比分析报告》称：穿着阿迪达斯鞋的男孩会混在男孩堆里一起谈论女孩，但是穿耐克鞋的男孩子却都和女孩子在一起。这个有趣的分析其实说明了品牌定位的两个核心内容：其一，满足哪些消费者怎样的诉求；其二，与哪些品牌形成竞争关系并在哪些特征上形成有意义的差别。

　　既然品牌定位的本质是确定品牌与消费者的关系以及与竞争品牌的关系，因此，企业在给自己的品牌定位时，首要的任务是把握目标消费者的特征，并把体现这种特征作为自身角色化的实际内容，通过角色扮演来寻找能够使自己安身立命的市场空间。

　　在当今的市场条件下，服装消费者常常游离于模式化的类型之外而发展成为以差异化为标志的亚群体，因此，企业必须在一系列具有针对性的消费者分析中发现适合自己的群体，在今天，按图索骥的做法已经行不通了。就当前我国服装市场的发展阶段而言，企业进行消费者分析的时候，应该按照成熟市场的方法，在社会层面、市场层面、个人形象及行为层面、价值观层面和文化层面进行系统的研究，对消费者在各个层面所表现出来的典型特征进行分析和归因，从而把握消费者的需求及其思想根源。

　　企业进行消费者分析切不可一概而论，不分主次，必须立足于自我，从品牌的实际情况出发，围绕目标消费者的基本诉求展开分析：具体地了解消费者在社会归属、对流行的感知和追求、消费习惯和形象要求、价值感知与理解、审美取向等方面的特点，以便确定消费者的类型，使品牌的定位与之相适合。

　　从本质上讲，品牌定位就是企业认识到并且创造出既能让消费者感知又能让他们满足需要的价值。一般来说，服装品牌的价值可以体现在图1-2所示的几个层面。

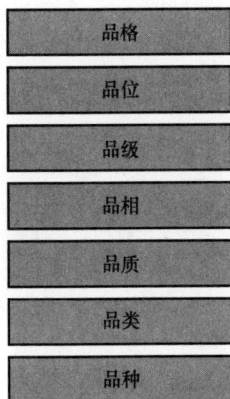

品格

品位

品级

品相

品质

品类

品种

图1-2　体现服装品牌价值的不同层面

其中，品种表示品牌价值可以通过产品的实用性来体现；品类是指品牌价值通过消费者需要的分化来体现；品质说明品牌价值可以通过设计和制作的评价标准来体现，它通常是客观存在的，并且标准是基本统一的；品相则表示通过商品化的手段以形式感即款式特征和美感来体现的品牌价值，它以客观实际为基础，但是要靠消费者的感知与认识来实现；品级是品牌通过对个人形象和社会角色的符号化而实现的价值，它以价格为主要衡量指标，就品牌价值的实现来说它最直接而且也是最具体的；品位所表达的是品牌对个人情趣与偏好的体现，它往往需要超越一般的社会标准，而依赖个体的认同度，由于偏重于精神层面，因此这种价值的体现也最难以把握；品格是指品牌在社会责任、伦理、公益等方面体现出来的价值，属于社会价值的一种形式，是通过品牌所有者和消费者共同的付出而实现的。

思考题

1. 在自己所在城市参考品牌分类模型分析市场上（选择代表性商圈）服装品牌的结构，即类型与比重、分布情况、各自消费者的情况等，对"市场上品牌结构对消费者的影响"这一问题进行讨论并提出个人见解。

2. 品牌文化对服装消费有怎样的影响？

基础理论与基本方法——

品牌策划：为消费者"定制"生活形态

课题名称： 品牌策划：为消费者"定制"生活形态

课题内容： 1. 选定消费者

2. 定义品牌价值

3. 策划品牌驱动

4. 构思品牌传播

课题时间： 2课时

教学目的： 提出"服装品牌是消费者生活形态的表征"这一观点，解释清楚品牌策划的本质；明确有关品牌价值的概念；讲明品牌价值驱动的原理及方法；树立品牌传播的新观点。

教学要求： 1. 求证服装品牌与消费者生活形态的对应关系。

2. 解释竞争这一概念在品牌策划中的地位。

3. 定义品牌价值并说明价值创造的原理。

4. 分析品牌传播、品牌驱动及价值理解的内在关联性，讨论创新的思路。

5. 通过举例及分析说明本章主要概念。

教学方式： 理论讲授、图例示范、案例讨论与分析。

课前准备： 阅读参考文献并重点了解以下概念：生活形态、市场细分、目标消费群体、品牌价值、品牌传播等；调研优衣库、例外专卖店；阅读有关专业杂志和学术期刊。本章建议书籍为：《品牌传播学》、《市场营销学（实践篇）：真实的人，真实的选择》。

第二章　品牌策划：为消费者"定制"生活形态

　　品牌是市场竞争的工具。有竞争力的品牌，一定是能够在消费者心目中唤起愉悦感的名字，是与消费者的生活方式密切相关的价值所在，是不断给予消费者新奇体验的持久关系。

　　对于企业选择什么样的思想来经营，有一个通俗的说法："低级企业卖产品，高级企业卖技术，顶级企业卖品牌。"这其实表明了一个企业最根本的经营法则，即企业所制造的和营销的，都应该是最能创造价值的。在传统的经营思想中，物质产品的生产是首要的，而在现代的经营思想中，首先应该考虑非物质产品的生产。可以简单地将品牌理解为一种高附加值的产品，显然，它是一种非物质产品，因为它不是从生产线上下来的，而是在消费者的头脑中生长出来的——企业在它的经营活动中，使消费者对企业的产品、服务以及产品和服务所代表的意义有所感受，有所体会，进而有所认识，这一切便是品牌的实质。之所以说品牌这种非物质产品能够创造更大的价值，就是由于它所承载的意义使然。如消费者在购买一双鞋的时候，如果同时能够获得一份表明自己身价的"证明"，那么，消费者就愿意为此多付一部分金钱，而品牌也就因此多创造了一份价值。按照经济学的概念，在产品和服务之外多出来的这部分价值就是"溢价"。

　　不仅制造产品，更要"生产"品牌，这早已经是服装企业的共识。尤其是中国的服装企业，在经历了只能以产品的成本来议价的时代之后，非常迫切地希望步入到以品牌来议价的时代——这正是中国服装业升级的一个基本标志。

　　因为对于中国来说，服装业是一个有发展前景并且符合国情的行业，因此，包括"投资型""延伸型""转型型""创业型"等不同起点、不同条件的新兴的服装品牌如雨后春笋般不断地涌现出来，据统计，目前我国市场上的服装品牌大约有10万多个。正是由于大量品牌的集聚，加上国外品牌的进入，服装市场上的竞争格局已经发生了根本的改变，竞争已经从最初的价格竞争、质量竞争、规模竞争发展到如今的品牌竞争，这说明，如果企业不能"生产"出品牌，将没有生存的空间。有关调查显示，国内服装市场每年大约有2000多个品牌被淘汰，这个数据足以说明品牌的重要性。

　　品牌的竞争如何理解呢？简单地讲，就是企业相互之间比一比品牌的分量——品牌的价值几何。其实，这也如同产品竞争时代一样，裁判永远是消费者。但是，又有一个非常重要的不同之处。对于产品，市场上一般都有统一的衡量标准，消费者往往拿市场的尺子来测量；而对于品牌，很少有统一的标准，即所谓仁者见仁智者见智，因此，企业必须把握准目标消费者的心理。

这便揭示了品牌竞争的本质，即通过与消费者的互动，使他们认为眼前这个品牌是最好的。具体来讲，品牌竞争就是一个品牌奠定在消费者心目中的地位，它体现在消费者把品牌作为个人生活的一个个表征——即作为消费对象，作为体验的内容，用于个人意愿的表达，由此确立自己的社交圈子。品牌之所以可以作为消费者生活形态的表征，也是由于它所承载的意义——它可以把生活分门别类，标明各自的领地，并以此作为消费者定义自己的方式。也就是说，在现实消费活动中，每个品牌都对应于某个消费群体或者说对应于他们的生活形态。社会生活中，人从属于不同的阶层或群体，相同的群体内的社交、消费、娱乐、衣着模式具有相似性，而品牌就成为其标志性的体现。

在这个视角下，服装品牌策划的核心任务就是在细分消费者群体的基础上，为其日常生活提供标志性的消费方式。而为了达成该目标，要依据生活形态来区分消费者，进而根据生活形态确定品牌所体现的价值并根据目标群体的感受方式确定体现品牌价值的要素，最后选择合适的互动方式，与消费者"搭上话"，即有效地进行品牌传播，恰到好处地建立与消费者的联系并强化彼此的关系。

第一节 选定消费者

策划品牌的首要任务是确定目标顾客，即该品牌所面向的消费者，因为只有充分了解消费者个人的需要和欲望，企业才能提供个性化和人性化的产品或服务，特别是在"非物质产品"层面满足消费者个人的需要和要求，从而与消费者建立密切的关系。

如今已是多元化时代，购买同一类型服装的消费者并不一定属于同一社会阶层，也不一定在收入、职业、受教育水平等个人背景方面相同或近似，但是，他们一定具有相近的生活方式，或具有相近的社会角色。这些来自不同社会阶层的人，由于生活取向、价值观念等原因而被社会所"同化"，于是，成为选择相同生活方式的一个集合，我们称之为具有相同生活形态的消费者。

一、多元文化下的生活形态

生活形态是个体在其个人成长、个性发展和角色形成的过程中，由于自身的认知、观念以及受诸多社会因素影响而形成的生活态度的外在表现，即个体因思想意识、兴趣爱好、生活习惯等个性特点在日常生活中表现出来的一种生活状态，通常在社交、消费、衣着等方面有明显的表现。从根本上讲，生活形态与个人的精神追求特别是对于归属感的需要密切相关。从社会角色区分的角度讲，生活形态的区别标志即为"个人形象"，也就是人通过服饰等所表现出来的个人特点，它往往与某种标志性的特征相一致。

简单地讲，如一位西装革履的人，往往会被认为是从事脑力劳动的职业白领，具有较高的教育背景，有能力追求精致的生活享受和消费品位，由于工作需要与公众交流沟通以及出席各种社交场合，所以对着装美感和时尚有较高需求，服装注重规范得体，大方精致，给人一种"成功人士"和"品位不凡"的感觉。而一位在服装上不修饰的人，就有可能被认为是一个普通劳动者，对商品的要求是"量"胜于"质"，服装以实用为主，没有任何刻意的追求，给人一种生活单调刻板、消费能力较低的印象。这就是服饰的"意指"作用，它通过塑造特定的形象反映出一种生活状态，包括平常参与什么社会交往，对什么样的事物感兴趣，持有何种观念和意见等。

当今社会给人许多选择的可能性，同时，各种潮流、时尚培养了各种"志同道合"的类型，即通常所说的"族群"。族群的出现使得生活形态更具典型性——这就使得族群内部的成员有可能相互识别；另一方面，识别也就意味着差异，因此也就造成了消费者类型多元化的趋势。

归根结底，消费者类型的多元化是由于社会文化的多元化所造成的，在今天看来，这并不是传统的延续，而是生活观念的更新。例如，在"新新人类"看来，男性消费者也应该体现精致和细腻的一面，或者说，与女性着装的区别不必泾渭分明，所以，在服装色彩上的选择、款式的取舍，甚至于化妆品的使用中，都表现出"柔化"的特点，而持有这一消费理念或形象观念的人群当中自然会出现勇于实践的先行者，从而形成一个前所未有的族群。

社会学家和市场研究人员对社会环境造成个体区分的社会学和心理学机制，以及处于不同阶层的消费者在消费过程中的实际表现都有许多研究成果，也建立了许多有关的模型。例如，SRI国际调查公司基于美国部分家庭生活形态构建了VALS（Value Attitude & Lifestyle）调查研究模型，它从消费者拥有的资源和主要的活动动机两个维度将美国成年人分成了8种类型（图2-1）。

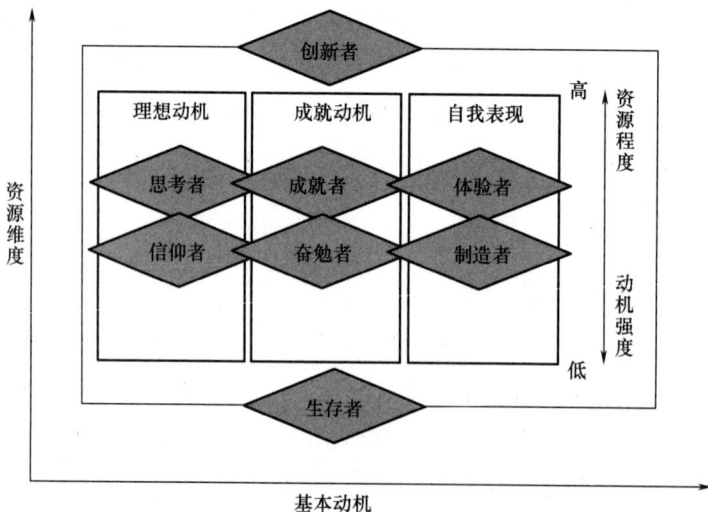

图2-1　VALS生活形态系统

资料来源：江林. 消费者心理与行为 [M]. 中国人民大学出版社，北京. 2011.

有关研究成果反映了某个时期或某个文化背景下的消费者分类情况，作为一种原理性知识是值得学习和借鉴的，但是，每个企业面对的情况和所处的条件不同，目标消费者也是一个与众不同的特定的群体，所以，分析研究必须从实际出发。

有关原理表明，每个群体里的成员都有不同的价值观并希望能保持自己独特的生活方式。例如，在图2-1所示的模型中，以成就为追求目标且拥有资源丰富的创新者，他们骄傲，自尊心强，生活态度积极，自我评价高，注重形象，追求更高的生活目标和更好的生活品质，关注新产品和新技术，在消费中个性独立，主见鲜明；而以理想原则为追求目标且资源丰富程度一般的信仰者，收入处于中等水平，故而消费保守有计划性，家庭意识重，成员之间关系密切，生活习惯稳定，不易改变，消费习惯固定，消费行为低调；而以自我表达为追求目标且资源相对丰富的体验者，以年轻人士居多，他们生活热情，愿意尝试，性格中带有叛逆色彩，追求时尚的变化，收入的一大部分会用于服装、音乐、电影等有关个人形象和文化方面的消费上。在现实中，几乎每个消费者都可以在上述分类模式中找到自己的位置。

由于针对某一生活形态群体而形成的有效的营销活动组合比针对单一人口统计群体更容易实现有目的性的接触并更加深入，所以，生活形态研究被作为市场营销研究的一个重要内容取得了许多进展。在德国政治经济学家和社会学家马克斯·韦伯最先提出生活形态这一概念时，他只是指出生活形态即人们如何生活，或如何进行日常活动的方式。之后，美国经济学家管理学大师爱德华·拉泽尔则是第一位将生活形态的概念引入营销领域，并应用于产品或品牌营销的学者，这使得生活形态与营销建立了深远的关系。他将生活形态定义为社会族群所独具特色的生活模式，具有同一性和明显的区别性。而美国营销学教授所罗门把生活形态作为一种以人们对时间和金钱支配为标志的生活方式表现。美国"现代营销学之父"科特勒则认为生活形态是人们用以表现活动、兴趣和观念所构成的生活理念的模式表达。

品牌经营本身就是营销学的研究内容，所以，以品牌经营的立场研究生活形态自然也是很有必要的。而研究方法同样应该从实际出发，要求把握要点而且深入浅出。例如，台湾学者林资敏所撰写的与消费者生活形态有关的系列丛书中描述的案例，她将企业与消费者的关系比喻成一位男士主动追求心仪的女士。聪明用心的男士会利用一切信息来源与渠道来获得女士的相关信息，如姓名、联系方式、兴趣爱好、上下班的交通方式及路线，看什么类型的电影，听谁的音乐，喜欢的偶像明星是谁等一系列内容。在充分掌握女士的各种情报后，投其所好，制造各种偶然事件，展开追求攻势，俘获美女的心自然势在必得。这个通俗的比喻清楚地说明了其中的道理，旨在创建品牌的企业就应该随时掌握目标消费者的各种生活动态，积极了解其生活情境细节，才能进一步把握消费者的消费习性，从而投其所好，真正对消费者的观念和行为造成影响。

二、不同的服装消费方式

生活形态是建立在学习、知觉、个性等个人因素与群体、家庭、社会地位等社会因素以及文化因素等综合影响之下。而生活形态所体现的价值观、消费观等生活理念会导致个体对物质和精神上的不同需求，进而影响消费决策，左右其消费购买行为；消费结果及其外部评价又是对生活形态的强化和巩固，这便使得生活形态和购买行为之间互相影响，彼此关联。因此，服装消费也就成为了一个"拟态"的工具——通过服装消费来表示自己属于某一类型，也可以说服装消费方式是体现生活形态的一种具有标志性的行为。

从品牌策划的角度讲，目标消费者从属于一个群体，通常称之为目标消费群体，它的形成和发展与品牌的准确定位密不可分。例如，法国知名品牌夏奈尔（CHANEL，又称"夏奈尔"），其客群被称为"夏奈尔一族"，她们的服装偏好，服饰的选择中各因素所占的比重，都具有一定的特点。此外，她们日常接触到的媒体，经常浏览的杂志、网页，崇拜与认同的偶像，也与其他群体有所差异，甚至于她们喜爱的音乐、食物、休闲活动都自成一派，而这一切作为生活形态的特征性因素，自然有其思想根源，那么，这样的思想也会在服装消费方式上表现出来。可以说，服装消费方式是反映个人生活观念的重要指标，与品牌意识具有内在的关联性。

服装消费方式可以归类为几种类型。例如，在图2-1所示的模型中，生活形态的创新者喜欢通过各种不同的方式来表现自己，作为社会的精英群体，他们追求的是高质量的品位生活，服装的选购注重品位和个性的体现。思考者属于老练的和讲究实际的消费群体，他们通常会购买实用性的、物有所值的和耐用的产品。信仰者是保守的，其中有些人根深蒂固地坚持传统的东西，循规蹈矩地生活在他们所属的社会团体中，作为消费者，他们更加喜欢本土的产品和品牌。成就者趋向于安于现状，不喜欢与众不同，他们喜欢高档的产品和体面的服务，这能让他们获得成功感。奋斗者在经济上、社会上和心理上对自己的不确定性，使他们非常在乎别人的看法，他们的着装竭力模仿那些更体面的人，以期从周围的环境当中寻求认可和肯定。体验者喜欢户外活动和社会活动，愿意接受新的事物，愿意尝试新的款式，多数收入花在了服装上面。制造者是讲究实际的和善于自我满足的群体，信奉实用主义，注重服装的舒适性。生存者没有很强的自我意识，服装的消费考虑的首要问题是安全和保障，并且他们对自己喜欢的品牌忠心耿耿。

将不同的服装消费者划归若干个类型，就是通常所说的对消费群体进行细分，而服装品牌策划就是在细分消费者群体的基础上，以服装消费方式来为目标群体创造生活的坐标。众所周知，最简单的划分方法是按照消费者的自然属性如性别、年龄和社会属性如收入、受教育情况、职业等进行分类，或是按照前面所介绍的依据对消费者生活形态的概括来划分。严格来讲，这些分类方法都属于一般性分类。如果想要在一般分类基础上对消费群体进行进一步细分和开展系统研究，就需要从以下四个方面综合考虑。

其一，服装消费的文化取向。消费者在服装消费的文化属性方面有如下选择：自然的，如水果色；地理的，如克什米尔羊绒（开司米）；人文历史的，如20世纪30年代样式的旗袍；艺术的，如蒙特里安构图。

其二，服装消费的时尚化意愿。在时尚性方面，消费者追随流行风潮的态度迥异，首先是狂热的追随者，紧随其后的是不甘落伍的效仿者，此外，一些人熟视无睹，而对流行持排斥态度的也不乏其人。除了主观意愿各不相同造成的人们对服装消费时尚化程度的差别，个体对流行趋势的敏感性和体验方式也是一个重要因素。

其三，服装消费的个人化趋势。即个体倾向于以个人实际条件诸如身材、气质以及个人化动机为出发点的消费取向，可以按照显著程度加以区分。反之，则倾向于以普遍的观念和大众化的方式作为消费的出发点。

其四，服装消费的情感模式。在情感表达和服饰形象方面，通常有以下几个方面的表现：成熟稳重的知性消费者；热情浪漫、充满幻想的理想主义者；童心未泯、任性自我的感性消费者。

依据消费者生活形态确定消费行为的分类方法被广泛应用于市场调查、品牌定位、渠道选择、营销策划等工作中。进行消费者细分时，可以将上述各个方面在消费者身上的具体体现及其显著程度用于区别消费者的类型。例如，自然的、追随时尚的、感性消费者；又如排斥时尚的、显著个人化的、理想主义者。

品牌可以使一群价值诉求和生活情趣相近的消费者将内心世界顺理成章地外化为生活形态，从而通过这种特殊的依存关系实现精神的归属。可以说，品牌帮助这些消费者创造了一个属于这个群体的生活方式，而品牌消费者获得的满足感在很大程度上来自于群体成员在相互参照和互动消费中所创造和发展出来的品牌的意义。这一点对于品牌经营者来说是非常重要的。

案例：基于生活形态测量对某女装品牌的消费群体细分

1. 概述

某女装品牌对目标群体的生活形态进行问卷调查，从目标群体的答案选择中，归纳出不同类型的女性对生活的关注层面，对服装的态度以及自身个性的关键形容词等基本要点，以便了解生活形态与服装消费方式。

该女装品牌以时尚、典雅、现代为服饰设计理念，偏重于成熟的职场人士着装风格。主要目标顾客群为30~50岁的时尚白领女性，工作稳定、收入颇丰，关注自身形象，对服饰的穿着有自己独特的见解。品牌致力于"女性私人衣橱"理念的传播，以成衣销售为主要利润来源，以服装定制为高端特色业务，为现代女性提供时尚、雅致、适合的穿衣引导，努力提升本品牌塑造的高端时尚女装形象。

2. 细分要点

调查结果显示，按照生活形态的不同，该女装品牌的消费群体细分为3个类型，见表2-1。

表2-1 某女装品牌目标群体细分结果

事业型	主要职业	政府机构管理层、企事业单位高管、高校行政领导等
	主要关注信息	社会新闻、财经报道、政治动态、休闲阅读等
	服饰穿着态度	服饰是身份的象征,要适合自己的社会角色,穿着得体
	标志性形容词	干练、严谨、有气场、理性
	穿衣风格	简洁干练,有品位、有气场
温婉型	主要职业	企事业白领、教师、家庭主妇等
	主要关注信息	生活休闲、养生、烹饪、娱乐等
	服饰穿着态度	服饰是身外之物,穿着舒适得体即可
	标志性形容词	温柔大方、随和、热情、低调、有内涵
	穿衣风格	轻松自然、休闲舒适
精致型	主要职业	小资白领、个体经营者、自由职业者等
	主要关注信息	社会新闻、休闲阅读、时尚潮流等
	服饰穿着态度	服饰是个性与品位的展示,体现自己的穿衣风格和时尚度
	标志性形容词	时尚、个性、张扬、有情调
	穿衣风格	时尚潮流、张扬个性

3. 总结

由于上述细分结果来自于对消费者生活形态的问卷调查,并且是围绕目标消费者展开的研究,所以,针对性较强,故而对于相关品牌较有参考价值。这一结果的特点是把代表消费者生活形态的主要情况提出来进行分析,并且对这些标志性的内容之间的相关性进行了分析、汇总,以明确的语言加以概括,故而清晰明了。由于所划分的类型是基于特定群体的,所以,并不具有广泛意义。

第二节 定义品牌价值

随着生活水平的日益提高,各类市场逐渐转化为以消费者为主导的买方市场,尤其是服装消费呈现出个性化、时尚化、品质化、多元化及品牌化的新特征。在竞争激烈的过剩经济时代,物质产品间的差异性正在逐渐减弱。

品牌服装的价值已越来越少地取决于物质产品的实体,消费者更关注从品牌的意义中产生的价值,如情感诉求、个性表达的需要等。对企业而言,品牌的知名度、顾客的忠诚度、品牌联想、品牌的名称与标志、品牌的可传播性等,都是品牌价值所在。

一、价值理解

从消费者的角度讲，价值是基于理解而产生的，即价值是顾客的看法，而它一定有个前提，就是需求。需求是人们为维持自身的延续和发展而产生的对外界事物的各种要求。人满足自身需求的方式有多种，在消费社会，往往是通过消费来达到满足，也就是说，市场为满足消费者的需求提供了各种商品及服务，与消费者形成供需关系。在品牌消费时代，消费仍然是由需求所引发的，只是消费者所满足的不仅是物质方面的需求，也包括精神方面的，从某种意义上讲，这是更为重要的一个方面。

价值的有无，取决于需求的有无以及满足需求的方式和程度。例如，冬季的防寒服对于出门的人就是一种价值的体现；而一件婚礼服，让新娘体验到新婚的幸福，也是价值的一种体现。当然，这两种价值是基于不同类型的需要而产生的，并且是基于不同的体验而显现的，所以，也就有不同的感受，或者说具有不同的分量。价值不论怎样去衡量，都不是绝对的概念。以上面提到的新娘为例，由于婚礼服是必不可少的（至少新娘这样看），所以，它比防寒服的价值要高（防寒服是可以用其他服装替代的，而且，并不一定是必需的）。如果，新娘得到了一件婚纱女王Vera Wang（王微微）设计的婚纱，那么，她的幸福指数可能会大幅攀升，因为有一种说法："拥有Vera Wang的婚纱是全世界女人的梦想，这也是新娘很久以来的梦想。"

正如上面的例子所表明的，由于消费者的实际需要千差万别，尤其是决定这些需要的观念更是存在显著的差异，所以，对价值的理解也就各不相同。正是由于这种差别，在社会观念的统领下，逐渐形成了有关不同消费领域的各种价值观念和价值体系。与之相对应地，在社会上就产生了不同的消费阶层，对应不同的消费阶层便产生了不同的产品或品牌。这些产品和品牌与他们的价值观是相符合的，这正是这些产品和品牌价值的来源。

总之，在今天的服装消费中所体现出来的个人爱好和价值观念是多种多样的，不同的消费者各具不同的文化取向和价值观，消费者尤其容易受到其归属群体价值观的影响。例如，青少年群体比较在意新鲜感，关注流行，注重服装造型的新颖和独特，不太计较是否经久耐穿、价格是否合理；出入职场的年轻人会结合自身的职业定位，选择特定的文化品位的服装，他们关注服装的艺术性和色彩搭配，会依据自己的脸型、体型择装；步入中年后，人们的着装重点开始转移至服装的内在质量和实用功能，对款式是否流行或新潮不太挑剔，注重面料质地和细节做工，追求服装的实用和实惠。由此可知，随着人们年龄的增长，价值观念也在逐渐变化，在求新—求美—求实这一过程中，服装所体现的价值从彰显个性、表达自我，到掩瑕显玉、扬长避短，再到物美价廉、便于打理，从本质上讲，这是不同消费阶层对价值的不同理解使然。

同样，除了自身成长的内在因素，消费者对于价值的理解也在很大程度上受到社会上流行的价值观的影响。对某一流行文化的认同，对某一价值观念的践行，对某一理想境界的追求，对某一生活方式的模仿，常常成为消费的动因。

例如，当今社会流行的两个词——"低碳、环保"，随着人们对健康生活和高品质生活的追求，环保已经成为了热点话题，可以说近些年世界各地掀起了一阵绿色环保风潮，覆盖了生活的方方面面，服装产品也不例外。很多品牌相继推出了绿色环保产品，例如，德国运动用品制造商阿迪达斯开发的可持续性面料、多用环保鞋带和无水印染T恤；英国设计师品牌斯特拉·麦卡特尼 （Stella McCartney）用来自日本的有机棉制作T恤，使用人造皮革制作皮鞋和手袋；以"环保"作为理念而成立的纯植物生活文化时尚品牌唤觉（AWAKENING）推出的所有产品均不含任何动物成分，不采用任何伤害人体健康和破坏环境的材料。这些例子都是为了迎合当前全球气候变暖、生态失衡形势下所倡导的低碳、环保的生活方式，和多数消费者的价值追求相一致。如今，消费者所需要的不仅是物质商品，更是商品和品牌所代表的某种文化潮流，所表征的某种生活方式，所象征的身份和地位，所蕴含的价值观念。

二、服装品牌的价值

在市场上，从产品设计开发到购买消费的整个过程，是由一系列交易行为串联起来的，由于交易行为旨在创造价值，所以称之为价值链。由于品牌不是仅作为物质产品的生产者和消费者共同构成，它还涉及品牌所有者、使用者和其他渠道成员，所以以品牌名义形成的价值链可以创造出更多的价值。许多企业都可以生产同一种产品，而品牌只属于一个企业，因此，品牌消费者也只属于这个品牌，这就是品牌所具有的排他性，使它在某个竞争市场上有更多的机会占据优势地位，甚至成为垄断者，并因此而获得稳定且有可能不断增长的收益，这便是对于一个企业而言品牌的价值所在，故称之为品牌价值。

品牌价值来源于企业的品牌营销和顾客的品牌消费，也就是说，品牌价值是由企业和顾客共同创造出来的并且是企业和顾客共同的利益所在。为了说明这个概念，下面将分别从企业和顾客两个方面对品牌价值做进一步的分析。从企业方面看，旨在树立品牌形象的行为使品牌产生了意义，品牌的意义是一种基于心理需要并且超越了物质功能的精神产品，当它被消费者所感知并成为品牌消费的动因时，就可以说是顾客的价值理解为企业创造了价值，即顾客在购买品牌时多付出的花销使企业获得了"溢价"。从顾客方面看，消费社会使人的物质需要得到了充分满足，使得消费动机难以为继，流行产品则会快速过时，使消费的愉悦转瞬即逝，而品牌消费带来的精神满足却可以超越物质的局限从而不断延续甚至可以增加，这便说明了正是企业创造出来的品牌的意义才使消费者能够感受到价值的存在，并得以享受价值带来的利益。概括地讲，品牌价值是消费者选择品牌消费的理由，也因此使企业可以获得更大的并且是持久的收益。

早期的服装生产完全是手工业者的个人劳动，一直没能形成真正的品牌，直到20世纪初，由于商品经济的发展和市场需求的变化，服装品牌才逐渐出现。消费者开始以品牌所蕴含的价值观念选购服装。例如，夏奈尔（CHANEL）和路易·威登（Louis Vuitton）代表着法国式的雅致；阿玛尼（ARMANI）和普拉达（PRADA）表达着意大利式的精致；

博柏利（Burberry）体现着传统英国式的价值观；李维斯（Levi's）和汤米·希尔费格（TOMMY HILFIGER）向外输出的是美国人的梦想。从品牌消费的基本出发点来说，服装品牌对于消费者的最大好处，是减少消费者选购服装时的选择成本，同时也减少消费者跟随和选择时尚过程中的交易费用。进而，随着市场的发展和服装文化的积淀，特别是通过经济对消费的促进，一些品牌在经营过程中逐渐树立起良好的形象和很高的知名度，从而使品牌的名称和标志成为价值的体现，而此时的品牌消费已经发展成为一种符号消费了。

简单来讲，品牌对消费者的价值就是简化决策的过程，降低风险或是获得一种归属感和情感认同，品牌知名度能够让人体现自己的身份地位或品位的一种满足感。当消费者形成对某一品牌的专一和长期使用的意愿，即通常所说的品牌忠诚，品牌对于企业的价值便由此得以实现，所以，消费者同样是品牌价值的创造者。由于这种正强化的互利机制，使得品牌价值具有成长性，而它的核心就是企业的品牌经营活动，所以人们将品牌称为价值之源，而且，为价值链上所有的成员所共享。

三、品牌价值表达

品牌价值来自于准确的定位，除此之外，找不到价值链为什么能以品牌的名义建立起来的原因。品牌定位是指企业在市场定位和产品定位的基础上，对特定的品牌在文化取向及个性差异上的商业化决策，它是建立一个与目标市场有关的品牌形象的过程和结果。《奥格威谈广告》一书中列出了28项创造具有销售力的广告的方法，排在第一位的就是"定位"，由此可见，合适的品牌定位之于品牌的重要性，是使服装品牌在激烈的竞争中独树一帜的必要条件。

定位的核心在于消费者被作为价值链上一个首要环节纳入与企业的品牌价值共建当中，在此有一个至关重要的问题——消费者所认同的品牌价值到底是什么。在服装消费市场上，消费者的追求趋向于个性化与多元化，品牌服装消费不仅注重服装本身的款式、质量，同时追求品牌消费本身带来的情感价值和自我表现价值。例如，消费者购买李维斯是为了表现"独立、自由、冒险"，而购买迪奥（Dior）是为了表现"高贵、奢华、品位"；普拉达定位于年轻可爱女孩的副牌缪缪（Miu Miu）一经推出就广受年轻女士的青睐，很大程度上是由于缪缪的品牌定位实现了众多大女人梦想返回小女孩的情感诉求。这些品牌所具有的鲜明的象征意义通过服装消费来传达给消费者，表现个性、品位、生活风格、社会地位和社会认同。

可以说，当品牌还不足以使消费者对它保持忠诚的时候，品牌价值还无迹可寻。此时，企业首先要做的是挖掘出品牌所蕴含的价值点。所谓挖掘，是因为品牌能够或者有可能体现一系列价值点，包括体现在功能性、流行性、象征性等各个方面的，而企业必须选择那些能够代表目标消费群体共同意愿，并且能够使之统一在同一个概念上的核心价值。最为关键的，还在于消费者认为这个价值是品牌所独有的，否则，品牌的凝聚力便不复存在。

　　由于价值是基于感知而产生的，其中，有一部分完全是消费者想象的产物，因此，经营者如何进行价值表达，或怎样的表达才有助于感知和理解，是一个重要的问题。

　　作为一种营销工具，明星代言就很好地传达了品牌的价值。因为明星被认为是一种现世的肖像，是公众心目中理想的化身，观众透过他们在广告中的形象来感知产品的意义，从而产生角色的认同，理解品牌所蕴含的价值观念。各大运动品牌重要的推广媒介就是国际赛事中的体育明星，他们不仅是某一个运动项目的领袖，还是年轻人的崇拜对象，仿佛一个神话般的存在，成为消费者心中的信仰，所以说利用明星为产品造势是传达品牌价值的有效手段。

　　还有一些品牌另辟蹊径。例如，美国服饰品牌AA（American Apparel），与其他品牌聘请大牌明星拍摄广告不同，AA美国服饰的模特几乎都是业余的，他们大都来自品牌所属的公司，还包括一些消费者。拍摄地点的选择则更加"随意"，有的就在公司的办公区，拍摄手法参照20世纪70～80年代美国娱乐杂志的风格，所以给人一种很亲切的感觉，没有遥不可及的距离感，这与AA美国服饰的品牌定位及要传达的意义非常契合。

案例：贝纳通的双策略手法

1. 概述

　　贝纳通（Benetton）是意大利的服装品牌，最初诞生于一个家庭作坊式的公司，妹妹负责制作，哥哥负责销售。最早的贝纳通服装主要是针对年轻人及儿童，由于它的设计随意有趣，剪裁易于穿着，把来自于怀旧情绪的灵感应用于现时的服装设计中，因此，几年后各个年龄层次的消费者都接受了它。目前，贝纳通已发展成为拥有几千余家零售店的跨国服装企业。

2. 策略要点

　　贝纳通在品牌推广方面可算是一朵奇葩，所有服饰业广告诉求的重点几乎都是清晰一致的，因为只有在各种不同的媒体上不断地重复相同的信息，才能累积消费者的注意力及记忆度，即维持传达信息的一致性。贝纳通不像其他服装品牌那样，以感性诉求来达到促销产品的目的，而是将公司期望建立的关怀全球消费者的品牌形象融入其传播策略之中。自1985年开始，贝纳通都是展现两种不同概念的广告，一个讲的是服饰本身的特质及和谐感，另一个诉求却是社会议题的冲突性。这些作品反映着种族、社会融合、战争、艾滋病和环保方面的矛盾和现实，多是采用不同民族背景的模特，以最真实和原始的面貌面对观众，极具震撼力和感染力。在得到广泛的注意之后，贝纳通并没有忘掉流行服饰追求花样翻新的职责，平常的广告也并未停止。无可否认，带有争议的广告使贝纳通名声大振，引起大众关注，也令其品牌形象更加饱满，消费者通过对品牌的购买和使用获得的功能和情感价值更加多元化（图2-2）。

图2-2　贝纳通1991年有关种族话题的广告（图片来源：品牌互动网）

3. 点评

贝纳通给自己赋予了一个关注人类问题的思想者的形象，但是，通过广告所传达的意思是，它并不是一个问题的解决者，而这一点与所有的观众是一致的。此外，在广告中涉及的大量话题，立足于不同的文化视角和价值观，透过震撼人心的表达方式将其思想外化，并以其敏锐和深刻的寓意引起人们的关注和共鸣。贝纳通正是通过向受众传达这样的意识，与受众拉近了距离，同时，也让消费者对品牌产生了许多超出产品价值以外的联想和情感。

第三节　策划品牌驱动

对消费而言，品牌的价值还表现在使产品的使用者有一种归属感，即"我使用这个品牌，我是这个品牌所代表的人"，因此，消费者与品牌之间建立了一个彼此相关的无形利益。当消费者面对同质化的产品时，往往会选择能够"代表自己"的品牌，这也表明品牌的情感诉求比功能诉求更为重要。

我们将能够诱导消费者对品牌产生好感和需要的作用称为品牌驱动，也可以根据它的具体体现称之为品牌价值驱动。概括地讲，品牌驱动的目的就是使消费者感受到品牌的价值并且为之所动。显然，消费者具有潜在需求或品牌具有可能被消费者所感知的价值是品牌驱动的前提，若以此为前提，如何实现则是方法和途径的问题，具体而言，品牌驱动旨在达到两个基本目的：一是帮助消费者找到一个喜欢品牌的理由；二是帮助消费者找到品牌与他们相关的价值。

一、给消费者一个喜爱的理由

品牌成为公众生活中重要的组成元素和象征符号，就像扮演着自己独有的角色，向消费者传达自己鲜明的品牌个性和品牌主张。美国著名广告专家奥格威曾说："最终决定品牌市场地位的是品牌本身性格。"这说明只有那些别具一格的亮点才能成为吸引消费者的价值点。事实上，品牌的核心价值都有其外在的表现，并由此形成和发展成为品牌的一系列人格特性，以这样的形象出现才能给消费者留下深刻印象，触发顾客内心的情感体验，引起顾客的共鸣。可以说，品牌个性作为启发消费者偏好和习惯的核心驱动力，在很大程度上影响着消费者对品牌的认识和选择。

任何一个品牌都无法讨得所有人的欢心，因为对你有价值的东西，对他则未必。也就是说，品牌的价值构成中有一些可能成为此类顾客喜欢的理由，另一些则可能成为彼类顾客喜欢的理由。例如，青年人追随流行因素，对能彰显自我个性、展示自我魅力的品牌更加关注，而中年消费者则更加注重服装所拥有的象征意义、表现能力和消费体验。这时品牌就要进行有针对性的"诱导"，根据不同的感知方式和理解方式进行宣传，实施品牌营销策略，以适应目标消费群体的心理特点。

但是，从个性独特这个品牌驱动的基础，以及因人而异的驱动原则来看，今天是一个并不缺少价值的时代。由于同质化现象，即产品和品牌都普遍出现的"克隆"情况，以及企业努力创造"全方位价值"的市场背景下，消费者常常苦于找不到喜爱一个品牌的理由。因此，在企业制订策略时，情感驱动应该是一个有效的方法。所谓情感驱动，是一种概括的说法，意思就是使受众产生与品牌在情感上具有一致性的认知，包括思想、态度、观点、偏好等方面。例如，在2014年巴西世界杯期间，体育运动品牌或运动休闲装品牌就可以在店面设置关于世界杯的公告或相关的广告语，诸如"明日凌晨，××品牌将与你共同关注德国与巴西两强对决"，"无论世界杯花落谁家，××品牌永远都属于你"，由此使顾客感受到品牌与他们息息相关，从而产生内心的共鸣。再如，无印良品所推出的使用落棉生产的服装，以及2013年H&M在全球共计49个国家和地区推出的旧衣回收计划，都使得消费者产生"与环保事业同行"的感受，对相关品牌的情感联系也就因此得到加强了（图2-3）。

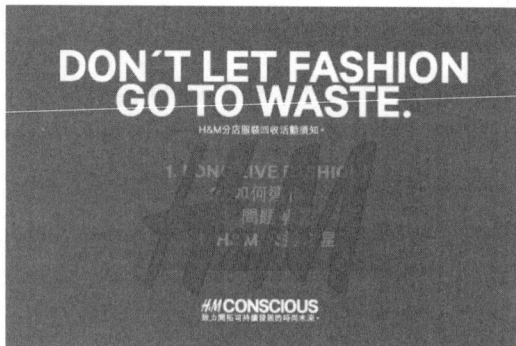

图2-3　H&M旧衣回收广告（图片来源：YOKA时尚网）

如何让一个潜在的消费者所喜爱并接受一个品牌，情感驱动可以使用诸如"诱导""启发联想""无中生有"等方法，其根本原则就是将品牌的价值集中于一点，并将其与目标顾客的某个内心情结和情感需要相契合，与之建立起心心相印的情感关系。

二、价值感知

消费者除了消费产品本身以外，还消费这些产品所象征和代表的意义。如心情、美感、档次、情调和气氛等。可以说，顾客购买的绝不仅仅是产品，而是在消费这一过程中感知产品或品牌所蕴含的价值。因此，基于客观标准的价值，即我们所说的可以理解的价值，是容易被企业所表达同时也容易被消费者所理解并接受的。然而，基于主观标准的价值即此处所讲的需要感知的价值，对于企业来说或许不容易准确表达，而对于消费者来说，也可能不容易觉察。

从概念上讲，价值感知可以与《竞争优势》一书中提出的"买方价值链"相提并论，书中指出，企业为买方创造的价值如果想要得到溢价的回报，那么它就必须能够被买方所察觉。这是从企业的角度去审视顾客对价值的认识与判断，顾客对价值的感知源于不同的消费心理，因此具有主观能动性。价值感知的要素包括以下几个方面。

其一，主体。价值感知的主体是顾客而非企业，顾客感知到的价值是由顾客决定的，但它是与产品的购买和使用紧密相连的。

其二，对象。价值感知的对象是产品或服务。顾客感知到的价值都是围绕产品或服务展开，是顾客对产品或服务的感知。

其三，核心。价值感知的核心要素是感知利得和感知利失。大部分学者都是从这两个角度进行研究的，只是不同的学者对其理解有所区别，只有少数学者认为价值感知仅仅包括感知利得这个因素。

其四，内容。价值感知从利得和利失两个方面包括丰富多彩的内容。感知利得不仅包括产品或服务的质量属性，还包括物理属性和技术属性；利失不仅包括为获取利得而付出的价格成本，还包括潜在的时间成本和精力成本等。

综合以上几点可知，价值感知是指顾客与企业及其产品的整个接触互动过程中，顾客对企业及其产品的存在、作用及其潜在效用同顾客及其需要相适应、相一致或相接近程度的感知和评价。

从原理上讲，价值感知不是被告知、更不是被强加的结果，而是消费者根据自己的立场、观念、观察角度和感受方式，具有个人特点的价值判断。主观性价值与客观性价值的区别不仅在于价值的有无取决于消费者的心理感受，并且，价值的大小也是消费者心理测量的结果，即通过感受性的强弱来进行比较。当然，这并不是说主观性价值就是无中生有，只是强调了它是一种基于自身需要的"有选择的发现"和"有条件的接受"。也就是说，对于品牌所推行的价值，消费者不会照单全收、一概而论，有可能会奉为至宝，也可能视若无物。

无论从概念还是从原理上说，消费者对价值的感知都是基于客观事实的心理反应，许多品牌都是基于这一点实施其推广策略，利用投其所好的方法，实现对消费者的引导和暗示，并且，根据价值的不同属性采取相应的表达方式。其中，最普遍的价值来自于产品的物理属性，体现在产品的功能表现和解决某个问题的能力上，例如，Lee被作为"最贴身的牛仔"；曼哈顿服装则是"全球以此为质量标准"的品牌。其次是象征性价值，产生于非产品属性联想，涉及该品牌使用者的整体形象，是消费者自己认同并能流露在外得到他人认可的外显性价值。例如，扬森制衣表示"穿上扬森，你就好像穿上了微笑"；戴伯服装希望消费者认为"出席重要场合我就穿它"。最后是体验性价值，它是消费者体验到的内在性价值，满足消费者的体验性需求。例如，浪莎袜业的广告语表示"浪莎，不仅是吸引"；七匹狼则表示"男人不只一面"。从这些品牌的广告语中可以知道，消费者感知的价值来自于他们内心的一个诉求，包括最基本的问题求解，进而则是对感官愉悦、多样性及认知上刺激的需求，最后发展到对社会关系以及自我实现的需求。

在实际应用中，企业应该根据以上分析，首先对目标消费者进行深入了解，以便帮助他们找到感知价值的途径和方式，此外，要对"可感知的价值"进行准确把握，使"事实基础"得以确立，具体地讲，一般可以从以下三个方面来考虑。

第一，产品识别。产品是品牌的基础，建立良好的品牌形象首先要有高品质的产品。产品是实现顾客满足消费欲望的具体形式，多指"有形的"东西，通常表现为产品质量、外观、式样、品牌名称和包装。具体到服装来说，包括产品本身的属性、价格、款式设计、图案、面料、色彩等。产品是顾客对品牌最直接、最深入的接触，是顾客与品牌一切关系的载体。当产品的某些属性特别突出时，消费者心目中就会形成高品质或高价值的印象。对于服装品牌而言，服装产品能够满足顾客实现保护、装饰、标志以及表达自我的需求。而从顾客识别的角度分析，产品是顾客感知品牌价值最为基本的来源，也是一个驱动顾客感知品牌价值的重要因素，可以认为顾客对品牌的识别是建立在对产品的功能与价值了解基础上的选择性行为。消费者在购买某一具体产品的时候，将会考虑产品的具体属性和属性效能以及这些属性对实现预期结果的能力，由此可知，产品本身的属性是顾客感知判断品牌形象与价值的重要因素。一个较为成熟的服装品牌往往具有稳定的内涵，这种稳定性在服装产品上会有很明显的反映。而从产品的使用价值角度来看，产品的特性决定了产品的使用价值。

第二，品牌形象。随着同类产品同质化现象越来越明显，品牌产品之间的差异性变小，市场由产品竞争转向品牌竞争。消费者通过企业多维度的品牌识别及传播刺激，并受到个体人口特征的影响，对品牌形成一个整体的印象，即品牌形象。它是品牌营销商渴望建立的受形象感知主体主观感受及感知方式、感知背景所影响，而在心理上形成的一个集合体。从消费者感知价值以及心理学研究的角度分析，多数消费者在品牌选择的过程中都趋向于选择那些形象与自己个性相一致的品牌，他们期望通过使用某个品牌而得到与该品牌形象类似的社会价值及评价或自身评价，表达自我（包括真实自我，理想自我和社会自我）。例如，伊夫·圣·洛朗（Yves Saint Laurent）一直以经典之作"吸烟装"作为品牌形象的代表，其设计风格表达了一种刚柔并济的女性形象，穿着"吸烟装"的女性消费者希望展现自己整体宛如一支纤长香烟的轮廓和帅气妖娆的气质。这表明品牌作为文化心理实现和文化身份识别的代码，消费者可以通过品牌形象来表明自己的文化身份，通过消费来维持群体的归属感。

第三，顾客体验。随着体验经济时代的到来和消费需求的变化，消费者由关注产品的质量、价格等传统功能因素转移到追求消费过程中能否获得愉悦、值得令人回味的消费体验等情感因素，继产品竞争、服务竞争之后，品牌体验竞争成为品牌竞争的新层次。从品牌经营的角度考虑，品牌只有让顾客从品牌的独特感受中体验该品牌的文化与价值，创造属于顾客自己的、难忘的消费回忆，才能够更好地赢得消费者。从消费需求的角度看，顾客对品牌消费体验的需求是人类需求层次提升的必然趋势。可以认为，品牌的一切基础都是客户的体验与感受。品牌体验就是要让顾客以个性化的、互动的方式参与刻意设计的事件，获得深刻的感受。在体验中，消费者处于主体地位，通过亲身参与，可以强化对品牌识别的感知。消费者购买服装不仅仅是为了获得服装产品，更加关注在服装购买过程、使用过程中特殊的品牌体验经历，往往独特的品牌消费体验可以实现消费者感官、情感、回忆等方面的需求。

三、品牌驱动的方法

根据以上的分析与举例，可以看到品牌驱动是一个既要体现品牌个性，又要关注顾客需要，还要适合市场发展及消费时尚变化的策略性举措。由于驱动预期的价值感应涵盖了有关品牌性质的各个方面，诸如产品设计、品牌象征、市场定位、营销方式等，所以，用于体现品牌价值的概念应该具有概括性、简洁性和新颖性。此外，品牌驱动应该明显地显示出导向性，以便受众能够"对号入座"，从而能够准确地把握和体会，具体可以分为以下三个基本方向：一是功能导向，即以产品的功能性作为体现价值的核心要素，使消费者在实际需求的满足上感受到品牌的价值；二是概念导向，即利用品牌所代表的意义或象征的事物作为迎合消费者价值诉求的要点，使消费者在思想意识上实现与品牌的同构；三是符号导向，即以品牌的名称和标志，或是品牌形象中最为突出的感性元素作为价值的载体，使消费者由品牌消费本身获得满足感。例如，选择一个风格独特的设计师品牌可以使人通过消费获得彰显个性的满足，这是品牌本身与消费者相结合的情形，也是品牌经营和品牌竞争的终极目标。

虽然出于不同的价值属性以及不同的驱动导向，对品牌驱动的具体形式即品牌与受众实现互动的方式可以有不同的考虑，但是，品牌驱动从方法上讲，其实质即为品牌传播，因此，使用的方法首选广告宣传和营销推广，而这两种方法也是树立品牌形象、实现品牌定位、创建品牌文化、实施品牌策略时的通用手段，本书还将结合具体的问题详细介绍或引例分析。

第四节　构思品牌传播

简而言之，品牌传播即是将品牌价值传达给消费者并使他们明确感知并乐于接受的过程。品牌传播曾经被作为一个重要的品牌经营策略而受到极大的关注。有关研究成果和实践中总结出的经验已经构成品牌理论中一个内容极为丰富的组成部分，因此，在此不再重复有关的概念和原理，只是根据本章的指导思想并从内容介绍的需要出发，对品牌传播的基本要点给予重点介绍。

具体来说，我们将提出基于服装品牌传播的消费者分析方法，并把它视为服装品牌传播的重要依据。这个思路来源于对现实的考虑，在今天的市场条件下，服装消费者常常游离于稳定的类型之外，进而形成诸多的亚群体，因此，企业必须在具体的调查研究和分析中发现适合自己的消费群体，按照一般性说法和以往的经验选择消费者绝不是可取的办法。显然，在实施品牌传播时也应该持有这样的观点。

通过借鉴多方面的研究成果，并根据对服装市场的当前特点的了解，可以将服装品牌选择目标消费群体的方法概括为"五层分析法"。具体内容是：在社会层面区别不同的阶层；在市场层面掌握消费需求的分化情况；在价值层面细分感知价值以及相应的感知方式；在个人形象层面了解不同社会角色在各种环境下的风格和气质类型；在文化层面剖析不同的文化取向和审美倾向。在对消费者进行具体分析时，企业要立足于品牌的出发点，选择与自身关联度较高的层面作为分析的基础，并以此来确定其他各个层面的影响程度。例如，对于选择走时尚路线的品牌来说，其文化层面对消费者的分析将成为工作的中心，进而再从价值层面上研究具有某一文化取向的消费者会持有怎样的价值观，而在其他层面上的分析则起到辅助作用，在综合结果时进行参考。

在对品牌传播进行构思时，上述分析方法将作为重要的线索，从而保证品牌传播更好地体现其针对性和实效性。

一、传播的要素

按照传播学的原理，传播的要素即传播得以实现的条件，包括五个基本方面，即传播者、受传者、信息、传媒和反馈。

按照品牌传播的目的和要求，品牌传播的基础是品牌识别，因此，首先应体现可识别性。传播的内容是品牌的核心价值，因此，内容应该是价值的载体。最重要的一点是：传播是针对目标受众的行为，因此，应该能够反映目标受众的感知特点。

综合以上原理和法则，结合当前的实际情况，可以将服装品牌传播进一步概括为：以明确的主体意识，组织鲜明的价值要素，在与受众的接触面上选择最可行的方式，塑造一个价值体现者的形象。与此同时，将品牌传播要素具体化为：品牌名称及标志，包括标准色、代表性产品等，以此体现传播者和识别信息；产品信息及用于象征的形象元素，包括品类特征、产品的款式与功能、具有象征意味的面料、装饰等，以此体现信息要素与受众要素——根据市场细分的原则确定消费群体；媒体，包括传统媒体和新媒体，以此体现传媒要素及受众要素——传媒体现了消费者习惯的方式。

分析传播要素并不是为了说明概念，而是要以系统的观点实现与消费者的有效互动，使品牌和消费者都以相同的价值体现者为诉求，从而真正实现"使品牌进入消费者心智"的目标。

总之，无论采用平面的传播媒体，还是动态的传播方式，或者是利用卖场、网络进行商品和品牌营销，都是在消费者心目中形成某种个人形象或生活场景，都是以一个人物、物体或事件来比喻、象征某个概念并使之与品牌的某个特征联系起来。所以，必须在全面分析受众的基础上，确保传播的实际内容具有针对性，而且要真正体现服装消费群体的品牌价值观、服装审美观、流行时尚观、生活消费观等观念意识，且务求鲜明生动，联系现实生活，能够代表和突出品牌的个性。非常值得注意的是新媒体在品牌传播中的作用，特别是对于"新新人类"，它将取代以往的模式而成为消费者树立目标品牌形象的主渠道。例如，2013年美国谷歌公司宣布KENZO成为其首家法国时尚合作伙伴，KENZO在9月举行的2013秋冬时装秀将通过YouTube和社交网络Google⁺进行直播，这将是时尚与新媒体及数码科技合作的一个新创举。时装秀于巴黎时间早上10点开始，而从早上7点起，网民们就可以在线观看时装秀的准备工作，还可以体验"前排观众"身临其境的互动活动。

二、创造愉悦的工具

由于品牌传播属于品牌经营的战术组合，因而重在创意，贵在求新，成在独特。在消费者主导市场的时代，传统广告模式中那种向消费者硬性单向地灌输品牌理念的营销方式往往效果不佳，未来的品牌应该是半成品，另一半应由消费者的体验、参与来确定。品牌需要更多地从消费者的利益出发与消费者产生更多的互动关系，才能有效培养出消费者对品牌持久的关注度，为品牌带来独特的竞争优势。

品牌与消费者的互动体验，有利于消费者从不同的角度理解、认识品牌，同时品牌可以在互动中倾听顾客的意见、理解和领会消费者的需求，根据品牌精髓适时调整品牌识别，进一步满足顾客的心理需求。这就要求商家站在顾客的角度去体验消费者的购买理念、购买程序、购买心理和购买驱动力，结合看、听、用、参与等手段，对消费者的感性因素和理性因素进行充分的刺激和调动，重新定义、设计一种思考方式的营销方法。

为了进一步体现将品牌策划等同于消费者策划的观念，需要更多地考虑消费者在感知品牌价值时的愉悦体验，因此，应该将品牌传播及其要素视为创造愉悦的工具。

例如，近年来，优衣库（UNIQLO）主要通过在人人网、微博、微信等社会化媒体平台上，发起各类优惠促销信息和活动实现社会化营销。2007年，优衣库在博客上推出

UNIRLOCK软件。它可以作为插件下载安装到个人的博客网站上，以一款带音乐的舞蹈钟表形式向客户宣传其每季的新款服装。2010年，优衣库可以作为Facebook上的一个个人主页应用程序，通过分享你的地理位置，直接链接到用户所在地的优衣库商店购买服装。这个营销从开始直到现在一直没有间断过。人人网的用户大部分为学生、白领，他们喜欢新鲜、有趣的创意。所以从2010年起，优衣库在人人网上发起了网络排队抽奖活动，获得奖品和礼包。2012年，优衣库在微博上发起了有奖问答闯关大比拼活动，用户通过自己的微博账号参加每天的答题，并有机会参与抽奖活动。2013年圣诞节，优衣库在微信上举办圣诞欢乐颂，用户关注优衣库官方微信以后，只需要录一段圣诞节的歌曲上传到微信，就可以抽取大礼包活动。为了吸引用户的兴趣，优衣库在Facebook上推出了一款3D弹球游戏，用户可以一边聊天一边玩游戏。这种趣味化的社交游戏，在有效促进用户与好友间互动的同时还能广泛传播优衣库的品牌信息，帮助优衣库快速获得潜在粉丝的关注。

同样作为一种创造愉悦的工具，近年来兴起的社会化媒体营销，不仅仅让消费者被动接受信息，而是使他们获得参与体验的乐趣，体现在企业与消费者建立并培养亲密公共关系之上。建立和发展与这些公众的良好关系，可以使企业与消费者、供应商、分销商、竞争者、政府机构及其他公众发生互动作用。很多品牌在微博、SNS、微信等社会化媒体平台上设立公共主页，在积极的互动中通过社会化媒体工具加深对客户的需求，也增进了相互间的感情。同时，社交网站能够使社会化媒体平台的作用充分体现，比如人人网，用户彼此都是真实好友，在社交平台上可以建立大量的人群关系，从而达到相互互动、扩展人脉的目的。六度理论表明，最多通过六个人，就能认识一个陌生人。企业利用社会化媒体用户所拥有的人脉和社会关系实施品牌推广，可以充分利用社会化媒体平台，传播和分享目标消费者的需求、爱好等，使品牌成为一个受欢迎的朋友，从而大大提升品牌传播的效益。

三、感性化策略

感性化泛指在品牌的识别、产品、营销、传播等不同方面所表现出的强调感性特征，注重独特的外在表现，旨在使受众产生突出印象的方法或市场现象。

当代社会由于经济、文化、市场和传媒的快速发展，在服装消费市场上呈现出审美多元化、消费个人化、信息碎片化等现象，由于信息巨大，时尚多变，消费者在进行评价、取舍的时候越来越多地受到个人感受和当时情绪的支配。

在品牌传播时，由于充分考虑受众的感受和体验，便可以提高传播的效果，又由于感性化所特有的鲜明性和特殊性，使得传播的效应更加明显，因此可以说，感性化策略实际上是一种体现当前消费者特点的做法。

从根本上讲，消费领域感性时代的到来有赖于感性设计的快速发展。感性设计包括理念和技术两个基本方面：感性设计理念提倡不拘一格的外观、引人注目的形象，尤其是能够引起顾客情绪体验的外在特征，并且不仅仅限于一种感觉；感性设计的技术基础是各种功能强大的CAD软件和互联网平台，这一切给设计创意插上了翅膀，为开发各种感性产品、创造各种感性形象提供了极大的可能性。

感性化策略最直接的方式就是以直观感受引起消费者的情感体验，而不是注重象征意味，这其实是人类最本能的一种反应——人们可以凭借对事物的直觉而判定其优劣。当然，在人的审美活动中，形式美也是最为重要的一个方面，在服装产品及着装形象上，面料、色彩、图案以及衣纹、动感，无一不是服装审美的重要内容。

对于品牌传播来说，在选择品牌信息或是组织、创造品牌信息时，运用感性化的原则已经成为当前的一种趋势，大量的感性元素被广泛应用，这从客观上使得品牌的形象更加具有直观和抽象的特点，也为品牌的个性化提供了很好的机会。

品牌的感性可以表现在许多方面，除了直观的形式感之外，个人化识别也是一个市场上的亮点。例如，近年来兴起的"一对一营销"、"定制营销"，就可以很好地满足消费者千差万别的感性需求。许多国外的企业通过开展大批量的定制生产而获得了极大的竞争优势。比如，英国的Baird Menswear西服公司，其八成的西服产品都是通过批量定制来完成的。日本的HYMON公司利用计算机系统自动读取客户提交的尺寸数据，并根据所读取的数据生成特定的结构裁剪图，然后以此进行生产，同时，公司内部数据库里提供众多的款式和结构资料，客户可以根据自身喜好对其进行选择和搭配，不仅如此，在每一件衣服上还能定制特定的绣花图案，比如绣上自己的名字或者家族的徽标等。如今，耐克、阿迪达斯、匡威等一些国际知名运动服装品牌也在这个领域推出了自身的定制服务，一方面提升了品牌的知名度，另一方面也吸引了更多的潜在消费者。

感性的设计，或是直接引起审美的愉悦，或是使人仿佛置身于一个特定的情境当中，从而产生情绪的体验。在体验经济时代，很多品牌实施体验营销，最终目的是为了赢得顾客忠诚，促进品牌销售业绩的提升，而在体验营销的所有策略中，情感与情绪体验策略是最能提升顾客的忠诚度的一种。顾客情感和情绪在购买意愿的形成过程中具有很大决定作用，除了愉悦感、新奇感、刺激感等可以引起顾客极大的兴趣，而且情感和情绪也直接影响着受众的价值感知。

"情景生活店"就是根据这样的理念而创造的一个营销模式，更确切地说是一个品牌传播模式。所谓"情景生活店"，就是把卖场规划成为顾客能够实现"体验生活"的场所，使顾客在感受中获得体验，在体验中认识品牌，通过建立好感，进而在头脑中树立起品牌形象。还有一个重要的机制是：因为在终端可以用商品与顾客进行实质上的利益交换，使顾客产生愉悦的心情，而这正是品牌传播的一种最重要、最有效的方式。根据品牌营销思想，当前的卖场不仅是商品营销的场所，更是品牌营销的场所，它将品牌传播的情境与品牌体验的环境合二为一，并由此完成了品牌营销，因此而被视为品牌营销组合的一个重要手段。例如，在如图2-4所示的专卖店中，采用了"衣柜式"陈列方式，既方便顾客挑选服装，又使顾客产生一种宾至如归的感觉。

图2-4　服装专卖店的"衣柜式"陈列

思考题

1. 应该从哪几个方面理解品牌的本质？

2. 对消费者来说，品牌驱动可能会引起怎样的心理活动过程，在什么情况下会产生作用？

3. 选择VALS系统中1~2个类型，就其价值观、生活方式以及消费特点收集资料作进一步的阐述，并查找相关服装品牌策划的案例。

品牌设计：创造鲜明的品牌符号

课题名称： 品牌设计：创造鲜明的品牌符号

课题内容： 1. 感性时代的设计思想

2. 品牌标志设计

3. 品牌形态提炼

4. 品牌美学规划

5. 品牌符号分析

课题时间： 4课时

教学目的： 说明"感受先于理性思考，感受会直接驱使结果的发生，价值会从感受中产生"的原理；说明影响进入感性时代的各方面因素；说明品牌设计的含义；说明品牌形态的概念及其意义；对品牌美学予以定义；说明品牌符号的概念及其应用。

教学要求： 1. 运用丰富多样的实例说明品牌符号的不同形态。

2. 通过实例说明品牌形态的概念以及其在实际中的应用。

3. 通过以上实例及分析说明消费者感性化发展的内因与外因。

4. 说明品牌美的具体体现。

5. 通过实例说明品牌符号的分类及应用。

教学方式： 理论讲授、图例示范、案例讨论与分析。

课前准备： 阅读参考文献并重点了解以下概念：品牌标志、形态、品牌美学、品牌符号等；调研大悦城商场、集物特、爱慕、Loewe专卖店；阅读有关专业杂志和学术期刊。本章建议参考书为：《品牌标志创意与设计》、《流行体系——符号学与服饰符码》。期刊为：《江苏纺织》、《北京服装学院》。

第三章　品牌设计：创造鲜明的品牌符号

　　品牌价值具有非物质性，它是消费者依靠感受、体验和想象在头脑中形成的认识。假如没有视觉形象给人的诱惑和满足感，品牌是不可能成为一个美好概念的。

　　由于社会经济、文化、市场模式、消费行为和大众传媒的快速发展，导致了审美多元化、消费个性化、信息碎片化等社会现象，被海量信息和多变时尚包围的人们在评价、取舍事物的时候越来越多地被感受和情绪所支配。表现在消费方面，人们更多地偏重于对感性诉求的满足，一时之快往往成为购物的唯一理由，非理性消费日渐成为主流。在这个背景下，开发商、经销商均不遗余力地在款式、包装、商品形象上进行花样翻新；视觉营销得到广泛运用，品牌形象成为竞争的法宝，感觉、兴趣成为创造价值的关键因素。

　　正是由于这些现象，现今才被称为感性时代。除了上面说到的经济、文化、市场、消费等一些社会原因和时代背景外，还有一个最根本的原因来自丹·希尔的研究结果，有这样一些数据可以作为解释感性时代的理论依据：人有95%的想法是在无意识中产生的；视觉左右着50%的大脑功能；在市场上，消费者对新产品产生的反应，感性要比理性快3000倍以上。这些数据所反映的现象表明：感性时代的到来，并不是因为人的改变，而是由于外部条件的变化激发了人固有的潜能，使人的一种内在的心理特点能够发挥它的作用。

　　有人根据上述理论提出了一个可以直接与市场营销和品牌经营实务联系在一起的观点："感受先于理性思考，感受会直接驱使结果的发生，价值会从感受中产生。"因为感性时代是本书最重要的时代背景之一，所以，这个观点也将作为本章内容的重要依据。此外，结合服装市场的具体情况及其未来的发展走向，着重讲解感性时代的设计思想、品牌内涵的形式化表现问题，具体包括标志设计、品牌形态提炼以及与之密切相关的品牌美学规划和品牌符号分析。

　　感性设计，是本章的关键词。从根本上讲，消费领域感性时代的到来有赖于感性设计的快速发展。感性设计包括理念和技术两个基本方面：感性设计理念提倡不拘一格的外观、引人注目的形象，尤其是能够引起顾客情绪体验的外在特征，并且不仅限于一种感觉；感性设计的技术基础是各种功能强大的CAD软件和互联网平台，这一切给设计创意插上了翅膀，为开发各种感性产品、创造各种感性形象提供了极大的可能性。

第一节 感性时代的设计思想

由于社会的发展进步，视觉文化也在与时俱进，并且成为推动其他方面文化发展的动因。在经济快速增长的社会条件下，视觉文化也推进了商业文化的变革。例如，视觉营销、广告创意在如今的服装市场营销中是必不可少的手段，这也是感性时代在服装消费市场上的一个侧面体现。

那么，感性时代的服装品牌应该如何起步？它在市场上应该怎样亮相？它应该以怎样的形象和姿态面对消费者？这是品牌设计者必须而且首先要考虑的问题。

本章以品牌识别这个品牌的基本功能作为品牌设计的出发点，并着眼于感性时代对于品牌识别所提出的新要求展开本章的内容。

一、认知方式和感性的发展

话题还要从视觉文化的本源说起。众所周知，在人类文明的进程中，人通过标记、文字以及所创造的物质产品留下了表明人类生存发展的无数印迹，而这些印迹反过来促进了人的行为和思想的发展，因而，人类创造出了属于自己的文化。在所有的文化形态中，有一个最基本的内容就是视觉文化。从根本上讲，人类的概念思维来自大量的感性经验，也就是说，感性的发展使人逐渐能够把握客观事物的外在形态与内在本质的关系，从而使人类的认识能力产生了一个质的飞跃。视觉文化就是人在观察、感受客观世界和自己的创造物并形成认识的过程中逐渐发展起来的，因此，视觉文化首先是关于视像的，其次是以人的现实生活内容为基础的。

视觉文化的发展提升了人的观察、识别能力，也使人越来越离不开这种能力。例如，服装消费者可以通过观察一件产品的外形特征来了解它的功能，评价它的质量的优劣；古瓷收藏家可以透过一只瓶子的造型、纹样、款式、色泽等来确定它的真伪，判断它的年代；买水果的时候，人们可以通过水果的颜色、大小等特征确定它是否成熟，以及区别它的品种、产地等。但是，一旦人们没有机会直接面对一个物品，再要对它的性质进行判断就会无计可施。事实上，人们更多的是根据物品的外在特征来识别、鉴定它，也更相信亲眼所见，即所谓的"眼见为实"。这其实反映了人类在生存进化过程中培养出的一种能力：可以敏锐地观察到事物的细枝末节，并且能够从细枝末节中发现能够反映事物本质的特征。正是依靠这种能力，人们才能从与自己相关的事物中辨识和掌握与自己相关的具体特性，并以此构成个人的生存技能和认知模式。例如，时装消费者可以敏感地看出不同的蓝色中哪个是属于流行色；专业登山者对户外运动服装功能性的好坏可以一目了然；年轻的妈妈能够清楚地辨别哪种面料的材质是适合童装的。

综上所述，直观感受是人的认知方式中非常重要的一个方面，并且能够起到决定性作用；对直观感受的依赖培养了人的感性，包括观察事物的习惯、方式和角度，主要的感知方式，对事物特征和变化的敏感度等。感性的发展，使它成为人的一种特质，也就是说，有些人偏于感性，相反地，有些人则偏重于理性。但是，从社会发展的趋势上看，人们的感性在普遍提升，或者说，人们的感性需要在不断增加。由于感性是人与外部进行互动才得以发展的，显然，外部世界的变化既是促使感性发展的动因，也决定着感性发展的具体方向。在今天这个感性时代，光怪陆离的社会万花筒，使人感受力的发展呈现出非常鲜明的时代特点，其特征是：敏锐性提高，敏感度下降；情感体验丰富，理解需求减弱；兴趣点广泛，兴趣持久性下降。也就是说，由于信息传媒的快速发展以及日益丰富的精神和物质生活，人们感性知识的储备剧增，因此，对事物的辨识力大大加强，同样是由于信息量的快速增长，对于刺激强度较低的信息，感觉就会变得迟钝；外部信息比较容易引起人们的情感体验，使人为之兴奋和激动，但人们面对生活中的各种事物时，全面认识、深入了解的愿望却并不强烈；由于多元文化的影响，人们对于各种不同的新事物、新现象兴趣益然，但却不会持久地关注同一个事情。

鉴于上述认知方式的基本模式和感性的发展特点，今天的品牌设计思想首先要体现有亮点、有感情、有层次的感性原则，其次要体现商业文化背景下视觉文化的特点和要素，而且必须适应消费者感受方式的变化，才能达到品牌传播的目的，为树立良好的品牌形象奠定基础。

二、商业景观同构设计

在商业文化背景下，体现视觉文化的时代特点，是如今品牌设计的要旨。其中，最值得注意和把握的，就是商业景观同构设计。

在此，首先要解释一下商业景观的概念。所谓商业景观，就是指当今极为盛行的以商业中心（也称商业广场）为代表的商业形态。具体来讲，这种典型的商业形态是以商业中心为外延，属于城市空间的一个基本类型，显然，它以展示、陈列、销售商品为基本功能，并以其类型化的外表来区分消费群体，其目的在于为特定人群提供消费及购物体验的场所。事实上，几乎所有的商业中心都是十分开放并且包容的，也就是说，它不仅旨在销售商品以及服务，它更愿意为所有来观光的顾客提供视觉的盛宴。这正是把这种在各个城市里如雨后春笋般地冒出来的商业中心称为商业景观的原因。

每一个规模不等但形式相近的商业景观，就好比是一座丰饶无比的森林，前来观光的顾客就如同在这个大森林里寻找猎物的猎手，他们除了用金钱猎获"猎物"外，主要是用目光猎获各种各样的"猎物"。因此，商业景观在进行整体规划和店铺设计时，都十分注重视觉表现和传播要素的运用。

毫无疑问，每个进驻商业中心的品牌，都必须遵循上述原则，融入到整个景观的氛围中，即要把品牌的形式化要素作为景观的一个有机组成部分。当然，这不仅仅是把招牌挂到醒目的位置上那么简单的事情，而是要把整个专卖店变成一个小景观，即首先做好识别要素的规划，包括LOGO与环境的呼应，橱窗主题的表达，开放部分（专卖店从外面直接可以看到的部分）的展示与陈列设计，展具的选用和布局等。总之，既要做到店铺小环境与中心大环境的协调一致，以及与左邻右舍的呼应，又要突出自己的个性。其次，要借助环境的大氛围，做好小氛围的烘托，也就是说，要运用一些软手段。例如，别具情调的灯光设计，恰到好处的背景音乐，具有标志性的装饰及陈设，适宜的空调和通风装置等。总之，最终目的是成为顾客所青睐的"猎物"。

此外，商业景观并不是一成不变的模样，而是经常会改头换面，以便制造新鲜感。所以，品牌在进行设计规划时，要能够体现出生活在不断延续，每个季节的景象各不相同的意象，这就要求前面所说的各方面的形式化元素能够变化出各种不同的组合的方式，同时，软手段也要有相应的方案与之配合，从而不断强化顾客的印象。

在商业中心的每个专卖店，商品都是其主要组成部分，如何利用商品的特点来展现品牌风采，塑造品牌形象，是一个品牌设计的基本要求。

因此，在这里提出商业景观同构设计的概念。其中，有两个基本含义：首先从同构出发，使品牌设计的形式化要素达到与景观整体的协调一致性，并且要按照景观的变化规律设计出与之步调统一的应变方案，确定软手段的具体内容；另外，要做到感性化和风格化，只有这样，才符合景观大环境百花齐放，万紫千红的要求。其次，从语境入手，把品牌设计看作是符号的创意，从而运用独特的设计思路来进行规划，使解决问题的想法和手段更加丰富和全面。

如图3-1所示的开放式品牌空间，利用装点了绿植的展台，使品牌空间与环境空间自然地融合在一起，因此，使消费者产生接近的欲望，也使品牌及其商品容易引起顾客的关注。

图3-1 开放式品牌空间设计之一

图3-2所示的例子中，在品牌空间正面布置了三个模特，形成了类似橱窗的效果，即使品牌空间的完整性得到强化，又充分利用了开放式空间的视觉通透性，这样，便很好地起到了吸引消费者注意力的作用。

图3-2　开放式品牌空间设计之二

三、个性化表达

对前面的内容加以归纳总结，可以得出一个基本结论，包括三个层次：其一，感性时代的商业景观使人们对视觉盛宴的品位越来越高，要求越来越难以满足；其二，商业景观提供了一个样板，也就是说，形成了一种模式，置身其中的品牌形式化元素也必须与之相适应，达到一系列基本要求；其三，被景观所吸引的顾客几乎可以包括全部类型，并且，他们到此不仅是购物，观光游览者人数众多。

因此，品牌设计的一个重要任务，就是要通过小景观的特色，自然而然地将消费者区别开来，既能够让消费者有购物冲动，满载而归，又能够使观光者眼前一亮，产生会心之感，但又不会过分流连。

鉴于前面总结出的三条感性时代商业景观的特点，品牌设计必须面对的一个挑战就是：消费者已经养成了特有的"看"的习惯，他们对于景观的要求是，既不能"不入眼"，又不能太平淡；另外，还有一个不能忽视的景观地带，即网络平台，上网浏览、购物的消费者，自有他们独到的眼光：形象要鲜明，形式要有趣，形态要独特。因此，品牌设计必须要通过个性化的表达来满足消费者的感性需要，并且，要找到个性和共性的契合点。所谓个性化表达，从概念上讲，不同于表达个性。也就是说，个性化表达是结合当前实际的一种品牌设计策略，具体讲，它是在共性的大框架下，在统一性、协调性的大前提下，运用设计语言的丰富性、创造性和独特性，或是运用符号思维的文化性、概括性和便捷性，使表达方式不拘一格，引人注目，争取能够创造出品牌独有的设计语言。

第二节 品牌标志设计

　　品牌的定义可谓丰富多样，这是由于角度不同的结果。站在设计尤其是标记设计的角度看，品牌应该被看作是一种具有象征意义的符号。

　　提到符号时，一般都赋予它通俗的意义，比如说表情符号，是指一系列模拟人的各种表情的图标；比如说数学符号，是指在数学中使用的各种符号，包括数量符号、运算符号、关系符号、性质符号等；也有泛泛而言的符号，包括指示方向的箭头、选举投票时画的圆圈等。上述这些符号都是以特定的形式代表特定的含义，是人为规定或约定俗成的。还有另外一些符号与上述符号有一些区别，例如，用于服装装饰的某些图案是"民族符号"，或是表达设计思想的某些设计元素、设计手段等是"设计符号"。这些符号是指用来表示某些事物的某种类型的形式化元素，并不一定用哪个符号特指哪个事物，一般是在文化发展过程中逐渐产生并发展演化而成的。如果是从学术或理论的角度来谈符号，就会按照性质、功能对符号的类型进行划分。其中，有一类常见且简单的符号叫作标志（也可称标记）。例如，用于表示产品功能的保暖级别标志。这类符号属于专属符号，是人为规定或是经设计产生的，每个符号只能表示某个事物或某个性质；另一类用途也很广泛的是具有象征作用的符号，如绿色是象征生命的符号。这类符号因其功能而被称作象征符号，通常是约定俗成或来自于某种文化。

　　品牌具有双重意思，一方面它是企业产品的商标，商标就是区分产品权属的标志，即通常所说的LOGO，包括文字、图形、字母、数字、三维标志和颜色组合。企业取得商标专属权需要申请商标注册，成为注册商标的条件是：有显著特征，便于识别，但不得与他人已取得的合法权利相冲突。品牌的另一方面意思，就是它首先代表企业所经营的商品，又由于这一商品与生活的关系、与消费者的关系以及这一商品的文化特征、品质特点等，使品牌成为某种生活方式的代表，成为某个消费群体的所选与所爱，成为某种观念的象征，总之，成为代表一系列意义的符号。例如，图3-3所示的法国高级女装品牌纪梵希（Givenchy）的品牌标志中，设计者把一个G（代表Givenchy）与另外三个G（分别代表古典：Genteel；优雅：Grace；愉悦：Gaiety）组合在一起，创造了一个形式感突出，寓意深刻，令人过目不忘的品牌标志。

图3-3 纪梵希的标志

品牌标志设计属于对上述第一层意思的构思与形式表达，但是，鉴于品牌的第二层意思，在设计品牌LOGO时，就必须设法体现它与品牌象征意义的关联。例如，2012年创立于英国伦敦的新锐服饰品牌1205，在其品牌标志设计中，一改欧洲服饰品牌LOGO的传统风格，整体感觉极其简洁，线条干脆，醒目的结构特点强化了视觉中心图形符号，大气、典雅的中性特质充分体现了设计师（Paula Gerbase）对品牌风格的诠释以及产品的定位和经营理念，由于在品牌标志上很好地体现了形式与内容的统一，所以大大提升了品牌的识别力和影响力（图3-4）。

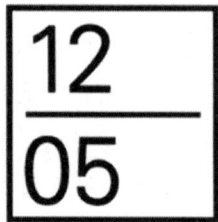

图3-4 英国服饰品牌1205的标志

一、品牌LOGO的感性设计

众所周知，品牌LOGO的典型样式都非常简单，一般是将品牌名称以某种适合的字体来表示，或辅以由名称字头经图形化设计而成的图标。例如，法国高级女装品牌夏奈尔（CHANEL）的双C标志和纪梵希（GIVENCHY）的四G标志、意大利奢侈品品牌古奇（GUCCI）的双G标志以及为人们所熟知的LV和YSL等品牌标志，这一特点是与服装文化传统密切相关的。

正是因为如此，一些特殊的设计就会十分引人注目。例如，意大利奢侈品品牌范思哲的品牌标志是以希腊神话中的蛇发女妖美杜莎（Medusa）为原型设计而成的，传说中，美杜莎的眼神具有致命的诱惑力。此外，英国传统奢侈服装品牌博柏利（Burberry）也采用了欧洲古代骑士的形象为品牌标志，其象征意义也是十分明显的。

毫无疑问，沿用传统的设计手法是最为简便易行的，国外的服装品牌似乎更倾向于采用这样的办法。但是，随着"90后"加入消费大军的行列，这些在电脑游戏和图标中成长起来的新人类，已经不能接受传统的品牌标志了，而是喜欢那些具有动感和形象鲜明的图形化设计；至于"00后"这些新新人类，无论是蛇发女妖，还是宫廷骑士，都难以引起他们的兴趣，在他们头脑中的视像库里，符号化、卡通化的形象占据了很大比例。所以，针对这些新兴消费群体的品牌标志设计，要十分注重感性手法的应用。例如，由设计师斯黛西·班戴（Stacey Bendet）创建于2002年的美国女装品牌爱丽丝+奥利维亚（Alice+Olivia），是以文字作为基本的创意元素而延伸出来的标志设计，整体设计随意自由，流畅生动，感性强烈而又不失复古、成熟、时尚的风格，是感性手法的一个很典型的创意（图3-5）。

图3-5　美国女装品牌爱丽丝+奥利维亚的标志

　　正如上例图中所显示的那样，感性设计的第一要旨就是创造视感效应，也就是说，要利用标志的构成特点与受众感知力的相互匹配，激发受众的视觉感应，进而引导他们的感知和体验。由于视感效应不能仅仅满足于视觉冲击力，还要求具有内心传导力，因此，要兼顾形式与内容的双重适合性。

　　在感性设计中，表意与表象（此处为动词）是两个基本的设计思路。表意是生活中经常使用的表达手段。例如，翅膀可以表示飞翔的意思，还可以引申为速度、高远，或是理想、目标等；伞可以表示遮阳避雨的意思，还可以引申出呵护、关爱的意思。表象就更加直接了，它是利用标志与表达对象在形态上的相似性来实现表达的常用方法。例如，形成一定夹角的两个指针可以表示钟表，还可以引申为时间、岁月、等待；波纹线可以表示水流和各种水域，还可以引申为起伏、流淌、浩瀚、绵延等。

　　象征也是在感性设计中应该充分利用的主要方法之一。标志的象征性来自于约定俗成的象征文化，不仅作为一种传统文化世代相传，而且随着时代的发展会不断出现新的象征手法。例如，传统的象征标志有：凤凰象征祥瑞、神话、浴火重生，兰草象征幽静、高雅、超凡脱俗；新的象征标志有：绿叶象征绿色环保产品，大黄鸭象征童心、共同拥有的世界和简单的快乐。利用感性元素的形式感创造出标志的象征意义，是一种非常适合于今天服饰品牌设计的方法。例如，图3-6所示为意大利设计师Alessandro Dell'Acqua于2010年创立的女装品牌No.21的LOGO，标志简约的造型，淳厚且不失典雅的色彩，使人们很容易感受并理解品牌的象征意义——极简主义。

图3-6　意大利女装品牌No.21的标志

将卡通形象运用到标志设计中会大大提高标志的生动性，是今天标志设计的一个新思路。创造一个典型的卡通形象本身就是非常了不起的事情，并且，家喻户晓的故事会有引起更多情感上的共鸣。但是，各种流行的卡通形象是有知识产权保护的，不可以随便借用，因此，需要进行艺术化的再创造，或以广为人知的卡通形象为参照，创造出一个新的卡通形象来。

上述设计方法是从不同角度对感性化设计的应用，在具体工作当中，还是要以目标受众的心理特点为主要依据，以便真正做到使消费者能够因形而感，因感而思，因思而悟，因悟而随。

二、分类元素的整合设计

按照上述不同的设计思路所体现的设计原理，可以将设计元素划分为几个不同的类型，以便在进行设计时可以采用"菜单式"的选择方法，在充分发挥创意思维和激发灵感的同时，实现设计的程序化，从而使设计工作更加有序和方便快捷。

从设计元素的属性进行分类，划分为文字、色彩、图形和卡通人物。

文字（字母）是品牌标志最基本的构成元素，品牌名称的读音和基本意思都是由文字来表达的，但是在感性设计的背景下，文字往往会有两种变化。一是经过抽象化而成为图形的一种形式；二是微缩化，即用很小的字号而把标志的中心位置让给图形或其他形式。文字一般分为汉字和字母（拼音或英文字母，也包括创造的专有词汇），前者可以有很多变化，如字体的变化。一些汉字保留了早期象形文字的痕迹，对于图形化来说，是一个很好的基础。就文字的细分而言，可以分为纯文字，例如"LI-NING"，一般用于直接表达品牌的名称；图形化文字，如柒牌幻化为飘带的阿拉伯数字"7"，一般用于突出感性化的特点；拼读文字，如以"VANZO"作为"望族"的外文（独创的词汇）拼读方法，一般用于替代拼音和外文单词，以满足品牌国际化的需要。

如果没有考虑对色彩的运用，标志设计就是不可思议是事情。色彩的重要作用无须多讲，而就细分来说，色彩可以分为以下三类：其一，专属色彩，即品牌的标志色，又称标准色，是作为品牌识别标志而采用的；其二，象征色彩，即体现色彩象征意义的色彩元素，例如，白色象征纯洁，红色象征热情等；其三，视感色彩，即不以象征为目的，也不与品牌的内涵相联系，而是主要起到加强视觉冲击力的作用。上述三类色彩并不是以色彩的三个属性作为划分依据，而是根据色彩在设计中所起到的作用进行的分类。

图形的作用是显而易见的，但是在服装品牌的设计实践中还没有得到广泛的应用，这或许是由于传统文化的惯性所致，因此，值得在实际工作中多加尝试和研究。图形是最典型的一类设计元素，也是最典型的符号之一，因此，相对于其他元素稍显复杂。图形按照形式法则来细分，可分为抽象图形和具象图形；按照感性化特点来细分，可分为视感图形和寓意图形，前者主要创造视像的直观效果，后者则注重意义的表达；按照表达方式来划分，可细分为表象图形、表意（比喻）图形和象征图形。

　　卡通人物具有突出的形象感，以及情感性和趣味性，运用于标志设计是一种象征性很强的方法。卡通人物一般都有具象的特点，同时又十分概括、简练。由于标志设计对图形的简化要求，所以，卡通人物从形态上可细分为简约图形和特写图形，前者是将卡通人物加以抽象化处理，使之更加简洁明快，后者则是提取出卡通人物的某个特征进行艺术加工，使之简单又突出了典型化的形象特点；从形象类型上，卡通人物可以细分为动物类、植物类、器物类和抽象类；从形象风格上，又可以细分为情感类、美感类、自然类；从人物背景上，则可以细分为传统故事人物、游戏人物、独创人物等。

　　所谓整合设计，就是利用设计元素类型化的原理，编制出一个具有菜单功能的设计元素表格，以及一个具有程序化特点的设计路线，从而使设计过程成为一种模式。由于这个方法比较容易掌握，可以使更多的人加入品牌标志设计的队伍中。具体来说，整合设计分为四个步骤。第一步，在熟悉品牌名称及品牌的经营范围等基本情况的基础上，分析品牌的类型要素和象征目标，即应该以哪些元素来体现品牌的特点，以及品牌应该成为何种意义的象征。第二步，进行设计构思，确定标志所要体现的内容及可以采用的设计元素，再将准备好用于填写设计元素内容的表格（不同类型使用不同表格），分别填入拟用于标志设计的元素信息，要明确区分元素的类型，如在色彩类表格中，可以在"色名"一栏填入"湖蓝"，在"作用"一栏填入"标准色"的信息，表格中需要将可能用到的色彩信息全部填写进去。第三步，按照设计构思将不同表格中的元素信息进行比较并提取，进而将提取出的设计元素进行组织、整合，使之形成一个设计方案，然后，对不同方案进行比较、评价后选出最佳方案。第四步，对设计方案进行图形化处理，按照各类设计元素的作用，设置各元素相互之间的关系，再对完成的设计稿进行评价，对其中的元素进行平衡，使形式与内容均达到尽可能满意的效果，要求做到：在形式感、寓意和风格类型上符合品牌标志的设计要求，在感性特征上有所创新，在直观效果上具有美感和个性，尤其要体现鲜明的识别性。

标志创意：时尚化品牌标志的复古再创意

1. 概述

创意对象：瑞典服装品牌H&M。

设计目的：通过反向设计，练习并掌握标志的形式感与标志的寓意之间的关系。

2. 创意构思

（1）复古风格是指以怀旧为主导的设计意念和设计倾向。复古的标志设计不同于一般的艺术创作，它是通过古典的符号元素或稳重的色彩，表现出来的相对稳定、更为内在、简约而不简单的，且具有旧时代的、民族或艺术的思想观念、审美理想、精神气质等内容的设计手法，是对生活中怀旧情结的一种设计表达。

（2）对H&M标志特点分析：如图3-7所示，随意、轻松的字体设计通过倾斜的处理而颇具动感，给标志增添了生机和趣味，整体感觉潇洒、飘逸，加之颜色的运用格外显眼，新鲜、流动，富有朝气和吸引力，具有鲜明的现代感和时尚感。

图3-7　H&M标志

3. 创意作品

（1）创意说明：对H&M的品牌标志进行的复古风格的重新创作。整体形态上采用了暗红色圆形漆印的轮廓，点缀白色虚线，用以表现复古又不失时尚的视觉印象；在字体的选用上，采取较细的衬线字体，一反现有标志的张扬与奔放，用以体现出一种古典式的保守与美感。

（2）作品展示：如图3-8所示。

图3-8　H&M标志复古再创意
（设计者：天津工业大学艺术设计2011级张鹤，指导教师：高立燕）

4. 创意点评

本创意可以在色彩、图形、文字方面进行优化甄选，如色彩的色调更加暗雅怀旧，文案选择一些古典主义代表样式，文字上目前的设计接近现代主义风格，总体上在复古风格方面还可以作进一步的设计整合。

第三节 品牌形态提炼

根据今天的设计思想，品牌设计的一个重要任务是创造出引人注目、个性鲜明、形象生动的品牌识别符号。上一节介绍的品牌LOGO就是其中最为常用也是最基本的一种。然而，今天对品牌感性的要求，绝不仅仅体现在标志上，而是要求构成品牌的各个因素，即产品、营销、形象等各个方面，都能够以突出感性特征，达到独特的外在表现，从而使受众产生强烈的感受和鲜明的印象。因此，仅以品牌LOGO作为辨识品牌的标志在今天看来是单调呆板、没有层次、缺乏力度的。所以，丰富和强化品牌识别是品牌设计必须解决的课题。

从强化品牌识别的目的出发，那么，用于品牌识别的特征必须是品牌独有的，并且一定是某种形式化的东西，即一定的物质形态，因此，下面我们就使用品牌形态这一概念来说明品牌的上述典型特征。

通过对品牌形态和品牌形象这两个概念的比较和区分，将有助于理解品牌形态的概念。

品牌形象是品牌在产品营销和品牌传播中表现出的个性风貌。也就是说，企业在进行产品销售和品牌推广时的表现，在与消费者的互动中，使他们产生一系列联想和情感活动，通过这样的心理反应，消费者就会在头脑中形成对品牌的认识。概括起来讲，品牌形象就是在人心目中建立起来的品牌与某种意义的联系，并且决定了人们对品牌的看法。

品牌形态是借用"形态"这个词汇的原意，对用于品牌识别和品牌传播的某个（或一系列）标志性、象征性要素的指称。品牌形态并不是被人们所熟知的概念，但却存在于和品牌有关的方方面面，在人们识别品牌时往往起到重要的作用——如果说消费者能够从直观上了解一个品牌，一定是经由品牌以形式化手段所呈现出来的特点，此时，那些最能表现品牌个性、与核心价值密切相关、能够激发品牌联想的感性元素，可以使消费者一眼就能认出它们属于哪个品牌。就是说，它们的作用很像品牌标志，但又更为多样：它们不仅有识别性，还能让消费者产生直观的好感，或是加深对品牌的理解，从这个角度讲，品牌形态是更重要、更有意义的一类品牌识别符号。

概括起来说，品牌形象是消费者思维的产物，而品牌形态是企业创意和经营的结果。

在实际中，品牌形态可以从服装款式、包装、店铺外观、商品展示与陈列、品牌广告、形象代言人等诸多方面提炼出来，只要是符合识别、联想和理解的要求。例如，男装品牌柒牌推出的那款很有影响力的"中华立领"，就是利用服装的部件（立领）和款型（简约、时尚版的中山装）共同构建了一个品牌形态。说明柒牌很好地提炼出具有典型化的感性元素，并成功地将其打造成为品牌形态，进而利用其文化特征实现了有力的品牌传播。由此可见，品牌形态是对LOGO等基本识别元素的重要补充。在品牌传播中，品牌形态是品牌联想的重要纽带——它是每当人们提起一个品牌，立刻就会想到的典型特点，反之，每当这些特点出现时，人们也会立刻想到这个品牌。

提出品牌形态的概念，目的在于研究如何提炼品牌形态，将其应用于品牌设计当中。

一、从印象到认知

所谓品牌提炼，就是对品牌形态的分析与把握——在品牌设计之初，就应该对品牌形态加以考虑，仔细分析，以便能够明确把握。而分析的根据，则来自于消费者对品牌形态的感知方式、产生的印象和认知情况。

作为一种具有典型性和代表性的感性元素，品牌形态首先使消费者产生一种印象，而这种印象是靠某种"有意味"的形式而得到的。例如，内衣品牌爱慕（Aimer）旗下的新品牌慕澜（MODELAB）推出了定位于成熟女性的美体内衣系列，在华丽、纤体、服帖、轻薄、无痕等众多的款式类型中，一个名为"软塑"的系列格外引人注目，成为品牌的一大亮点。这是由于该系列的产品能够给人一种"直观的体验感"，也就是说，"软塑"系列的产品由于其设计的独特性，即高密、高弹、超柔的面料和形体感很强的款式，可以使人不必试穿就能够体验到产品轻压贴肤、柔顺光滑、紧致包容的穿着感受。正是这种"直观的体验感"使"软塑"产品成为"有意味"的款式，也使消费者产生了一种独特的印象——这是一般内衣，也包括慕澜的其他系列所达不到的。因此，可以认为"软塑"系列符合品牌形态的要求。

印象是认知的基础，但这还不够，从人的思维来说，从印象过渡到认知，还需要一定的条件。这个条件就是：人所得到的印象是可以表达的。用通俗的话说，就是既要看得清，还要吃得透，说得出，才能达到认知的层面。例如，一个名为"刺猬宝宝"的童装品牌用一只可爱的布艺小刺猬作为品牌的"吉祥物"，在品牌的专卖店里，在不同的位置摆放了许多大小不同、颜色不等的刺猬宝宝。顾客小朋友可以随意拿在手里玩一玩，感受一下，如果购买服装达到一定金额时，还可以获赠一只可爱的小刺猬。对于小朋友来说，这只小刺猬起到了品牌形态的作用，很重要的一点就是：刺猬是小朋友耳熟能详的一种特殊的动物，但是，由于它长了一身尖锐的硬刺，很少有人能够把它拿在手里。而这个童装品牌选择刺猬来作为品牌形态，实现了"说得出"的目的，因为，好奇心会促使小朋友把刺猬捧在手里，而布艺刺猬柔软的手感、鲜艳的色彩、"萌翻"的表情，会使小朋友产生"这是一只不同一般的、可爱的小刺猬"的认识。这种对于感受的表达，使印象、感受得以进入认知的层面。

因此，提炼品牌形态需要在把握感性元素的鲜明、独特性等基本要求上再增加两个条件，一个是能够符合受众的感受方式和感受力，使他们印象深刻；另一个是能够使消费者很容易地表达自己所获得的感受，使用简单明了的概念讲出来。这是因为品牌形态的一个重要作用——强化品牌传播，只有易于形成概念的特征才能很好地实现这个目的。

二、提炼与概念化

综上所述，品牌形态是一系列感性元素的统称，并且要符合受众的感性要求和理解方式，因此，提炼品牌形态就要因品牌而异。通常，从品牌形态提炼的角度看，可以把服装品牌分为两个类型，即产品主导型和品牌主导型。产品主导型以产品设计开发为竞争的主要手段，以产品的价值点或通过产品营销创造出的商品价值为核心价值，品牌形态往往是从产品和商品层面提炼出来的；品牌主导型以品牌形象塑造和传播为经营的主要目标，以品牌所象征的意义作为主要卖点，品牌形态往往是从品牌创造的小景观中提炼出来的。其实，绝对属于某个类型的服装品牌并不多见，一般都是兼而有之，只是侧重于某个方面而已。此外，品牌经营的一个重要目标，就是从产品主导型进化为品牌主导型，因为前者更多地还是依靠产品的实物价值来吸引消费者，后者则是以概念来吸引消费者，两者的竞争模式是不同的，以当前的消费观念来看，概念更容易体现出价值。因此，提炼品牌形态的基本要旨是对于感性元素进行概念化设计。

从设计的角度讲，提炼品牌形态即是运用一些特殊的设计符号，从而实现概念的表达。由于它们具有突出的形态特征，所以可以称之为特征符号，久负盛名的"一生褶"就是一个典型的例子：日本著名时装设计师三宅一生善于运用褶裥面料来表达他的设计思想，其服装造型极具东方式的意象，因此被国际设计界盛赞。在三宅一生的设计中，最具感性特点的面料褶裥应该是品牌形态的不二之选，它的典型性毋庸置疑，那么，在表达上应该如何考虑呢？显然，由于三宅一生在设计上的独创性和他的名气，将其称为"一生褶"最能表明这种褶裥所代表的设计思想和文化特点。

面料设计创意：品牌形态提炼——旗袍设计中感性元素的运用

1. 概述

对于传统的旗袍来说，通常选用华贵的丝绸面料，以云锦、织锦缎、花软缎、塔夫绸等花型各异、薄厚不等的传统面料为首选。本创意旨在为一个体现传统风格的高档定制旗袍品牌进行品牌形态提炼，并且实现旗袍风格的创新。从创新的角度考虑，采用既有传统意蕴，又不拘泥于常规面料的品种，是旗袍设计的一个可行思路。

2. 创意构思

由于所设计的是传统风格的旗袍，因此，在款式上不宜有大的改变，以便彰显旗袍风姿绰约的款式特点，因此决定采用上述对面料进行创新的构想。为了保留传统面料的韵味和材质特点，仍然采用丝绸面料，但不使用传统品种，而是利用机绣、数码印花等方法，对素色丝绸面料进行二次设计，以便创造出一种不同于一般的视觉感受，却使人仍然感觉面料所具有的传统风韵。

显然，面料的二次设计是提炼品牌形态的要点，其中，关键是确定花纹的纹样类型以及文化特点，以便使这个设计符号呈现某种特征，并且能够用某个概念进行表达。

根据以上分析，决定采用云纹及其进一步抽象变形后的创新纹样作为用于面料创新设计的基础纹样，再围绕基础纹样设计出一系列风格相近且装饰性鲜明的扩展纹样，从而完成面料二次设计的纹样设计。在此基础上，设定以刺绣为主的工艺方法，以突出刺绣的肌理感为目标，相应的其他工艺如数码印花也将图案设计成为具有特有的肌理感的效果，从而使各种不同类型的纹样具有一致的风格特点。

根据面料纹样的装饰特点，将其定名为"绣云"。旗袍则可命名为"绣云旗袍"，如果将品牌同样命名为"绣云"会更有特点。

3. 创意评价

在本创意中，最初的设计要求已经圆满达成，而最为关键的品牌形态也因确定了纹样类型以及对其特征的描述性表达而确定了表达的概念，从而在识别和传播中都可以发挥积极的作用。

第四节　品牌美学规划

既然品牌设计注重表现，并且，以博得消费者的好感和"点赞"为主要目的，那么，品牌就应该具备一个非常重要的性质，即美学属性。

从美学的本质来看，它应该属于研究感性的学科，有人将美称为"完善的感性"，就说明了这一点。由于品牌是建立在感性设计以及感性认识之上的，因此，应该被纳入美学的研究范畴。通过对品牌的美学研究，无疑可以将品牌的感性与欣赏性建立起联系，这是塑造品牌形象极为重要的一个手段。

美学虽然与感性密切相关，但是，在感性的形式美背后，包含着思想和精神的内在之美。品牌美学一定也体现了这个美学的基本属性，它的外在美也应该是崇高理念和美好精神的感性显现。例如，品牌所体现的商业文化就应该具有基本的道德标准；它所体现的消费文化也应该包含着符合社会发展和时代需要的先进的社会理念和人文思想；在产品的设计上，也应该体现健康、自然、和谐的审美观点，符合社会文明的发展规律。

一、品牌审美的特点

审美，即对美的感受，是由于自然或人造之物能够象征人的内心世界，从而代表人们的欲望、感情、梦想等，所以，审美取决于人的知识、修养、观念，也就是说，来自于人的生活方式和生活经验。

在服装消费中，品牌消费已经占据了重要的地位，品牌的竞争造就了一大批忠实的或者是盲目的品牌消费者。那么，品牌的审美在其中发挥了怎样的作用呢？可以肯定的是，审美判断在对消费方式的选择中，以及在对品牌的取舍中，具有决定性的作用，这也从一个侧面印证了感性时代的价值观。事实上，在品牌消费中包含着一个不可忽视的重要因素，即品牌体验，它使得消费者的许多价值诉求能够体现在其中。

具体来说，有三个根本性的市场因素决定了今天品牌体验的内容和形式。其一，时尚消费的快餐化趋势。在这个背景下，品牌所提供的产品或是用于品牌传播的形象要素，都伴随着市场上流行的变迁而快速更迭，这种变化不断消解着人们固有的审美观，又在不断形成新的审美观。其二，商业景观或者叫作时尚景观成为市场的基本模式。商业景观所提供的视觉盛宴使人目不暇接，于是，有关服装美、商品美、品牌形式美和品牌内涵美的认识被一个基本的营销手段即过度的形式化所规定：以视觉冲击影响和改变着人们的视知觉和审美体验。其三，概念化的盛行。与市场并行的是一个极具影响力的时尚传媒体系，它利用时尚评论、时装推介、品牌宣传和商业广告，不断提出花样翻新的审美标准，美感要素和审美趋势……于是，在直观的形式不断冲击人们视觉的同时，有关美的概念又在不断修正人们的大脑。

综上所述，在品牌消费的大背景下，品牌美的标准日益呈现多元化的趋势，并且，与时尚的变化具有同步的趋势，表现出快速识别、不拘一格、形态多样、变化迅速等特点；相应地，品牌的审美围绕着品牌传播的各种手段而展开，既体现出强烈的感性特点，又具有概念化的特征。

二、品牌美的构成与表现

从原理上讲，品牌美分为内在和外在两个方面，并且是基于感受和体验的心理感受。事实上，如果离开了感受和体验，品牌便不复存在，美自然也就无从说起了。当品牌在人的意识中生成的时候，也必然凝练了作为审美对象的特征——它们从品牌的一系列形式要素中脱颖而出，鲜明地突出于众多形式要素之上，由此强化了人的感知，进而使品牌的美感成为一个重要的价值表现。

可以借用杜夫海纳描述美的一段话来解释品牌美：品牌的美不是一个观念，也不是一种模式，而是存在于某些给予我们感知并使我们为之折服的对象中的一种性质。这些对象永远是特殊的。这就是说，品牌美虽然遵从人的一般审美习惯，但它往往是以一种超乎寻常的方式来震撼人的心灵。

对于品牌美的构成及其表现，今天的市场与时尚观念给出的答案是：品牌美有许多体现方式，最有代表性的是以下几个方面：丰饶之美、变化之美、高贵之美、自在之美和独特之美。

丰饶之美从感受上可以比喻为"四季之花，累累硕果"，这是人在物欲追求方面的一个共同愿望。许多以产品丰富性为主要竞争力的品牌，常常通过卖场展示的方式来表现品牌这一特点。

变化之美给人的感受可以比喻为"万花筒、多棱镜，眼花缭乱"。对于以快时尚为代表的一类品牌来说，不断呈现的变化，产品之间的差别和搭配性，都是最抢眼的感性特点，所以，在店铺设计规划时往往作为突出的重点。

高贵之美旨在给人一种超然物外的感觉，这是奢侈品品牌特有的脸谱，无论在橱窗设计、卖场陈列还是广告宣传中，奢侈品品牌都极力突出自己超凡的品位。例如，图3-9所示为西班牙奢侈品品牌Loewe的橱窗。其设计创意独具匠心：将18世纪西班牙知名艺术家的静物油画作品搬到了橱窗之中，由于手法细腻，使人几乎认为面前就是真正的画作。这个橱窗设计所表现出的艺术感，很好地实现了对高贵之美的诠释。

图3-9　西班牙奢侈品品牌Loewe的橱窗

自在之美代表了当今消费观念中的另外一极，即自在随意，不拘泥于形式，体现简单的生活态度和个性化的审美观念。在这一类消费者眼中，无定式的展示，不经意的陈列，略显凌乱的商品组合及色彩搭配，是自在之美的典型样式——尽管追求的是不拘泥于形式，但还是需要通过形式来表达。

独特之美是一种打破常规，颠覆传统的美感，显然，来自于直观的视觉感受，注重冲击力带来的心理体验。因此，除了对设计元素的独到选择之外，运用艺术手法往往可以达到很好的效果。例如，图3-10所显示的是一个纤维

图3-10　以服饰形象为主题的纤维艺术作品

艺术作品，若将其用于店铺形象或橱窗陈列，会产生很好的视觉效果。

三、品牌意蕴

品牌意蕴是对品牌内在美的具体表述，代表着品牌的内在精神。意蕴的来源，是对品牌某个突出的外在形式的挖掘，即找到可以表达这个形式的概念，从而由感觉上升到认识的层面。按照思维的内在发展，可以将上述过程概括为：从形式到意象，从意象到意蕴。加以解释，即为：由品牌概念想到品牌所代表的生活方式，再从生活方式想到它所代表的精神世界。

从品牌美学规划的角度讲，无论是意蕴的表达，还是为形式赋予意义，实际上都是寻求品牌美形式与内容的统一。

如果用设计符号来表达，还可以将以上的意思表述为：选择能够表达品牌美的形式元素。

在生活内容日渐丰富、审美观念日渐多元的今天，品牌的意蕴可以包含许多内容，这是审美个人化的具体体现。而感性时代又为设计符号提供和创造了极其广泛的素材和资源，从而使品牌美学不断丰富其表现形式和表达方式。例如，图3-11所示的橱窗，其表现形式既简单又明确，使一个闲情逸致品牌形象的诉求跃然其中。

图3-11 体现生活情调的橱窗

而在图3-12所示的平面广告中，一望无际的非洲大草原给出了画面的背景，也寓意着一次遥远的旅途，广告的主角是路易·威登（LOUIS VUITTON）的代表性产品，显然，正是由于这些产品，才使得这次长途旅行顺利而安全。使用广告的设计语言，或者说运用艺术的手法，可以将品牌的意蕴表达得非常到位，并且能够给人极为深刻的印象和体会。

图3-12　路易·威登的平面广告

由此可见，品牌的意蕴既是品牌美的组成部分，又是品牌价值的体现。这也清楚地给出了一个结论：品牌美是品牌价值的重要方面，品牌审美则是对品牌价值的感知。

创意：休闲装品牌的美感设计

1. 背景

市场上的休闲装品牌大多以随意简洁为风格特点，通常不事雕琢，多以素色面料为主，色彩也偏重自然，因此，使人有单调乏味之感。针对这个现象，本创意旨在创造一种有别于一般的风格化设计，并以此作为品牌识别的标志性特征。

2. 构思

设想一个休闲装品牌，以美感设计作为其形象化的标志。具体方案为：以蝴蝶为面料图案的色彩灵感源，提取其中主导性色彩组成10个色彩系列；进而以蝴蝶翅膀的花纹为图案创意素材，结合色彩形成5个图案系列，具体为经过抽象处理的蝶翅纹样；利用丝网印花或数码印花对服装裁片进行印花处理，形成局部不对称形式的图案装饰，将其命名为"炫彩"系列；配合款式变化形成5个系列的"炫彩"休闲装；最后，在卖场展示时，利用如图3-13、图3-14所示的背景板，形成5个服装系列的展示设计方案，即背景采用5个不同的主色调为各个系列的主题色，所用的图案均采用无色的蝴蝶，使之与"炫彩"服装的色彩形成鲜明的对照。

3. 点评

该创意利用图形设计和色彩重构的手法，创造出鲜明独特，非常具有装饰性的图案，将其用于休闲装的面料，并形成系列化产品，其中，印花技术和面料的选用对色彩效果会起到重要的作用；由于采用了装饰性设计以及卖场环境的统一构思，使该产品系列形成了较为强烈的审美效果，可突出品牌的美感特征并成为一种类型化的标志。

图3-13　"炫彩"休闲装展示背景画面（一）

图3-14　"炫彩"休闲装展示背景画面（二）

第五节　品牌符号分析

从品牌的标志到形态再到审美，实际上反映了一个关于品牌价值如何体现的问题，而感性化则给出了问题的答案，即品牌价值是通过视觉化而实现的。价值的视觉化，按照本章第一节所介绍的视觉文化的原理，可以归类于文化的视觉化问题。文化的视觉化反映了当代文化形态的标志性特点，具体表现为：在日常生活中，图形以压倒性优势取代了文字的地位，广泛存在的形象化趋势以及对事物外在形式的看重已经成为当今社会生活中的主导意识。从这个角度讲，今天的社会已经全面步入"视觉化生存"时代，视觉依赖现象日益普遍，并且基于计算机、互联网、多媒体技术的视觉文化快速普及，虚拟现实技术得到了广泛应用，深刻地影响着人们的生活。

从根本上讲，文化的视觉化揭示了一个事实，即：在物质极大丰富，并且传媒极其发达的背景下，非语言符号的应用得到了很大的发展。正如第一节所介绍的那样，我们的社会正处于一个景观时代：生活本身被无数炫目的景象所充斥，视觉感受成为日常生活中最主要的内容。具体到服装市场，也完全被琳琅满目的商品，异彩纷呈的秀场，铺天盖地的广告所淹没，而且，无一不呈现出精彩纷呈的视觉效果……这是因为作为符号动物的人，发现了一个创造价值的重要方法，即：创造符号就是创造品牌，创造品牌就是创造价值。如果用符号学来解释就会更加简单：符号是用于创造意义的，而品牌就是意义的载体。

今天是时尚景观统治人们视野的时代，由符号构成的"第二自然"取代了第一自然——作为符号的形式元素，比非符号的物质实体更加重要；流行时尚不断用新的符号取代旧的符号，因此使得时尚消费成为永无尽头的接力赛；品牌作为一种表示价值的符号被创造出来，与其说是为了表示物质产品的丰富，不如说是为了表示价值的稀缺——它极力使消费者明白，它是唯一能够满足消费者需要的价值的体现者。

一、品牌符号的结构法则

我们把能够表示品牌的价值的各种形式的符号统称为品牌符号。显然，品牌符号是围绕着设计、营销、传播等市场行为的感性元素——也可以称为设计符号的集合体。之所以说符号是集合体，是因为按照符号的原理来讲，一个孤立的元素是很难成为符号的，而且，还有一点是符号所必须具备的，那就是符号进行表达时，它所依据的环境条件，用一个术语讲就是语境。这就是说，任何一个符号都需要若干的感性元素参与其中，并且要有一个参与表达的特定的环境。那么，从符号创意和形成的角度讲，符号具有它自己特定的结构，并且，在这种结构中体现了各个感性元素之间的关系以及组合的规律性。

按照结构法则来分析品牌符号，最基本的一个方法就是层次法，即我们认为品牌符号具有层次性，因此，可以将其解构成为较低层次上的基本符号。

就服装品牌的特点而言，有三个基本层次，也就是：产品层次、商品层次和品牌层次。对应地，品牌符号也可以向下细分为商品符号和产品符号。也就是说，产品符号可以在一定条件下转化或升级为商品符号，商品符号同样可以转化或升级为品牌符号。需要强调一点：在此，品牌符号的概念如同前述，首先是代表企业所经营的商品，并通过这种商品与现实生活和消费者的关系以及这种商品特有的文化特征、品质特点、时尚属性等，使品牌能够代表某种生活方式，具有一定的审美特征，因而成为某种价值观的象征，被某一个阶层的消费者所青睐，以至于成为忠诚的对象，总之，它是能够代表不同层次的许多意义的符号。

　　具体而言，产品符号是以产品的基本属性和特点作为表达的内容，包括面料、款式、工艺、功能、质量等，通常是利用特定的形式如利用人台来展示，以及特定的场合如商品陈列、博览会、订货会等。产品符号是基本符号，虽然仅停留在物质属性上，但是对品牌定位等品牌的重要属性具有明确无误的指示作用（图3-15）。

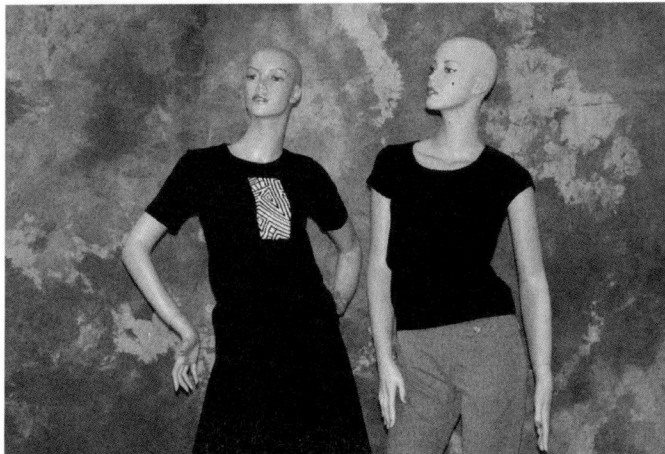

图3-15　服装产品的符号形态

　　商品符号是在产品符号的基础上补充了其他感性元素，或是扩展了作为语境的相关内容，从而在结构上更加具有系统性和完整性，旨在对消费与营销起到指示、引导作用的符号形态。以图3-16所示的男装商品展示为例，在一个小环境中，集中了主要的服装与服饰品，并且通过展示着装效果表明了服装的风格类型、档次和消费者定位。

图3-16　服装商品的符号形态

运用各种手段，特别是注重象征手法，使所用到的设计符号都能够突出一个核心概念，并且要以强烈的直观感受为表达的基本要求，以此来实现品牌传播的目的，这样的符号即为品牌符号。例如，在图3-17所示的夏奈尔（CHANEL）D1品牌形象设计中，模特身穿的服装及手中拿着的手包，都有典型的"夏奈尔"特征，因此来表明品牌的身份，但模特坐在练功房的把杆上，并且穿着一双类似芭蕾舞鞋的高跟鞋，以此来暗示品牌的艺术性和优雅的品位。由于上述意思得到了明确的表达，并且使人有赏心悦目之感，因此，可以算作是一个比较典型的品牌符号。

图3-17 夏奈尔的品牌符号

通过以上分析，可以看到品牌符号的构成规律是：要有能够反映品牌不同层面特点的代表性元素来指明品牌的属性，元素的选择要以能够达到目的并且尽可能简洁为宜，并且，各个元素要建立起相互之间的关系，并以此来构建用于表达的语境，其中，象征性的元素是必不可少的，这是使品牌具有寓意的重要手段。概括来讲，品牌符号应该包括性质符号和象征符号两类基本符号，它们之间的关系可以借助于其他方面的符号来建立，所有的符号形成一个系统，各个部分既有分工又有合作，旨在完成一个清晰明确的意指行为。

二、品牌符号的类型

应该充分认识到服装品牌符号的多样性和丰富性，而且要理解其目的性和宗旨。但是，也必须了解品牌符号并不是由一个单一的体系中产生出来的，也就是说，它涉及与品牌设计、经营和管理相关的各个方面，是由不同范畴或领域中的不同的设计者、经营者和管理者分别掌控的。

具体来讲，服装品牌符号可以分为三种类型，第一类属于商业符号，前面所介绍的各个例子都属于这个类型。第二类属于技术符号，是用于表示品牌产品的功能独特性、用途创新性、品质优越性等实物价值的符号，由于这是品牌价值的一个重要方面甚至是首要方面，因此，应该予以足够的重视。第三类属于文化符号，主要由两个方面组成，一方面，文化符号来自服装传统文化中的一些标志性事务和活动，如高级女装和高级成衣所举行的一年两度的服装发布会以及一些协会和组织发布的服装、面料及色彩的流行预测等；另一方面，文化符号是由时尚传媒所制造和传播的，如时装杂志对流行时尚的评述和分析。由于文化符号对于服装品牌符号来说，是意义的主要来源，因此，作为本节的重点来介绍。

首先，来看发布会和流行预测：由于这些活动具有公认的权威性，所以，对于市场和消费的走向以及具体的生产和采购工作等，都会产生不容忽视的重大影响；另外，由于这些预测和流行发布既包含了各个方面的基础性内容，如对于面料的风格、材质、色彩和图案的流行预测，也包含了一些有关市场发展方向，特别是有关服饰的风格、审美等变化趋势的内容，如对服装款式、服装造型、装饰风格的流行预测以及对本季流行时尚的具体表达，所以，影响是全面的、系统性的。正是由于这些特点和起到决定性作用的相关文化传统，使得每年、每季都有许多新的性质符号和象征符号作为设计符号涌现出来，成为未来一个时期品牌符号创意构思的资源、素材和工具。

其次，来看时尚传媒：在整个时尚产业的体系当中，时尚传媒如时装杂志的出版商与时装经销商一样，也是流行性商品的销售者。也就是说，时装杂志作为出版物不但具有商品属性，尤其是它还具有精神产品的属性，因此，时尚传媒在今天的时尚文化中是意义的重要而且是最主要的载体。

显而易见，时尚杂志作为一种精神消费品，是与作为物质消费品的时装相伴而生的，它构成了时装实物形态之外的另外两种形态，即以图像形式和文字形式构成的时装。与实物形态的时装所不同的是，以图像形式和文字形式构成的时装都是作为符号出现的：前者或是表示一种正在成为流行时尚的款式，或是表示一种具有市场前景的功能性设计；后者则是最富于表现力的形式，虽然看不见时装具体的样子，但是却可以借助于人的想象力，使任何一种形象展现在人们的脑海中。总之，通过时装杂志的介绍，不同的生活场景，不同的消费理念，不同的设计作品以及美的要素、流行时尚的内涵、设计师的创意、消费者的需要等都被一一呈现出来：要么跃然纸上，要么浮现在读者的脑海里，由此，许多与流行和消费相关的意义被创造出来，或是被重新解释，于是，一个能够实时更新的意义库便这样被建成了。

至于这些意义都涉及哪些内容，看一下时装杂志的栏目就一目了然了：在名目繁多的专栏中，不外乎有两个基本内容，一是解释当前时尚的含义，二是指出什么样的时装能够体现当今的时尚。时装杂志将时尚分门别类，对应于各个社会阶层，各种消费形态，各个价值标准，各种审美形态，从而使时尚成为可以模仿与扮演的行为，而且，成为大众化的消费行为。对于读者而言，时装杂志并没有强硬地推行它的价值观，而是如同一个知心朋友，把生活中如何成为一个有品位的人所需要知道的问题，耐心细致地讲解一番，诸如时装的穿着场合、妆容饰品的搭配、怎样符合规范、如何营造情调等。

时装杂志是时尚产业标准的制定者。它确定了自然季节之外的时尚季节，确定了衣领大小和裙子的长度，让一个系列的颜色取代另外一个系列，决定某个款式可以流行多久，之后又被哪个款式取而代之。也就是说，当"符号化生存"成为一种常态和普遍的行为之后，时尚杂志就成为生活的摹本和消费指南，它在很大程度上决定了消费者的幸福感和自我认知，成为人们走向社会、拥抱世界、取得成功所必须学习的教程。这说明了一个非常重要的事实：在物质化的消费市场对面，存在一个思想的引导者和知识的传播者，它使得消费者在面对琳琅满目的商品时，能够从头脑中调取出进行判断和取舍的依据，从而成为消费的主人。从这个意义上讲，时尚传媒为品牌符号提供了一个重要的文化依据，对于经营者而言，它是一个品牌的设计手册，而对于消费者而言，它又是一个解读品牌的词典。

三、品牌符号的应用

根据前面对品牌符号结构法则以及类型的分析，就可以对其应用有所把握：结构法则指明了品牌符号的表现形式、类型，指明了意义的来源以及使意义得以产生的语境，再根据本章前面几节的内容，便能够知道感性元素是可以灵活运用的，只要它与品牌可以构成联想即可，那么，当感性元素、形式法则、意义和语境都能够落实的时候，剩下的事情就是确定目的以及为了达到目的的创意了。

创建和使用品牌符号的目的就不必再讨论了。有必要说明的是，当它选定一个想要表达的意义时，是否需要一个唯一或是特定的表达方式？答案是否定的。也就是说，品牌符号如同一个句子，只要有语法——相当于品牌符号的形式法则或结构模型，有词汇——相当于品牌符号的感性元素，就可以表达几乎任何一个意思，而且有许多不同的表达方式。

这说明关键还在于创意。那么，创意是否有规律可循呢？回答是肯定的。例如，在图3-18所示的登喜路（dunhill）的品牌符号中，可以看出创意思路所体现的规律性。

图3-18　登喜路的品牌符号

　　图中所示为登喜路专卖店的一个展示空间，它的作用正是一个典型的品牌符号所能够起到的——说明品牌的定位（侧重于文化定位，所以可以理解为等级）。

　　从创意的角度讲，首先看形式法则：在这个展示空间里，运用了两类基本符号，即性质符号和象征符号——这是品牌符号通常所采用的结构模式。性质符号由两部分组成，即品牌LOGO和品牌的代表性服饰，这是两种最能够指明品牌身份的符号，但是却非常简单易行。到目前为止，并无特别的创意，只是中规中矩地运用了基本法则而已。象征符号是一幅伦敦到巴黎的赛车海报，这个符号并不旨在说明它的产品品类，而是说明它的起源：一个多世纪前，登喜路是一个为时尚生活提供创意设计的生活用品生产商；20世纪初，它以生产包括车灯、仪表盘以及皮革赛车服、皮箱在内的汽车用品而著称；之后逐渐发展成为受到欧洲许多著名人士喜爱的男士奢侈品牌。这幅海报立足于品牌悠久的历史，也暗示了品牌的发源地——以巴黎象征欧洲的时尚中心。

　　再来看使用符号的类型，这正是一个创意的要点：从类型上讲，它包括商业符号和文化符号，在商业符号方面，直接指明了品牌的属性，是一种简洁的手法；在文化符号方面，使用了一幅具有文化意味的海报，其手法是与杂志相反的——杂志是在文化之中点缀一些商业元素（平面广告），而此处则是在商业氛围中引入一点文化元素。

　　这个例子表明了在构思品牌符号时需要掌握的两个基本手法：其一是结构上的整合，其二是类型上的融合。

思考题

　　1. 简述感性时代的景观同构设计应考虑的问题。

　　2. 收集3~5个服装品牌LOGO进行再创作。

　　3. 从服装款式造型出发，为原创设计师品牌提炼品牌形态。

　　4. 消费者如何通过感知而产生对于品牌的概念？举例说明。

　　5. 从"设计元素"到"品牌符号"经过了怎样的感受和认知上的变化？

创造形象：实现品牌定位

课题名称： 创造形象：实现品牌定位

课题内容： 1. 品牌形象系统

2. 产品设计定位

3. 营销方式定位

4. 客户关系定位

5. 形象表达定位

课题时间： 4课时

教学目的： 说明品牌形象与定位的本质关系；说明品牌定位在不同角度、不同条件和不同目的下品牌定位的出发点以及各自的要点；比较本章各个定位概念的异同，并使之能够明确地理解。

教学要求： 1. 通过充分举例说明联想的概念。

2. 分析联想在品牌形象形成过程中所起的作用。

3. 说明定位的不同出发点分别是基于怎样的考虑。

4. 分析不同出发点的定位对消费者的影响机理。

5. 通过充分举例归纳总结定位的概念。

教学方式： 理论讲授、图例示范、案例讨论与分析。

课前准备： 阅读参考文献并重点了解以下概念：品牌形象（系统）、品牌联想、定位、营销方式、客户关系等；调研鸿星尔克、艾莱依、迪赛、维多利亚的秘密、CRZ等品牌专卖店；阅读有关专业杂志和学术期刊。本章建议书籍为：《商品管理》、《企业形象策划——CIS导入（第3版）》。

第四章 创造形象：实现品牌定位

　　创建一个品牌的核心任务就是使消费者一听到品牌的名字便会产生一系列联想，联想能够使消费者认为品牌代表着某些有意义的事物。做到这一点，就可以说品牌已经树立了它的形象。

　　从市场实际与营销实践的角度来看，品牌形象是品牌通过其各方面构成因素的有机整合和积极有效的市场营销而表现出的个性风貌。在品牌的创立和建设过程中，企业围绕着品牌而开展的所有市场推广行为，都会不同程度地使消费者出于各自的诉求、知识和感受力，产生一系列独特的联想和情绪反应，从而在人的头脑中形成关于品牌的意义，品牌形象便由此而确立。也就是说，品牌形象是品牌在人心目中所产生的意义，它决定了人对品牌的基本看法。品牌形象来自于品牌的基本构成因素，但是，由于联想来自于人在品牌识别或消费过程中的直观感受，是依靠生动画面的描绘和情绪体验而产生的，而情绪活动往往是情境的产物，具有偶发性，所以，从根本上讲，品牌形象是人思维的产物，在很大程度上取决于人的生活经验、个人兴趣和消费方式，因此，品牌形象的客观性是相对和有限的，主观性是主要的且因人而异。

　　如果将品牌比喻为生长在市场沃土上的一棵大树，枝繁叶茂，表示它形象饱满，品牌资产丰厚，营销与传播则是它的树干，稳定深入的根系就是品牌定位，而定位之根，源自品牌形象的萌芽——品牌形象创造。

　　可以说，没有形象的雏形，定位便无从谈起；而没有清晰的定位，就不可能产生饱满的形象。品牌定位与品牌形象具有内在的一致性。

第一节　品牌形象系统

　　所谓品牌形象，实际上是一个很抽象的概念。品牌形象并不是某个特定的形式法则，也不是一成不变的思维模式，而且不局限于体现在哪个方面。对于服装品牌来说，品牌形象可以体现在具体的款式、功能甚至是面料上，也可以是品牌标志、标准色或形象代言人，或者是消费者在购物时对店铺的一种印象，来自商品陈列、环境氛围、服务质量等可以感知的因素，当然也可以是消费者个人的想法、偏好、情绪所导致的一种观念或是体验，尤其是消费者由于联想所想到或由于直接感受而形成的认识。总之，品牌形象可以是人们说起一个品牌时能够想到的一切有形和无形的东西。

由于品牌形象不是孤立存在的，也不可能孤立地产生出来，因此，研究品牌形象就必须采用系统化的思想和方法，即从品牌形象系统入手进行分析。所谓系统，就是各个组成部分（分层的或分块的）按照构成规律所形成的一个整体。

一、品牌联想的基础

既然品牌是联想的产物或者说对于品牌形象来说联想非常重要，那么，联想是如何被引发的就成了形成品牌形象的关键环节，完全可以这样说：联想是品牌形象之源。

回到实际中，再来看看联想是怎么产生的。当一位消费者被问到李宁这个品牌时，他可能会首先想起今年李宁的一款新跑鞋，也可能会想起中国男篮队服上的李宁的标志，或是在CBA赛场上"主宰这一秒"的标语，或是"Make The Change"（来改变吧）的新品牌口号，抑或可能想起他经常光顾的李宁专卖店的形象、李宁的广告招贴……然而，他很可能想不到体操王子李宁在赛场上叱咤风云的风采，也可能想不到李宁库存增加、大批店铺关门的负面信息。这就说明，有关品牌的联想，一定与消费者的生活经验和消费体验有密切的联系，也一定是品牌具有针对性的传播的结果；并且，与消费者的思维习惯和思想意识以及消费者的情绪体验密切相关，其中很重要的一点是，对于一个品牌的忠诚消费者来说，想到正面的信息远远多于负面的。

概括来讲，品牌联想一是与消费者的心理特点有关，包括关注度和感受力；二是与品牌提供的感性元素有关，包括品牌定位的各个层面。

关注度是消费者对眼前的关注对象的关注程度，表现为当下的状态和热度，与消费者注意力的指向性和对关注对象的兴趣度有关，也与品牌传播的信息有关。由于消费者购买商品时其偏好和目的具有很大的随机性，比如有时可能想要表达一下个性，有时有想要买件衣服御寒，有时是想要满足工作需要，因此表现出因人而异、因时因势而不同的关注取向及关注度强度差别。比如伴随电脑、手机一起长大的年轻人，在头脑的存储空间里充满了各种"被真实"了的影像和信息，于是，客观事实在他们心中已经变得不那么重要，色彩够不够丰富极致，商品够不够唯美精致，视觉印象够不够新奇刺激，这些因素才是他们在意的。

图4-1所示为国内潮流品牌CRZ 2013年推出的产品海报。大胆的色彩对比，奇异的服饰造型，模特夸张的姿态和表情，简单的抽象卡通线条画和真实具象的模特之间梦境般的融合。CRZ是一个充满乐观正能量又带着一点小叛逆、以成衣为品类核心的年轻品牌。

感受力又称感知力，是指人们感觉和领受客观事物的能力。感受力可以分为表情神态感受力、肢体语言感受力、说话语气感受力、文字阅读感受力、图形图像感受力、触觉感受力、嗅觉感受力、味觉感受力、还有心灵沟通感受力。感受力可以在消费者不同的感知领域和强弱差异上得以体现，比如设计师视觉领域的感受力要明显优于其他行业人群。这种能力或许和先天遗传以及后天的教育、职业、收入、阶层等社会角色与环境因素都有关系。时装品牌买手对各种时尚新潮把握灵敏，才能满足那些同样的对时尚感受力强，喜欢彰显个性，鄙弃陈旧的年轻顾客；而对于一个大众量贩的品牌，消费者希望获得高的性价比和穿着的舒适感，虽然在视觉上的美观大方也是诉求之一，但如果设计师产品设计未能很好地把握流行而过度表现，不仅难以被认可，还可能招致顾客对品牌的反感和厌弃。

图4-1　潮流品牌CRZ的产品海报（图片来源：CRZ品牌官网）

感性元素是指用于产品设计、营销方式、客户关系、品牌形象表达等方面，达到品牌感性化目的的构成元素。感性化泛指强调事物的感性特征，注重独特的外在表现，旨在使受众产生突出印象的方法或现象。鸿星尔克在产品设计上提出"微创新"的概念，创造出3.98cm领宽，97°微直角的立体领型，并将这一产品造型与时尚精致的生活品位联系在一起；优衣库将星巴克咖啡引入终端店铺，让消费者一边享受咖啡的浓醇，一边体会购物的乐趣，在相似的生活方式上产生品牌的互动联想。

消费者对事物的关注度和感受力各有不同，营销中就要针对性的配以不同的感性元素来与消费者保持合理的沟通。例如，用实用耐穿的面料设计来打动一个想要购买时髦衣服的年轻姑娘意义相对不大，而靓丽的色彩和新潮的款式等时尚设计元素就会令其怦然心动；而对于一次追求合理性价比的理性因素主导的购买行为，过度花哨的品牌外观甚至会造成消费者的反感而放弃了解的念头。能够打动消费者产生购买行动的因素往往是一个点，好比品牌在消费者头脑中找到对的地方撒种，而品牌联想由此展开，品牌在不同层面提供的感性元素与受众发生接触的过程中，品牌的各种属性连点成线再编织成网，受众头脑中对品牌产生的联想逐步完整，品牌定位渐趋成熟，品牌形象越发饱满。

二、品牌形象的层次

通过前面的分析，可以得到一个认识：品牌联想是从一个点开始并逐渐发展的，这个点就是品牌与消费者在思维上的接触点；而联想如何展开，则取决于联想中的强化作用。

如果是正强化，就会扩展开来；如果相反，联想就会停止。

既然品牌形象与品牌联想有关，而品牌联想具有层次性，所以，品牌形象也一定具有层次性。

如果想把品牌形象划分为若干层次，同样可以将品牌联想逐层递进的特点作为依据，通过两者的对应关系找到品牌形象的层次结构。

延续上面的分析，品牌形象一般可以划分为识别感知层、体会理解层和情感体验层三个层次。

识别感知层（体验层）是受众品牌联想在感知觉得层面展开。感知觉是大脑对于直接作用于感觉器官的客观事物个别和整体属性的反映。如我们选购衣服时，常会因为一件衣服面料考究、做工精细，而觉得是一件高档的商品，或是看见某件裙装色彩明丽，裁剪手法不对称而感觉它时尚又新颖。

体会理解层是消费的理性层面。如由精致考究的做工和高端的设计品位总结出这一定出自名设计师之手，或是在时尚新颖的基础上进行横纵向比较，认为这应该是今年最流行的，在品牌的体会理解层受众会对商品的各种属性进行理性的对比、比较分析，而得出一个将品牌分类归纳的结论。

体验情感层是消费的情感层面。当我们看到一件商品，或许会从记忆的抽屉里翻找到许多相关的碎片，这些碎片之所以在我们的意识里存留，并且第一时间被联想调用出来，常因为它们和一些强烈的情感诉求甚或是潜意识的本能需要的缺失相联系，如"多想穿一条这样的裙子回到昨天！"——怀旧情结；"像我妈一样风采当年"——恋母情结；"穿上它我应该不输章子怡"——自信和自恋的情结，等等，因此受众期待透过拥有某种体验而获得情感上的满足。

案例：鸿星尔克微创新——触手可得的精致

1. 概述

2014年的夏天，一段与鸿星尔克微领T恤有关的广告在中央电视台及全国六大卫视全面开播，各大视频网站也频频出现，清新明快的画面风格，活泼轻盈且极富时尚感的音乐，似乎在告诉潮男潮女们，微领T恤已然成为今年夏天必备的时尚单品。

微领T恤产品卖点在它独特的领型设计上，同时辅之以更加合体的贴身衣身立体造型设计，带给人精致、新颖、时尚的直观感受，如图4-2所示。

这款产品的目标消费群体锁定在"85后"的社会新鲜人。作为职场"菜鸟"，他们除了要勤奋好学外，必要的打扮也会让自己获得额外加分，但是由于刚进入社会，没有多少预算来"包装"自己，而这款微领T恤时尚中不失沉稳，且非常百搭，正是当前最适合自己的。相比较美特斯·邦威的MTEE、凡客的VT、优衣库UT等市场上已有的竞争壁垒品牌品类，鸿星尔克设计团队引入了"有领的T恤"来实现产品差异化，并开创了"微领T恤"这一新品类，同时进一步提出了微创新的通勤装产品经营方向，服务于品位和时尚感受力日益提升的年轻职场客户群，也为企业的深度扩张提供了广阔空间。

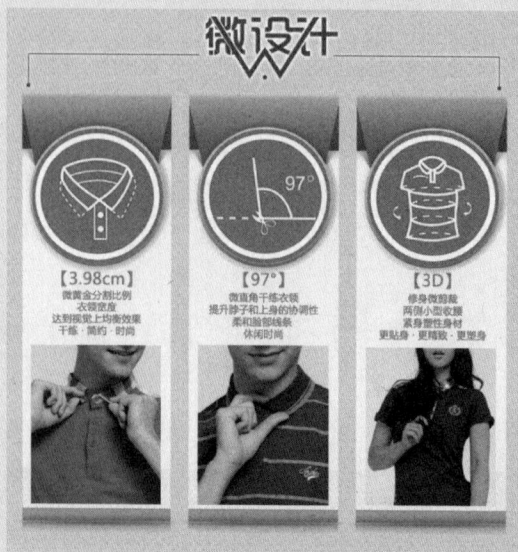

图4-2 鸿星尔克微领T产品造型（图片来源：易购网）

在情感诉求方面，有别于其他T恤品类所标榜的文化概念，微领T恤主打"因微不凡"的情感诉求，希望通过产品向消费者传递一种积极乐观的生活态度，帮助他们建立自信，以年轻阳光的心态去迎接人生中的每一次挑战，并从每一次失败中去总结经验，从细微之处改善不足，创造自己的不凡未来。这种文化价值理念和目标消费者的生活形态有着高度的契合感。

2. 品牌点评

无论品牌形象的哪一个层次，鸿星尔克都提供了消费者可触摸的范本。由细节设计的改变带来视觉感受上的不同构成了品牌形象的识别感知层；提出"有领的T恤"、"微领T恤"、"微创新"等概念将品牌归类于某一个与它牌形成对照、具有差异化的分类类别，方便品牌传播信息，也方便消费者对品牌的认识理解，这形成了品牌的认识理解层；最后品牌还着力于塑造与消费者达到情感上的互通的情感体验层的品牌形象，从他们的工作生活中找到描述的契合点，提出因"微"不凡的价值理念。

第二节 产品设计定位

产品是品牌与消费者联系的直接媒介，也是品牌意义的载体。常识告诉我们：有什么样的产品就有什么样的消费者，有什么样的消费者就说明有什么样的意义。

从品牌定位的角度考虑产品设计问题，实际上这正是一个使品牌形象生根发芽的关键点，它将从两个方面体现定位规划。

一、以功能决定品类

定位的第一步是建立市场区隔，并且是以细分市场为前提的。细分市场就是基于一个或几个有意义的共同特点，把一个比较大的市场分成几小块。这些被细分的群体每个都具有各自趋同的消费者需求和偏好。就产品而言，品类的意义比品种要大得多，因为它所具有的细分市场的作用，即品类可以在市场的平面上选择目标消费者。也就是说，产品的品类可以决定它将是消费市场中是哪一类消费者的选择。比如一个商务男装品类的产品线，其目标消费者是在一些在商场中打拼驰骋的男性；而一个户外品类的产品线，则主要针对那些热爱户外运动的消费群体。围绕着特定的人群设计属于他们的产品组合称为品类。品类确定意味着这是为某一类消费者专门量身定制的商品，这群人不必再为不同品种商品的选择犹豫不决了。开发品类的第一步是规划功能，从品牌定位的角度看，能够决定品类的功能有两个方面，一是产品所具有的功能性，如保暖性、流行性等，它是由物质属性包括形态特点所表现出来的，为年轻人设计的产品要考虑它的流行性，为户外爱好者设计的产品要考虑它的舒适机能性，为不同职业人群设计的产品要考虑它的职业适用性等。二是分化消费者的功能，消费者功能是消费者对商品功能的主观认知，例如，对于休闲装这个基本品类，不同类型的消费者对其理解不同，包括"舒适便捷的服装"、"日常穿着的运动装"、"简单的时装"，这是由于消费者对服装形象的诠释或对产品的说明而造成的，具有非物质属性，是概念创意或生活方式表达的产物。

以何种功能来决定品类，是今天产品开发的重要理念，对于品牌定位意义深远。

案例：向时尚致敬的羽绒服品牌——艾莱依

1. 概述

羽绒服是季令性很强的服装品类，因为每当冬日严寒来临，我们就会想到它。没错，因为它最直接的功能就是保暖性。然而正是这种对服装产品固有的认知，使得早期的羽绒服市场千品一面，臃肿且钻毛，穿者好像"行走的粽子"。将羽绒服的产品功能设计由保暖转向流行，艾莱依是国内的先锋。

通过对消费者需求和心理的不断研究，艾莱依发现，人们的秋冬着装正在悄悄地发生改变，纯粹的保暖式穿法正逐渐淡出人们的生活，生活方式和环境的改变使得人们在保暖的同时，更加注重自己的形象。艾莱依将目标市场定位于18～38岁的都市白领，当这些商务新贵们在快节奏的工作中寻找自由悠闲的感受时，积极地生活态度和运动休闲的生活方式，正引导着主流社会人们享受生活，健康向上的时尚理念。艾莱依抓住了这一要领，以时装化的设计手法，使羽绒服变轻、变薄、变时尚，通过消费者细分化实现产品功能上的拓展，从而改变了羽绒服行业的发展轨迹。经历了多年的裂变，最终成为了羽绒服行业的"时尚代言人"。

2013秋冬新品如图4-3所示，以时尚大气的剪裁，将柔美而精致的复古格调、名媛中性风融入新一季新品之中，在优雅、休闲、个性中展现女性轻盈而性感的曲线。另外，设计师运用浓郁奢华色调和粉嫩轻柔色调，调和细致入微的观察和感悟，捕捉消费者独特的内心渴求，让消费者真正体验到对生活最真切时尚艺术之美。

图4-3　艾莱依2013年秋冬新品广告（图片来源：中国女装网）

2. 品牌点评

在激烈的羽绒服品牌竞争中，艾莱依转换了聚焦于产品品种的思维角度，而是从品类入手，将艾莱依品牌经营方向转向做一种时尚商品品类，服务于那些有个性、有时尚品位的都市白领女性，从而其品类功能发生了根本性的调整，表现在产品功能从强调保暖性转向强调轻薄的时尚感，消费者功能着力于表达积极动感前卫的生活方式。

二、以质量决定品位

品位的区分，是品牌定位不可忽略的一个基本方面，它具有对市场进行再细分的作用，即品位是在市场的不同纵切面上选择目标消费者。今天的服装市场已经发展成为一个全息化的市场，即每个方面都有不同级别的消费者。ZARA是全球知名的顶尖时尚的模仿者。从品类的角度来看，它和那些奢侈品大牌一样，演绎和构造着时尚的概念，但是，它拥有更广泛的追随者。奢侈品强调的是各方面从设计理念到每一道实现工序的完美，同样它不菲的价格也让只有少数人才拥有享受极致品位的权利；而ZARA的模仿则让时尚品位变得平民化，追求形的模仿以及跟进的速度，而在设计和工艺水平上做到的是科学合理的计划控制而不是过分苛刻的要求，使得ZARA在全球时尚服饰领域获得了无可替代的影响力。

品位是一种具有主观性的评价标准，因着欣赏对象的不同同一件产品会被赋予不同的品位水平。因此，质量的概念也有所扩展，一方面是指通常所说的实物品质，它具有客观性，并且是可以测量的，通常具有衡量的统一标准，比如羽绒服的含绒量多少是可以衡量其保暖性的指标之一，刺绣的工艺水平以及染色面料的色牢度也是衡量商品实物品质的依据等；另一方面，则是指认知质量，即消费者主观的判断，它有可能和客观的实物品质存在偏差，而且是因人而异的，没有统一标准的衡量方式。比如人们总是觉得手工工艺产品比机械工艺产品拥有更高的品质，但实际上从客观的实物品质角度可能不完全是。说到高品质的服装商品，许多人都会联想到高级时装奢侈品牌，而服装产品极致的品质，自然会认为应该属于奢侈品牌的手工工艺产品。因此，很多时尚奢侈品牌就应景地推出了这样的品牌线来印证消费者的认知。

案例：夏奈尔手工作坊

1. 概述

手工制作从来都是奢侈品最大的砝码，每一种独到的工艺都在诉说奢侈品之所以"奢侈"的理由。2013年，Lognon褶饰坊加入夏奈尔附属公司Paraffection，至此，夏奈尔门下已经有十家手工坊，也正是这样，夏奈尔对手工的传承几乎已经无人能敌。

2002年起，夏奈尔首席设计师卡尔·拉格斐每年推出一个独立的高级成衣系列，即每年12月发布的"高级手工坊系列"，同时会选择一个与品牌有紧密联系的都市作为创作主题，创新演绎品牌经典元素，以创意无穷的精彩设计，展现夏奈尔的动人历史。卡尔从夏奈尔品牌与系列主题城市之间的千丝万缕的联系中汲取灵感，打造独一无二的高级成衣系列，以展现这些高级手工坊精湛出众的工艺。现在，夏奈尔高级手工坊系列灵感的足迹遍布东京、纽约、蒙特卡罗、伦敦、莫斯科、上海、拜占庭、孟买、爱丁堡以及达拉斯。

与夏奈尔每年发布的其他系列不同的是，"高级手工坊"这个系列是对极致手工艺术的致敬之作，凝聚了来自Desrues服饰珠宝坊、Lemarié山茶花及羽饰坊、Michel制帽坊、Massaro鞋履坊、Lesage刺绣坊、Montex刺绣坊以及Causse手套坊等高级手工坊的卓绝技艺。简而言之，夏奈尔就是在通过这个系列来宣扬并炫耀着它所拥有的最好的"手工"法宝。鸟羽、亮片及钉珠刺绣、斜纹软呢平顶帽、度身定制鞋履、栩栩如生的山茶花、金属链及纽扣……历史的传承、独特的工艺、超群的技艺，是夏奈尔手工作坊线极致品质的招牌。

2. 品牌评价

传统手工艺本身并不是支出昂贵的生产模式，也不能用任何可衡量的参数来说明以传统手工艺打造出的商品拥有更高的品质，但对于夏奈尔手工作坊的消费者而言，手工艺产品无可取代的独特性，极其苛严的工艺表现，以及加工过程的耗时费力都让他们有理由相信没有什么产品能抵得过它的质量。

另外，在完全不同类型的消费者之间，他们的认知质量可能并未建立在物质的客观层面，或许和他们性格相投的品牌个性、他们喜好的品牌形象让他们觉得具有价值或者更与众不同的品位，因而被赋予更高的认知质量。比如说牛仔装，其最初的实用功能，无疑是它的耐穿性，因为这种产品的诞生本就是为了满足底层劳动的需要，且牛仔材质风格粗犷，可以说，几乎没有哪方面的物质属性让我们把牛仔和品位联系在一起。现在，几乎没有人买牛仔是为了穿很久。你可以觉得牛仔很休闲，也可以把它定义为街头，甚至是理解成性感的着装，对于迪赛的年轻消费者而言，牛仔是他们幽默、敢于创新、追求智慧的生活态度能够得以外化的表达方式，我们可以称之为"传递态度的牛仔"。

案例：传递态度的牛仔品牌——迪赛（DIESEL）

1. 概述

尊重个性表达，寻求另类能量。从创立到35年后的今天，迪赛已不再只享誉为世界"顶级牛仔裤"的先驱品牌，更通过传播一如既往的震撼广告，嘲讽地把玩自己的服装、每天的生活和置身的世界。

2005年迪赛推出的名为拼命工作的这组广告，如图4-4所示，模特表情可以用面目狰狞来形容，而再看一下场景内容，他们并不是处理什么无法攻克的难题，只是在做一些日常本该轻松解决的小事。过度的精神压力，狂躁和扭曲的心态在广告中表现得一览无余。

图4-4　2005年迪赛的WORK HARD广告（图片来源：时光网）

2008年的快节奏生活主题，反映了年轻人过度紧张地追求效率的生活模式，即使在快速奔跑的节奏中，仍然要夹杂完成更多的事情。或许事情被处理得一无价值甚至一塌糊也无所谓，因为人们没有时间思考，如图4-5、图4-6所示。

图4-5　2008年迪赛的LIVE FAST广告（图片来源：数字驿站）

图4-6　2008年迪赛的LIVE FAST广告（图片来源：数字驿站）

2010年愚蠢主题，广告中的人们尝试着做许多自以为聪明的办法去解决问题，但结果却被证明是愚蠢的，如图4-7所示。

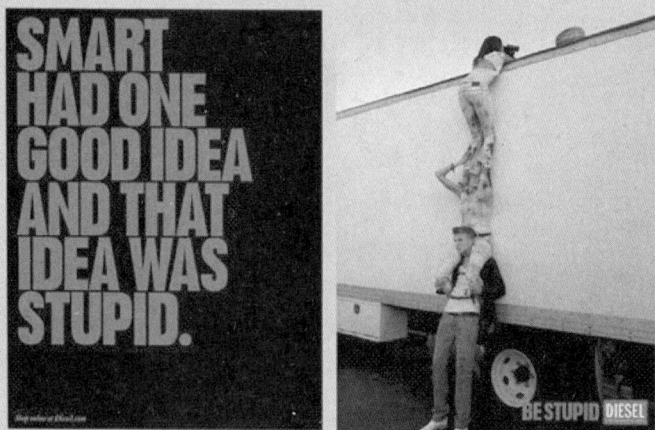

图4-7　2010年迪赛的BE STUPID广告（图片来源：数字驿站）

2012年为了成功而生活主题，表现都市男女为了追求所谓的成功，不惜被套上各种形式的枷锁，如图4-8所示。

迪赛的系列广告主题大片让人们忽略掉这是一个贩卖牛仔裤产品的品牌，它所表现的主题既贴近生活，又立意深远，激发人们去思考人类的智慧与虚无，表现手法新奇大胆，不拘一格。迪赛广告曾遭受很多责难和质疑，甚至屡被禁播，但迪赛的忠实粉丝们爱他，因为"够态度，够品位！"

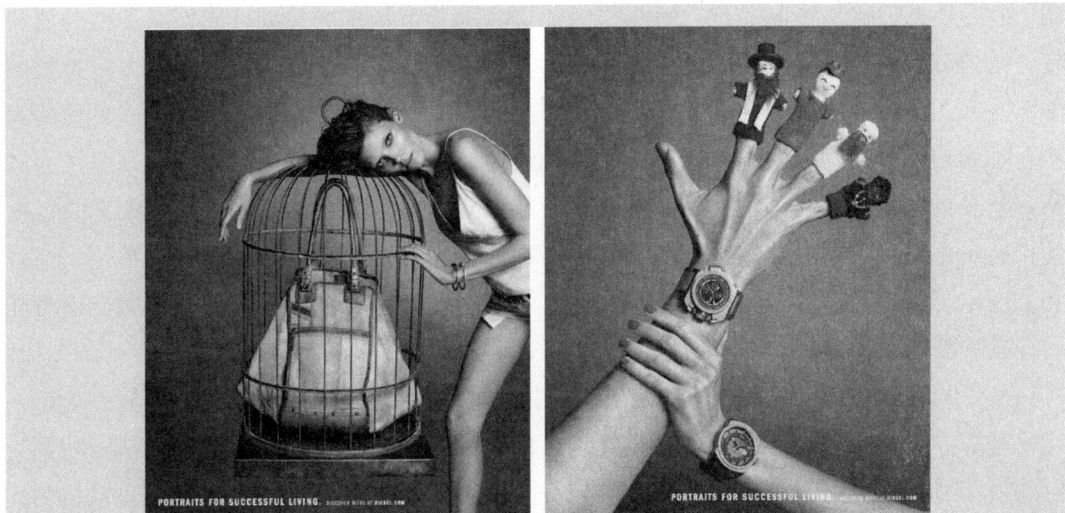

图4-8 2012年新版的FOR SUCCESSFUL LIVING广告（图片来源：中国服装时尚网）

2. 品牌点评

迪赛牛仔品牌的目标消费者是一群视角独特、有思想、敢于挑战固有观念的消费者，在他们心目中传统的价值观只有被打破才会更有意义。因而他们心目中的质量绝不是一般的客观实物品质，打破常规、犀利独到的设计思维，对生活态度创新性的表达，能够做到这些，才是他们心目中可以立足的品质。

第三节 营销方式定位

营销方式定位即渠道定位，是品牌定位中最具策略性的一个重要方面。而有关的理论研究和实际经验的总结也已经十分完备。但是，市场的快速发展，要求有关认识必须不断跟进。从目前服装市场的情况看，它在渠道的发展进化方面，非常近似于一个有机体的生长规律，即按照成长性原则、适应性原则和补偿性原则不断发展、充实、派生新的渠道——市场的生命线。

在每一个新渠道被开辟出来的时候，一种新的形象法则或评价形象的新思维、新理念便会应运而生。因此，今天的营销方式定位就不再是简单的考虑走什么路的问题，而是要进一步考虑开什么"车"（品牌形象）的问题。

一、分析市场的角度

市场分析有许多思路和方法，在今天的市场环境下，应该以消费者类型化的视角展开市场分析，而这一趋势与品牌类型化是密切相关的。

消费者类型化是指同一细分市场里的消费者随着市场发展又细分成不同类型的消费者。比如对于一个年轻女性的细分市场中的消费者，实际生活中可能扮演者多重类型的角色，在工作时要表现得自信又干练，和男友约会要是甜蜜可人的小淑女，去见他的家长则要大方得体，闲暇时间和姐妹逛街购物要时尚活泼，去参加个性舞会时则要叛逆有魅力，多重角色和交际环境的丰富让消费者在购买商品时会有更多的取向性因素需要衡量，通常，她会更加具体的根据自己所需考虑选择一种模式解决当下所需。于是，消费者呈现出了类型化的特征，她是奋斗白领，是淑女，是好女孩，是时尚姐妹淘，也可能是叛逆"怪咖"。

从商业的角度，消费者被定义为某一类型，就可以在这种类型中获得一种存在形态，与之呼应的生活方式、态度、价值理念、需求模式等就表现出来了。营销策划者需要为它的目标客户定制一种营销方式，形象地比喻为提供一辆出行的座驾，即使是发动机的震颤，方向盘的手感，都能表明它或他们应该是商界新贵，还是出身名门。品牌的类型化相应出现，它让消费者目标明确地去购买合适的品类以及对口品位的商品。

通勤装是一种方便合适办公室女性（Office Lady，简称OL）在办公室里和社交场合穿着的服饰品类。通勤装的目标消费者，是职业体面、薪酬优厚，且具有很强烈的圈子交往意识的办公室族群，或可称为时尚白领族群。她们生活节奏加快，工作压力偏大，每天要在工作中辛苦付出，对于服装的精细要求却丝毫不能降低。她们没有时间每天洗衣服，但是要每天变换不同着装，因此必须考虑变换组合那些时尚的穿衣元素来百搭她们各种丰富的日常社交活动。像时髦的牛仔裙、印花长裙以及宽松款衬衫等偏休闲性质的衣服，上班工作时可以穿，下班休闲也适合，配一条丝巾或加一件马甲，就能参加各种聚餐、活动，她们的服饰品需求呈现极其的丰富多样。

通勤装市场领域里又囊括很多不同类型的品牌供消费者选择，如快时尚类服饰品牌ZARA、H&M、GAP、UNIQLO等这些品牌价位低、款式多、时尚度高；风格类通勤品牌如EIN、速写、江南布衣等，考究的做工和设计师的设计独特的理念使其品位卓然于其他；休闲类通勤品牌如大嘴猴、HIPANDA等，个性突出、带有轻微的叛逆风格是这一类的共通之处。

随着都市职业白领人群规模不断地发展壮大，其购买力活跃，购买潜力急剧外化膨胀。它们的价值观和品位相对趋同，生活圈子和领域又比较集中，因此上述这些品牌常常成群结队地配套在一些大都市商务中心。比如北京的悠唐生活广场，就着力于打造以22～35岁的时尚白领为主要客户群，"都市白领的悠活天地"为其新定位，追求时尚主义的新时代白领放松身心的悠活天地。营销渠道的专业化使得相似品类的品牌大量聚集，同时又在经营模式上对这些品类进行了指向明确的再细分，比如上述三种类型品牌通常各自集中的出现在不同的卖场区域里，客观上推进了品牌类型化的市场，且表现越发明显。

品牌创意：随你操纵"Color OS"

1. 概述

品牌名称：Color OS；类型化设定：轻熟女风格通勤装；品牌特色：丰富的色彩，展现最自信的你。

品牌定位：18～30岁的职场新人，但与其他通勤装品牌的最大不同是Color OS是以丰富的色彩来打造职场年轻、气质型女性的个性化品牌。

灵感来源：Color operation system，是OPPO手机的操作系统，OPPO采用了自家开发的新版Color OS系统，在这个全世界都跟风玩儿扁平化设计的现如今，全新的Color OS"出淤泥而不染"，依然我行我素地继续坚持着拟物化的风格，成为年轻的时尚白领人群的掌上新宠。借此名称用于服装品牌命名，恰当地烘托品牌定位的新颖，品牌风格坚持自我的特点。

营销渠道：利用OPPO手机操作界面，通过屏保界面，各种操作空间以及掌上小游戏等方式推广品牌，并直接在界面上绑定操作软件可以进行商品买卖，咨询了解，享受账户管家式服务等。

2. 创意构思

品牌形象：根据年轻女性典型气质差别将color OS的女装系列分为：青春可爱淑女型，干练明媚熟女型，阳光帅气中性型等多种风格，几个色彩系列均从最容易吸引、影响消费者产生购买行为的感性设计元素——色彩出发，主打高明度和纯度的色彩并大胆鼓励色彩碰撞的搭配来体现穿着者单纯、率性的性格特征。不同系列风格上均有相应的色彩搭配方案，展现不一样的气质类型魅力。款式上选择能够凸显身材和烘托气质的韩版经典款式，将一种张扬个性、风格干练且充满激情的自信气质彰显出来。品牌LOGO也充分结合品牌设计特色，用椭圆的外形，象征视野聚焦，聚焦所有的可能性，利用漩涡作为辅助图形，引领你进入一个多彩的世界。韩国超人气偶像组合"少女时代"，活泼靓丽中透着一点小性感的轻熟女形象，是品牌理想的形象代言人，广告可以在网络观看模式中在韩剧里插播播出。

3. 创意点评

（1）该品牌创意在对通勤装品类认识的基础上，尝试找到类型化市场空缺。在通勤装品类里，可供年轻职场新人选择的品牌，要么快时尚品牌的普遍欧美做派，要么运动休闲品牌的活力风格，对于许多他们更加喜爱的韩剧中年轻气质型女性风貌的产品相对较少。经甄选，用"轻熟女"一词来概括这种风格类型比较合适。

（2）通过使用色彩这一感性元素，将色彩性格与消费者的个性特点相结合，颠覆以往黑白灰为主的职业装以及由此带来的灰色心情，而是用高调时尚的色彩搭配来表达职场中的积极主动的态度。

（3）选择网络广告、强势手机品牌连带推广、掌上应用软件等模式作为营销方式，与目标消费者的生活内容和消费方式紧密契合。

（创意参考太原理工大学服装设计与工程2011级郭丽、郑云鸽、卫斗妮、李宏泽、左晓敏、董文倩品牌策划小组作业。指导教师：卫小鹃）

二、营销方式设计

基于品牌形象的营销方式设计，是在渠道趋于细分和创新的背景下，通过对消费者感知方式和感受力的再认识以及分析消费者在心目中确立品牌形象的新思维，恰当地选择可行的营销方式的定位思想。

营销方式设计包含两点，一是渠道选择规划，指营销渠道及渠道组合的选择规划；二是传播适配设计，指根据消费人群的感知方式和感受力结合渠道特点进行适配的品牌信息内容和传播方式的设计。

从渠道选择规划的角度来说，不同消费类型的消费者会选择专门化的渠道去购买商品，比如宅男女们图便宜不用出门就会选择淘宝；没时间上街却需要装备自己的年轻白领可能会去唯品会；天天泡在朋友圈里的微友们购物全靠朋友的微店；以全家欢享假日乐趣为出发点去购物的消费者可能会选择大悦城。品牌经营者要衡量，你是服务于哪一类消费者，他们爱到哪儿购物，你就应该在哪儿出现。

再从传播适配设计的角度而言，首先是营销方式设计符合消费者的感知方式，其次是营销方式设计应围绕着目标消费者的感受力。

感知方式就是人感觉并认知事物的方式，分为身识和意识两种，身识包括视听味触嗅五感，意识主要依靠思考。不同的营销渠道会调用不同的消费者感知方式。网络营销方式设计可以考虑能够调动消费者视觉、听觉上的积极性，同时通过键盘鼠标操作能与对象产生一定的互动性；手机营销方式则又有手指直接接触屏幕的不同体验，但视觉上相对画面和操作形式比较简单；虚拟营销方式下影像碎片信息模式以及无法身临其境的缺憾限制了消费者的感知深度，传统的商场购物有时候更具有优势，因为可以让消费者的全方位感官参与进品牌体验的过程中。针对不同的营销渠道在消费者感知方式方面的考量，营销设计方案应当有不同侧重且具有创新性。例如，传统商场购物模式可能比较单调乏味，而现在的生活广场概念的购物中心则给消费者带来了全方位的感官体验。以至于如今的消费者去购物，消费都在其次，能够带孩子或家人去共同体验一个开心的主题活动或是在各种不同类型的具有很强的体验感的品牌店里高高兴兴地度过休闲假日时光才是最有意义的事。

感受力前文已有叙述，感受力因人而异，设计考量时同样要有所区分。如对于较高感受力的人群，我们在终端陈列时可以用抽象的表达方式来营造意境，而对于一般大众而言，则需要用具象的具有感官刺激的信息来吸引注意力。

今天可以说是营销方式创新的时代，许多生动的实例既可以说明市场特点，又是值得借鉴和发挥的实际经验。

案例：维多利亚的秘密的微信营销

1. 概述

越来越多的办公族群喜欢泡在微信的朋友圈里，多年不见相距遥远的老友，只需动动手指，一下近在咫尺，每天吃了什么干了什么，分享一下感悟，晒一晒幸福，都能获得彼此的回应。这确实要归功于微信强大的分享功能，各种实用便利的沟通平台让消费者的感官与情感生活变得丰富多彩。微信平台的最大特色之一是沟通的方便性，许多公众场合和日常生活中刻意隐忌的信息在微信上却可以到处被分享，广泛流传。这让内衣品牌维多利亚的秘密找到了非常合适的品牌传播的商业契机。

营销方案介绍：某天，你发现朋友圈里出现了一条新奇的微信，题目看上去很诱人"极致诱惑——维多利亚的秘密"。打开里面的内容，会出现如图4-9所示的界面。

图4-9　维多利亚的秘密微信息首页（图片来源：亿邦动力）

在蒙着雾的画面上写着TOUCH ME的字样，引导受众在画面上涂抹，接着画面上就出现了一位穿着内衣姿势性感的女性，同时，一种蓝调且具有梦幻、撩人气息的音乐响起。将画面用手指随着箭头指示向上滑动，维多利亚的秘密的品牌及商品介绍和唯美的画面一起跃入眼帘。"WHO I AM？我是维多利亚的秘密，诞生于20世纪70年代初的美国，自诞生那天起，我就成为了魅力、浪漫、纵容及女士内衣的代名词，我引领时尚，并宣扬一种生活态度。"

接下来，是若干文字的品牌表达："魅力：我从来不吝啬让女性展示只属于自己的美丽，我喜欢让女性散发出由内而外的俏丽与情调；浪漫：我幻想拥有我的姑娘们宛若翩然栖落在湖面上的天鹅，等待上演一出浪漫的舞蹈；魅惑：我是隐藏在鹿角上的精灵，为你讲述一个关于梦幻，却又带着魅惑的童话；纵容：我宠爱和纵容着女性：向世界宣告着属于女人的，关于曾经被影藏在层层装束下的美；性感：不是所有人都能真正理解性感，但是当你看到我，有些感觉无须言语。"

然后将2013年的维多利亚的秘密的内衣秀以视频的形式展示出来。"我和我的天使们向全世界的男人女人以身作则，示范女性美的极致。我不希望你错失这个世界上位于性感金字塔顶端的一片风景。"

最后，还专门设计了一个分享与互动界面。让受众可以有更便利和丰富的选择去分享这条微信。

从细节上我们也可以看到它为微友们量身定做的设计，比如摩擦触屏进入下一画面，很像办公室或宅男女们爱玩的掌上解密拼图游戏；向上滑动翻页，让女性指尖动作更加潇洒优美；使用了即点即用，无须另外下载的全功能轻应用手段，方便受众信息解读，不用浪费多余的精力和时间；易于分享和互动，等等。

利用微信平台获取更高的关注度，这并不是维多利亚的秘密最具创新的一次，2011年在美国纽约街头的几则广告堪称经典，广告上的三位美女分别是"维多利亚的秘密"御用超模Lily、Candice和Erin，他们本身是极富性感魅力的代言人，因而令很多路人注目，不过，广告在她们的重要部位打上二维码才是重点，这样大大激发了人们的好奇心和窥探欲。当大家掏出手机用微信二维码工具扫描后，才发现隐藏在下面的是性感的内衣，如图4-10所示。

图4-10　维多利亚的秘密纽约街头内衣广告（来源：新浪上海）

2. 品牌点评

微信是一种受众相对私密且深度的聊天工具，维多利亚的秘密作为一个具有极度奢华视觉享受的内衣品牌，在这样的平台上进行品牌宣传无疑非常成功。首先，推广渠道与品牌的目标受众有着较高的重合度，品牌经营的商品特性与营销渠道的性质存在某种共通性；其次，品牌信息的内容和形式设计与受众的黏合度很高，是符合受众感知方式与围绕感受力展开的；最后，利用渠道的传播优势能够高效地将品牌信息传播出去，成本低廉且能够成级数传播的模式，引起微信圈爆棚效应的事实证明了其传播效果。

第四节　客户关系定位

如果从市场实际出发，或者说，站在市场营销的角度看待品牌定位问题，就能够真正理解品牌定位的重要性。事实上，品牌定位最基本的依据就是它所面对的消费群体，而定位最关键的事情，就是向消费者表明自己的身份。

从消费者的角度来看待品牌定位，就可以认为这就是品牌角色的体现，所谓角色，就是指品牌与消费者的关系——在市场上，消费者出于自己的消费需求和消费方式，选择与自己相关的品牌作为目标品牌，消费者会根据自己的消费体验，对品牌的认知，或是其他人对品牌的评价，在这些品牌中选择用于消费的品牌——即把该品牌作为消费对象，并且，对该品牌具有一定的忠诚度；可以替代的品牌——作为消费的候选，个别情况下会选用，或者说尝试一下也未尝不可的品牌；放弃的品牌——经过比较或经过尝试，认为该品牌不能满足自己的要求，因而不再将其作为考虑的对象；体验的品牌——并不作为消费对象，但是有兴趣了解，会设想将其作为消费品牌来体会消费的感受，今后很可能会尝试，也有可能发展成为消费品牌，甚至成为忠诚品牌。可以说，品牌与消费者的关系，从根本上决定了它的市场地位。从这个角度讲，品牌定位就是确定自己的市场地位。

企业如何才能实现品牌定位目标，显然不是一厢情愿的事情，既要看自己怎么做，还要看消费者怎么看，更要具备一定的条件。如同做任何一件事情：条件不同，做事的方法就不同，那么，结果也往往不同。企业所具备的条件，决定了品牌与消费者能够建立何种关系。从作用上讲，有不同类型的条件，分别与不同方面相关，可以分为基础条件、决定条件和独有条件。具体来说，基础条件就是必要条件，也是任何一个品牌都必须具备的，但是，它只能提供可能性，因为这它只能满足消费者基本的需求。如对产品功能的要求，或满足消费者的某种消费习惯。决定条件则是促成与消费者建立特定关系的决定性因素，一般来说，它代表着品牌的核心价值，是促使消费者选择品牌消费的动机，即消费者消费品牌的根本原因，如消费者因此而达到炫耀的目的，或体现了消费者绿色环保的消费理念。独有条件就是品牌的独特之处，品牌因此而与众不同，这往往是一些具有特别需要的消费者选择品牌的理由，如个性化的定制，或是产品不同一般的风格，由于此类条件的专属性，所以，有可能因此与消费者建立独一无二的关系，并且，可以很稳定地维持下去。

总之，有潜在的消费者是定位的前提，具备一定的条件是选择消费者的前提，这些都是品牌定位所必须明确的。

综上所述，客户关系定位绝非简单地选择某一消费群体作为目标，而是要结合自身的基础条件并创造所需的决定条件，从而创造出与某一消费群体的契合点。

一、实用性和意义的平衡

一般而言，消费者的消费需求是在功能性和品牌意义的平衡中进行取舍。之所以讲取舍，是因为每一个消费需求或者说消费行为都会体现一种消费性质，我们将其分为功能消费和意义消费两种相对的情况，前者是指通过消费能够获得实用性方面的满足，后者是指能够获得精神层面的满足。例如，对于一条正在流行的裙子来说，A女士买它是因为喜欢它的款式设计，并且非常适合自己的身材和肤色，而B女士则是因为这条时髦的裙子能够给自己带来一种归属感——因此而使自己被认为属于某个社会阶层，从而在心理上得到一种安定感。这条裙子如果从特点上讲，可以从不同的方面来看，诸如造型、色彩、面料以及流行性、稀缺性（如果是限量版）、独创性（出自某设计师之手），应该还有其他普通的或特别的性质，这些性质中的某个或某一些成为某个消费者选择它的理由，并且被视为功能消费；另一个或另一些消费者选择它的理由，并且被视为意义消费。似乎，这两个不同的结果只是因为两个不同的消费者"各取所需"之故，并且服装也能够分别满足两个人不同的需要，事实的确如此。但是，在它背后还有一个重要的原因：作为品牌时代的服装消费，上面的结果首先是由于消费者选择了某个品牌而引起的——正是因为消费者选择了这个品牌，才使消费行为能够实现；另一方面，正是因为这个品牌的性质，才使消费的性质有所归属。至于品牌的性质如何能够影响以至于决定消费的性质，其实，这是品牌消费时代的一个最通常的情况。例如，消费者分别在一个奢侈品品牌和一个大众消费品牌购买了式样相近的手包，这两次消费的性质一般而言是不同的，诚然，其中有商品本身的原因，但绝不仅仅是商品自己就能够决定的。

再回到平衡的概念上，之所以说平衡，是因为任何一次消费都不会是纯粹的某一种性质，一般会兼而有之，只是有所侧重而已。讨论平衡的问题，就是为了说明：在面对消费者的时候，既不能失之偏颇，又不能丢了特色，也就是说，要为功能消费赋予一定的意义，也使意义消费不失去功能的基础。

进一步讲，在品牌所体现的意义中，有些属于普遍意义，如选择某品牌意味着时尚消费，那么，这就是普遍意义，因为时尚的标准是社会的或者说是市场的；还有一些意义属于个人意义，也就是说，只是就个人而言属于某种意义，并没有普遍性，如消费者选择不属于自己这个消费阶层的品牌，只是为了表明自己的一种偏好或个人的价值观，因此，这是一种在特定情况下才能实现的意义。就这一点来说，企业还需要平衡普遍意义和个人化意义两者的比重，正如前文所述，在实际当中，绝对化的情况极少，而兼而有之则是普遍规律。对于品牌的意义而言，普遍意义不可能绝对化，意义的个人化也很难是完全彻底的。因此，考虑消费者权衡的原则和尺度来确定品牌的意义所在，并且使两者能够恰到好处地处于平衡之中，是客户关系定位的一个非常实际的思路。也就是说，企业一方面要考虑恰当地把握品牌的普遍意义，另一方面也不应该忽视创造消费者个人化的意义的可能性。

二、消费者类型

前面分析的问题，并不旨在说明消费者属于不同的类型，而是指出消费具有不同的性质，区分并且能够创造出不同性质的消费，是品牌定位中考虑客户关系的一个基本依据。但是，如果说什么可以作为区别对待消费者的理由，从根本上讲，还是消费者的不同类型。

区分消费者的角度和方法有许多，在第一章也有专门的叙述，在此，由于是为客户关系定位寻找必要的依据，所以，就要从"关系"二字入手。着眼于"关系"，自然就要涉及"消费者是如何认识品牌的？"这个问题，以这个视角展开分析，可以从消费者的心理机制出发来区分消费者的类型。

为了尽可能简要地说明问题，我们先从一个具体的例子开始分析：上面提到的A女士因为喜欢一条裙子的款式，并且认为它非常适合自己的身材和肤色，所以决定购买这条裙子。如果问她买这条裙子的理由，她一定会说：是"看上了"。而B女士买同一条裙子却有一个"郑重得多"的理由。由此看来，由于出发点的不同，消费者对商品采取了不同的审视方式，也表现出不同的态度或者说是重视程度。比较而言，我们可以将A女士称为感性消费者，而B女士则是理性消费者。

再从不同类型的区分上看，前面提到的原理同样适用。首先，两种类型并不会形同泾渭，分得绝对明确，而是兼而有之，只是有所侧重而已；其次，对于一个消费者来说，可能这一次是感性的，而下一次就是理性的——这还要取决于是何种动机和需要；再次，也是最重要的一点：品牌的类型对于消费者"选择哪种类型"具有影响作用，这是由于核心价值点的不同而造成的。例如，一个以专业性著称的户外装品牌，就会促使它的消费者选择以理性的态度来对待商品。

以上分析说明，客户关系定位重在对关系的把握，而关系的把握既有品牌方面的影响因素，又有消费者方面的影响因素，最终的结果必然是以两方面互动的方式来决定的。

归纳以上各点，可以得到以下的结论：第一，客户关系定位既是一个选择消费者的过程，又是一个根据具体情况确定品牌性质的过程，同时，还是一个在与消费者的互动中彼此调适的过程；第二，品牌的产品定位即经营的品类对品牌性质具有限定性，但是，可以通过品牌设计手段，引导消费者的感受方式和视角；第三，消费者的类型与其自身的社会身份、生活方式等具有内在的关联性，在考虑品牌的客户关系定位时需要着重考虑，并采取适当的应对方式。

案例："我就要这样！"——轻潮品牌CRZ

1. 概述

充满乐观正能量又带着一点小叛逆的"轻潮"品牌——CRZ，是一个以成衣为核心，全线开发由外到内的高品质潮人装的类型化品牌。CRZ通过服装设计表达出现代年轻人在乐活的世界里玩出自我格调、制造话题、永远对主流常识保持质疑和追求自己的答案的态度，如图4-11所示。

图4-11 CRZ广告招贴风格图（图片来源：CRZ品牌官网）

CRZ的品牌标志是一个"头上长耳朵，露着大板牙"贪吃的K豆形象，来诠释Kidult族的"顽酷"。CRZ有自己独特的拼盘吸引力，就连属于它的消费群体都有别样的称呼，被称作为Kidult族。所谓Kidult，就是Kid（小孩子）和Adult（成人）的组合，特指有小孩特质心态和趣味的成年人。CRZ以独特的"？+！"文本修辞与世界进行沟通，通过"？"对常识保持质疑的态度来追求自己的答案"！"如图4-12所示。

图4-12 CRZ的品牌标志（图片来源：CRZ品牌官网）

品牌以"A Different View! 不同的答案!"作为核心理念，向所有人呐喊出"我们并不是和世界为敌，只是不想让世界格式化"的心声。

CRZ的终端店铺，用解构与重组的设计手法，并且有许多随手拈来的道具，如图4-13所示，制造出一种童话般的梦境效果。

图4-13　CRZ品牌终端店铺陈列

2. 品牌点评

对于这个品牌来说，首先是准确把握消费者的消费类型。CRZ的目标消费者是都市年轻人。"乐活自我，要不同，不主动迎合主流，也不非常叛逆，只是不想长大"这是站在自己的世界和真实的世界边缘矛盾纠结心态下发出的叛逆声音。当然，他们也绝对不希望自己变成某某品牌的营销对象而被营销，买东西的理由大多不需要复杂的解释，而是一种出于直觉的感性判断。

既然明确消费者的消费是出于感性需要，那么在建立客户关系的层面就要让消费者能够直观感受出来。在CRZ卖场里，贪吃豆、问号叹号、麦克风、胶囊盒子、奇思妙想的产品、夸张的色彩造型，很多碎片式的感性元素，不刻意的随意组合，让消费者觉得生动有趣而又无厘头，极大满足了感性消费所需。

CRZ的小叛逆形象可能会将许多消费者拒之门外，但CRZ不会因此而改变风格，因为它的年轻忠粉们非常喜欢，这种喜欢不需要过多的解释和理由，就是一种出于直觉的判断——"我就要这样!"这就是一个具有叛逆风格表达自我的品牌，一个挖掘人们内心的勇气和胆量的品牌。

第五节 形象表达定位

俗话说，"鲜花引得蜜蜂来"。从树立品牌形象的角度讲，企业的品牌形象工程只能在目标消费者的心目中引起足够强烈和符合预期的反应，从而使他们建立起对品牌清晰的认识，而其他的受众则往往会有不同的感受，因此，他们头脑中的品牌形象就会大不一样。尽管我们说品牌形象是因人而异的，但是，对于目标消费者，总的印象和关键的概念是不可以有明显差距的，否则，只能说品牌形象是模糊不清的。

本节将根据形象表达与品牌定位的内在规律性，说明如何选择有针对性的形象表达，以便取得应有的效果——使品牌形象真正在目标消费者心目中树立起来，以及通过形象表达实现建立区隔的目的，从而突出品牌的特点，形成具有个性的品牌形象。

也就是说，恰到好处的品牌表达，既可以深入人心，又可以区别人群，由此体现出品牌定位的双重意义。

在此，形象表达的意思是：旨在树立品牌形象的品牌价值表达及概念传播。也可以将品牌形象表达理解为品牌传播，那么，按照今天品牌传播的主要方式来看，品牌形象表达通常是借助于非语言的方式，即符号的方式来进行的。

在第二章中，我们已经介绍了品牌符号的概念，并且分析了品牌符号的构成、作用及其原理，从而使品牌成为"可表达亦可解读"的某个或某些概念。也就是说，品牌符号是为了表达某个或某些特定的概念，也就是说，是为了说明品牌所代表的意义而存在的。

在实际当中，品牌符号是除了词语形式之外，品牌形象表达的另一种方式，而且越来越占据主要的地位。品牌符号具有一般符号的典型化与时代性特征，又带有强烈的品牌特色，这就是说，它主要是服务于品牌形象的。但是，一般情况下，品牌符号不可能像文字语言那样确切无误——当受众在进行解读时必然会因为生活经验、知识结构和情感特点的不同而带有个人化倾向，这便会影响品牌意义的确定性，使不同的人对品牌表达产生不同的理解。正因如此，品牌形象不是靠单一的符号就能够让受众接受，而是要运用系统化的符号形式，诸如广告、店铺橱窗、商品展示、杂志专栏等，共同为品牌形象服务，才能实现预期的目的。例如，在某品牌利用橱窗所进行的形象表达中，对于"严谨而又讲究情调的经典男装"这个品牌形象，就运用"上装/衬衫/领带"的服装单品组合来表示"标准男装系统"的含义，用"花呢/条纹府绸/光面革/经典款式"的面料与设计组合和"礼帽/皮鞋/皮带/围巾"的配饰组合表示"传统与严谨"的含义，进一步再用"雕塑/环境色/照明"的装饰组合表示"休闲时光和富有品位的生活"的含义，将上述各个层次的表达方式综合起来，就形成了一个意义较为明确的符号系统，从而成功地实现了品牌表达。

这个例子说明，只有系统化的品牌符号或者是能够表达较为复杂含义的品牌符号，才能比较准确地表达特定的概念。

但是，从品牌定位特别是区分受众的需要出发来考虑品牌符号，就会发现一个问题：如果品牌符号表达了一系列复杂的意思，就有可能不够鲜明，使人们不能区别这些意思的主次，因此而认为这个品牌的含义即是此又是彼，消费者就会产生这个品牌既属于自己又属于别人的感觉。这就要求品牌符号被用于品牌定位时，要尽可能简明并且鲜明，也就是说，出于定位的目的，品牌符号在丰富性和鲜明性两者之间应该选择后者。如果将上述内容归纳为一句话，那就是：由于品牌形象是一系列意义的集合体，其中，那些能够体现品牌个性的意义就会对品牌定位起到主导作用，那么，能够表达这些意义的品牌符号，就属于品牌的定位符号。

一、定位符号设计

综上所述，可以得出一个结论：用于品牌形象表达的符号如果简洁明了、形式独特，就有助于对品牌的定位——从广大受众中将目标消费者区分出来并且让他们理解、接受和喜欢这个品牌。下面将以此为标准来分析定位符号的特点。

首先要说明其中的原理。人来自于直观的认识，开始于确定知觉对象与自己的关系，也就是说，人首先要确定眼前的事物是否与自己相关，才会进一步做出了解它还是放弃它的决定。对于品牌定位来说，这就是我们所说的"区别的功能"——目标顾客会继续了解它，而其他顾客则会放弃它，并且，按照前面的说法，这个区别功能应该是由定位符号所体现的。进一步讲，如果进入了"了解模式"，那么，人的思路就会沿着"与自己相关"的线索发展下去，具体讲，就是继续寻找对象所包含的其他与自己相关的信息——显然，这些信息是人所熟悉的，由此人就可以建立自己对眼前这个事物的认识。对于品牌定位来说，这就是我们所说的"建立与消费者的关系"——不但品牌与消费者的关系由此而确立，而且还可以由此确定关系的性质。

这个原理说明：受众对于他所面对的事物的认识是思维活动的结果，而思维活动的展开则有赖于他对这个事物的直观认识。根据这个原理，在构思定位符号时，就必须使之能够成为让受众产生明确直观认识的性质符号或象征符号。例如，一个名为"蓝调"的休闲装品牌，仅从名称和品类上是无法确定其消费者定位究竟是哪个群体，因此，就需要使用定位符号来解决问题。对于"蓝调"而言，它的定位可以有不同选择，这与定位符号的选择有极为密切的关系：如果，它使用吉他、萨克斯等乐器作为卖场的装饰，那么，"蓝调"就可以理解为爵士、摇滚一类的具有情绪宣泄和即兴表演的一种音乐形式；如果将卖场中的乐器改为橱窗里猫王、All 4 One的音乐唱片，那么，就可以将"蓝调"理解为更为专业的具体的节奏蓝调（R&B），并且会体现出一种忧郁的情绪；如果服装产品具有缤纷的色彩，在卖场陈列中采用具有旋律感的呈现方式，就会使人产生单纯的，且比较自由的音乐感受；如果服装产品采用不同深浅、明暗的蓝色系组成，就会鲜明的表示这是属于"蓝色控"的品牌。

上面的分析还说明，定位符号并不限于哪个类型，而是可以在有关品牌属性和特点的各个方面和层次上进行选择，只要它是能够表达某个概念的就可以为我所用。例如，体育运动品牌鸿星尔克（ERKE），是一个起步较高，发展方向明确的实力型品牌，它的品牌口号"迈向第一（TO BE No.1）"，充分表达了品牌的经营理念，为此，企业通过赞助顶级体育赛事以及签约著名体育明星，使品牌形象日益鲜明和饱满。然而，在具体的定位上，鸿星尔克是以"年轻、时尚、阳光"为核心表达，旨在确立品牌与有活力、有理想的年轻一代消费者的关系。显然，这是结合市场现状的一个非常现实的选择，而且，与企业的经营理念并无任何不相适应的地方。只是，定位符号有待选择与推敲。为此，鸿星尔克的选择是一款标志性的产品"微领T恤（Micro Collar Polo）"，无疑，这是一个区别于一贯的形象风格，具有强烈时尚意味的定位符号——它利用一个特定的名称，利用传播和宣传手段，向广大受众展示了一种能够体现"年轻、时尚、阳光"的生活方式和一个充满活力、积极向上的年轻人的形象，由此，鸿星尔克的品牌定位得到了很好的诠释，也得到了积极的呼应。

这个例子还说明：品牌定位需要不断清晰化，做到与时俱进，才能适应市场的发展和消费者需求的变化，因此，定位符号也不可能是一成不变的。

定位符号创意：设计师女装品牌定位表达

1. 概述

某设计师女装品牌的设计风格定位于自然主义和简约风貌，因而款式比较简洁、明快，并无十分明显的设计感，但设计师希望能够表明品牌是坚持走设计师品牌路线的。也就是说，它并不简单模仿市场上的流行款式，而是以独创设计为品牌的立身之本。显然，这是一个非常重要的价值点，必须予以清晰地表达出来。

2. 创意构思

首先从直观感性出发，寻找可以指明或象征"设计师品牌"的感性元素，或称之为设计符号。

根据对目标消费者的分析，认为以时装设计文化为背景，有助于对"设计师品牌"这个概念的表达。

通过分析与比较，选择了几个可以采用的元素：其一，时装秀；其二，杂志专栏；其三，设计师介绍。将以上元素进行整合，完成了定位符号的设计：

一是设计师在T台与模特合影的照片；二是类似于时装杂志"人物专访"专栏的设计师介绍，包括个人简介、代表作品、人物肖像、工作写真等；三是该品牌时装展示会的视频。

将以上定位符号应用于橱窗、专卖店陈设等，使之成为店面形象标志性组成部分。

3. 创意评价

由于定位符号直接表明了设计师的身份和特长，间接表明了品牌的产品均出自设计师之手，而且利用专卖店的环境展示上述内容，符合设计师品牌的一般习惯，因此，较好地完成了预期的设计目的。

二、个性化的品牌形象

如果再一次思考一下品牌定位的概念，并给予稍加深入的分析，就可以清楚地看到，实现区别的功能和建立关系的目标都需要一个重要的支点——品牌的个性化。我们在分析定位符号的时候，一定不要忘记最基本的一点：离开了完整的形象表达，品牌的定位只能是表浅而空洞的。也就是说，它并没有明确说明可以满足消费者怎样的需要，以及与消费者是如何发展并维持相互关系的。这也正是本节要重点分析的问题，即出于品牌定位的需要，如何根据实际情况来确定品牌形象表达的方式。

首先的一个问题是：怎样才算是完整的形象表达呢？其实，它不在于表达的复杂性，而在于消费者头脑中概念的明确性。例如，英国服装品牌"1205"，是以一反着装形象的传统概念为出发点，以中性化服饰为设计特点，以当代时尚观念为价值点的个性化服装品牌，这些品牌的含义和特点，在设计师极具感染力的款式设计中得到了很好的表达：设计师并不是以随意无为来表达反传统，而是依靠传统的精致剪裁工艺，使服装不拘一格且大方简洁的形象感非常鲜明，同时，以具有象征意味的色彩蓝、黑、灰、白等为主色调，使服装感觉非常凝练，不事张扬，又与当前的中性化的意象很贴切，就这样，使简洁的品牌有了简洁的形式感，从而清楚地诠释了简洁的时尚观念，因此，使消费者对简洁的品牌形象理解得非常明白，如图4-14所示。

图4-14 英国品牌1205的款式设计

其次，是个性化如何体现的问题。无论从形象表达还是从定位符号的角度讲，个性化主要是指利用表达方式来达到使品牌形象具有个性的目的，也就是说，使人感觉品牌形象具有个性，这显然是由于受众的思维活动而达成的结果。

因此，在构思品牌形象表达时，应该尽量选择不拘一格而且能够激发人的思维活动特别是情感活动的方式。

例如，某针织服装品牌在进行店铺展示设计和橱窗设计时，使用了很多用手针钩编而成的花篮、装饰画、小动物、家居用品等颇具DIY特点的装饰品，既表现了针织产品特有的舒适感和丰富感，又寓意了家庭生活的温馨、宁静和一种自然的艺术情怀，从而使品牌形象跃然欲出，十分生动。

思考题

1. 为什么需要从不同的出发点讨论定位问题？
2. 考虑并尝试提出一个"消费者分类模型"。
3. 尝试用品牌形象的不同层次去解读1~2个品牌。
4. 举例说明产品品类与品种之间的区别。

基本策略之原理与方法——

分化求新：用差别塑造个性

课题名称： 分化求新：用差别塑造个性

课题内容： 1. 同质化的市场格局
2. 品牌个性化的实现
3. 创造独特感

课题时间： 3课时

教学目的： 说明讨论分化在当前有何意义，并明确分化的概念；说明应该如何理解品牌个性以及品牌个性是如何体现的；明确品牌个性和消费者个性的关系，以及和消费者定位的关系。

教学要求： 1. 通过充分举例说明分化的概念以及对分化的不同理解。
2. 说明可以如何体现品牌的个性。
3. 说明品牌个性与消费者的感受之间的关系以及原理。
4. 举例说明有哪些典型的个性化品牌。

教学方式： 理论讲授、图例示范、案例讨论与分析。

课前准备： 阅读参考文献并重点了解以下概念：品牌个性；调研EXCEPTION、Ein、ICICLE、爱丽丝＋奥利维亚、Vivienne Westwood RED LABEL（红牌）、博柏利（BURBERRY）、LE CIEL BLEU等品牌专卖店；阅读有关专业杂志和学术期刊。本章建议书籍为：《品牌策划与管理》。

第五章　分化求新：用差别塑造个性

什么是品牌的个性？就是能让人选择它的理由。

美国著名广告人大卫·奥格威指出："最终决定品牌市场地位的是品牌本身的性格。"言外之意就是：缺乏个性，对于服装品牌来说是一个致命的缺陷。然而，今天这个缺陷却好像流行病一样四处传播，成为十分普遍的问题。品牌的个性与人的性格没有什么不同——都是决定主体行为的内在特质。对人而言，是指持续而稳定的心理特征；对品牌而言，则是指品牌固有的核心价值。站在消费者的角度看，品牌的个性不是它的核心价值，而是它与众不同的核心价值，显然，这正是今天中国的服装品牌所普遍欠缺的。

我们刚刚经历了一个产品同质化的阶段：作为过剩经济时代的标志，物质产品间的差异性显著减弱，人们所追求的价值已越来越少地取决于物质产品的实体，消费者更关注从品牌中感受到的价值——此时，服装品牌开始超越服装本身的使用功能，转而为消费者提供能使他们获得心理满足感的购买动机和消费保证，服装产品间的竞争也转化为品牌间的非价格竞争。

于是，品牌经营的概念成了解决问题的法宝。经营品牌与经营产品的本质区别就在于前者能够超越同质化的产品而给人不同的感觉，当然，它往往需要借助于某种外力，例如广告，正如奥格威所说的那样："广告代理商的作品是温暖的，充满人性的，它触及人们的需求、欲望、梦想和希望；这样的作品，绝对无法在工厂的生产线上完成。"与其说这句话说明了广告的作用，不如说它说明了品牌的作用——因为广告所触及的人们的需求、欲望、梦想和希望，正是品牌所代表的东西。

然而，品牌同质化的时代也不期而至：在每一个细分市场上，都有一个最重要价值点能够激发消费者的购买动机——总会有一个时尚概念起着主导作用，各个品牌几乎都围绕这个卖点展开竞争——因为在每个细分市场上已经聚集了太多的品牌，而各个品牌都以同一种思路不断强化消费者的感觉。今天，感觉已经取代了实物品质甚至价格而成为竞争的重要手段，其结果就是，早已被广泛接受的细分原则又被聚集的现象所淹没，同质化的品牌毫不逊色于同质化的产品带给人的印象。如果想找出原因，这与商业景观所制造的传播模式不无关系，也和传统的消费文化密切相关，更深层的原因，莫过于经营者在经营思想、品牌观念、经营目标和环境条件的同质化，也就是说，是在基因层面的同质化。

品牌的同质化意味着什么？对于刚刚进入市场的经营者来说，也许构思一个新的服装品牌并不难，可问题是所构思的品牌已经在市场上存在，而且还不止一个，因此，创建品牌其实就是更新品牌；对于消费者来说，就需要在混沌一片的市场上，自己为自己找一个选择某个品牌的理由——无论有没有根据，消费者都必须使自己成为有目标的消费者，这是消费心理所决定的。这样，就使那些先行一步、已经拥有一批忠诚消费者的品牌占据了更为有利的地位——在消费者找不到新的理由时，一如既往就成了唯一的选择。

如何在品牌同质化的时代生存，是每个企业都无法回避的问题。其实，解决问题的办法是现成的：企业唯一能做的，就是给消费者提供不同的感觉和体验，也就是说，创造或重塑品牌的个性。而其中的诀窍，就是对市场上参与竞争的品牌进行分析，找到它们最典型的共性，这是因为品牌在竞争中相互之间的模仿而形成的，进而选择一个能够与之形成对应的要点。所谓对应，即相互映衬，彼此相关之意，如红花与绿叶的关系，要点是指主要的形象元素，是可以引起消费者许多联想的品牌特征。

第一节 同质化的市场格局

目前，在中国的服装市场上，品牌同质化已经成为一个十分显著的现象，这便导致服装品牌之间常常发生异常激烈的竞争，并致使一些品牌在偏离初衷的轨道上越走越远。应该讲，这是一个快速增长的市场上难以避免的趋势：旺盛的消费需求促进了服装品类以及相关品牌的蔓延式发展——各个消费层次和不同水平的消费市场很快就被种类繁多的品牌所充斥，这种发展方式使得品牌特征大同小异，品牌定位随意而模糊。由于匆忙入市，许多企业缺乏对品牌建设的系统认识，也缺乏对自身条件的恰当估计，导致品牌跟风模仿现象严重，使得产品同质化也越来越明显。

所谓同质化的市场格局，是指同质化成为一种稳定的常态，缺少变化因素的冲击，或变化因素力量薄弱，因而无法改变目前的现状。因此可以说，当前的中国服装市场最稀缺的不是个性化的品牌，而是能够促进市场发生根本改变的变化因素和培育变化因素的机制。这也是国外品牌可以轻而易举地进入并快速占领中国服装市场的一个原因。

一、同质化现象

从实际情况看，国内服装品牌的同质化现象表现在比较低端的层面上，尤其在以下四个方面表现比较集中。

首先是品牌名称缺乏个性，低级模仿现象比比皆是。纵观市场上的服装品牌名称，鲜明独特者甚少，通俗平庸的名称非常盛行，俗话说，人如其名，品牌也是如此，缺乏个性的名称很难让人产生兴趣。此外，一些实力较弱、起步较晚的服装企业，为了快速与市场接轨，在注册品牌名称或商标时会选择与知名品牌相似或谐音的品牌名称，达到混淆视听的目的，以便吸引消费者，意在快速占领市场。例如，模仿"杉杉"的起名为"彬彬"，模仿"佐丹奴"的起名为"佐丹路"，模仿"杰尼亚"的起名为"杰尼恩"，都是一类手法。模仿者在商标注册时巧妙地"参考"了有实力的品牌名称，从而使自己立刻成为"叫得响"的品牌。但由于这些冒名品牌在产品品质方面与其所模仿的知名品牌相去甚远，消费者不知情的购买行为是不可能持续的，而且，最初也会损害被模仿品牌的声誉，一旦真情曝光，冒名品牌则会名誉扫地，只能退出市场竞争。

其次是产品同质化现象持续加剧，服装特征单调雷同。所谓服装产品同质化是指在一个细分市场上，同品类的产品无论从款式、结构、造型还是面料、色彩方面都没有显著区别，顾客很难以产品特征区分它们所属的品牌。显然，造成这一现象最初的原因是服装设计缺少专利保护，所以同类服装品牌之间相互抄袭成为司空见惯的事情。事实上，随着人们对时尚的需求不断增强，服装产品的生命周期越来越短，若将每一件服装的款式都申请专利，不但所需费用高，而且耗时久，等取得专利证书再生产销售必然延误市场商机，这也是服装款式少有专利的根本原因。除此之外，市场上所谓的"爆款"现象，反映了国内服装消费的一个特点，这也使得各个品牌为了短期效益而竞相模仿，造成一窝蜂的情形。

第三个方面是服装品牌的终端形象十分相近，缺乏新意。店铺终端是品牌形象的一个重要源头，也是创新品牌形态的一个主要着眼点。作为服装产品出样、陈列、展示风格的一个重要舞台，服装品牌正是通过专卖店、旗舰店等阵地，保持与顾客最直接而且最亲密的接触与互动。虽然，由于受到普遍的重视，并且随着视觉营销理论和国外成熟经验的普及，几乎所有的企业都把塑造店铺形象作为首要任务，在视觉营销方面也有不少创新之举，一些有个性、有亮点的终端形象成为中国服装零售业取得长足发展的标志，但是，雷同现象却日渐严重，同类品牌"相互看齐"成为市场上一大特色。例如，EXCEPTION、Ein和ICICLE三个女装品牌都以简洁的款式、精良的裁剪和运用各种天然面料成为一个重要消费阶层即追求舒适、自在的都市知性女性的目标品牌，虽然它们在"大同"之中各自都有"小异"，而且足以成为独树一帜的个性元素。但是，它们在店铺设计上几乎如出一辙：简约的整体风格，朴素的木质建材装饰，自由随意的商品陈列方式……尽管与品牌定位十分相称，但是，如果不看品牌LOGO，几乎无法区别它们。

第四个方面是营销策略类似，缺少个性化的手段和方法上的创新。对于目标市场相同的同类型品牌来说，为了不减少为自己"加分"的机会，各个品牌都会充分挖掘自身的价值点，使自己成为"全能选手"，然而，其结果就是使品牌核心价值定位模糊。正是由于个性的缺失，多数品牌只能通过加大促销力度来追求市场占有率，目前，打折和会员制是服装品牌的主要营销手段。一项对服装市场的调查研究显示，近年来，已有少量服装品牌对打折这类促销手段持保留态度，如DECOSTER、ICICLE等国内女装品牌坚持原价销售策略，对商场的促销活动只是有选择地参加，并且折扣幅度很小，它们一般只对指定顾客如VIP给予特别的优惠……这也从一个侧面证明了差异化营销的必要性。此外，在宣传策略上，服装企业大多采用明星代言和POP广告等展示方式，无论怎样花样翻新，这种方式只能算是基本手段，并无新意可言，而且，与消费者互动很少，无法体现出品牌的个性和特色。

二、同质化的形成

品牌的同质化是一个世界性的问题，美国哥白尼顾问公司出版的《商品化的品牌》（*The Commoditization of Brands*）一书中提供的统计数据表明，大约有86%的品牌具有相同的关键属性，顾客已经越来越难察觉出某一品牌与其他竞争品牌之间的差异。Jack Trout和Kevin J.Clancy也在《哈佛商业评论》的"Brand Confusion"（品牌的困惑）一文中指出了相同的问题：通过测定一些品牌部分属性的相似性，证明品牌同质化已经成为事实。因此企业经营者为了保护品牌的独创价值，维护品牌的健康发展，已经越来越关注日趋明显的品牌同质化现象。

品牌的同质化是一个渐进的过程，反映了品牌发展的一种规律性。在服装品牌发展的初期，往往会采取跟进及模仿竞争品牌的方式，即采取同质化战略，这样，可以借助竞争品牌的影响力乘势而上，利用已经形成的市场空间和资源，从而快速进入市场，并因此迅速建立品牌形象，推动品牌快速成长。相反，那些与竞争品牌同质化程度低的新兴品牌，则要经受市场更多的检验，顾客的接受度需要一个逐步提升的过程。因此，在初期很难快速打开局面，需要克服较大的起步惯性。

随着品牌的不断发展成熟，与竞争品牌同质化程度高的品牌就会逐渐显露出弊端：由于品牌缺乏个性，品牌形象雷同，便会激发同类型品牌的排他性竞争，由此而使得品牌的共生条件受到破坏，平衡被打破，严重时会导致品牌的衰退。因此，同质化程度高的品牌很容易受到市场冲击甚至被淘汰；而同质化程度低的品牌则会逐渐显现其优势：由于个性明显，形象突出，容易发展成为具有核心竞争力的优势品牌，而且，竞争品牌相对较少，在细分市场具有较大的创新发展的空间，从而使优势地位更加明显。表5-1是对同质化服装品牌所进行的SWOT分析。

表5-1 对同质化服装品牌的SWOT分析

同质化程度高的服装品牌			
优势	• 占据更多市场资源 • 快速占领服装市场 • 保持品牌的高效率运作	劣势	• 品牌个性缺少特色 • 顾客忠诚度低 • 品牌发展易受竞争品牌制约
机会	• 初期可迅速建立品牌形象 • 顾客接受度高 • 推动品牌快速成长	威胁	• 排他性竞争激烈 • 品牌价值降低 • 品牌定位模糊，易被淘汰
同质化程度低的服装品牌			
优势	• 品牌个性明显，品牌形象突出 • 消费客群稳定，顾客忠诚度高 • 竞争品牌相对较少	劣势	• 短时间难以扩大市场占有率 • 初期产品市场容量相对较小 • 初期消费客群规模较少
机会	• 建设具有核心竞争力的优势品牌 • 避免排他性竞争型 • 易形成细分市场的竞争优势	威胁	• 品牌或款式也有被抄袭的可能 • 占有少量市场资源 • 较难占据领导地位

三、品牌的同质化竞争

在产品以及品牌同质化基础上的市场竞争称为同质化竞争。正如前面所分析的那样，品牌的同质化正是由于产品同质化的加剧以及在品牌营销中缺乏创新所致，在品牌同质化形成之后，如果是在激烈的市场竞争条件下，品牌的同质化问题更加难以解决——企业担心采取新的举措会拉开与对手的距离，就好比抱在一起的拳击手，谁也不肯打出制胜的一拳，于是，品牌的竞争便陷入同质化的恶性循环中。

品牌同质化的形成既有市场方面的原因，也有企业自身的原因，还有消费者方面的原因，因此，对品牌同质化竞争的分析以及探讨解决的办法，就需要考虑多方面的因素，并且要从实际情况出发，区别对待不同类型的品牌。

首先，不同品类服装的同质化程度有明显差异：相对而言，男装比女装明显，休闲装比时装明显，大众化服装比个性化服装明显。例如，比较典型的西装品牌，每个品牌在品质上大同小异，在商场中的男装区往往很难辨别出位置相邻的男西装品牌的特征——除了品牌名称、形象代言人不同外，几乎是一样的款式、面料、做工和组合，无论是服装产品还是卖场形象，都没有显著的区别和独特之处。因此，使消费者对此类严重同质化的品牌难以形成深刻的印象，即便是有购买行为，也属于"随机行为"，所以，此类品牌的忠诚度也就很难提升。

其次，企业的认知是决定同质化的一个重要内在原因，由于为数不少的企业对市场及品牌理论了解不够，无论在竞争中还是在经营上，都缺乏明确的目标、清晰的路线和坚定的信心，因此，往往采取模仿和跟随的方式开展各项业务，此类企业是同质化品牌的主要"生产者"。

再次，消费者也从客观上为品牌同质化起到了推波助澜的作用。由于在服装消费中广泛存在的赶时髦、随大流、攀比炫耀等现象，真正有个性、高品质、富于底蕴的服装品牌往往成为"另类"而被边缘化，许多优秀的设计师和出色的作品并不受欢迎，这便造成了大路货畅行无阻，"爆款"通吃市场的现象，无疑，走"大路"，抄"爆款"成为一条金科玉律，在这样的背景下，出现严重的同质化现象也就不足为奇了。

正是由于同质化具有广泛的基础和多方面的原因，因此，同质化竞争将是中国服装品牌在很长时间里都难以走出的怪圈。

必须认识到，同质化竞争从根本上讲是一种缺乏应变机制和创新机制的竞争状态，其结果必将导致品牌竞争向不良状态发展，即使消费者持续消费的意愿以及品牌忠诚明显下降，最终损害这个细分市场上所有竞争品牌的利益。

所以，必须呼吁广大服装企业要以更开阔的眼界和更包容的胸怀来迎接未来的挑战，才有可能使中国服装企业真正树立起信心，全面提升竞争力，创造出一个个具有鲜明个性和深厚底蕴的一流服装品牌。

第二节 品牌个性化的实现

"个性"一词来源于拉丁文persona，原意为"演员的面具"，用于表现剧中人物的身份和性格特征，后来被心理学家引用来表示人生舞台上个体所扮演社会角色的心理和行为。营销学家认为，由于品牌可以使人产生联想和体验，具有使人构建某种心理定势以及寻求心理归属等功能，因此，可以将品牌视为消费者人格的体现。品牌个性犹如品牌的灵魂，是它赖以生存的内在条件。一个品牌只有具有鲜明、独特的个性，才可以在品牌的海洋里不被淹没，在市场竞争中脱颖而出，真正获得生存和发展的机会；一个品牌只有不断发展和表现自己的个性，才可以在所处的细分市场里产生号召力和吸引力，得到目标消费者清晰的认知和充分的认同。今天的服装企业越来越重视品牌的内在质量，很大程度上是由于认识到品牌个性的重要性，也因此开始注重品牌个性的培育和塑造。

结合上一节的内容，我们可以准确地理解服装品牌的个性，并不是仅仅指它的内在特质，而是更多地着眼于它与竞争品牌的差异，更侧重于它个性的外在部分，简而言之，品牌的个性就是它使人认为与众不同的地方。

那么，对于个性化的准确理解，就应该是使一个品牌开发出不同一般的特点，从而表现出一种与众不同的价值，并且，使人能够明显地感觉到这一点。

为了实现创建一个"个性品牌"的目标，企业必须选择一个可行的着力点，在当前的市场背景下，比较现实的途径，就是以分化为出发点，在分化中塑造鲜明的品牌个性。

一、分化的概念

所谓"分化"，一般是指原本属于同一整体的事物经过分化而产生了新的性质，也可以说是一个事物通过分裂而变为两个以上的事物。被称为定位之父的美国著名品牌战略家和咨询专家艾·里斯曾以此提出的了一个著名商业概念：他认为分化既是自然界发展的动力，同时也是商业发展的动力，即分化是商业发展的必然趋势和重力法则。分化作为商业的原动力，为新品类的诞生以及新品牌的创建提供了机会。

如果问在经济领域最有影响的分化是什么，那就是市场的分化，即众所周知的市场细分，这是由于市场适应消费需求的发展和购买力在增长而产生的变化。然而，在其背后，还有一个重要的原因，那就是由于经济发展和社会观念的变化而造成的消费者的分化。至于服装市场，时尚的演变和消费观的发展是分化的重要推手，各种分化现象纷至沓来，形成了服装市场的一道道风景线，也为市场的发展开辟了新的空间，更是无数新兴品牌能够一试身手的机会。

既然分化可以产生新的性质，那么，服装品牌以此作为突破同质化桎梏的契机，实现重塑品牌个性的目标，无疑是一个积极而又可行的途径。具体到服装品牌的分化，在实际当中有以下两种情形：

其一，抓住某一细分市场的发展机遇，利用品类分化的契机和可能性创建新品牌或延伸出相关的子品牌。严格讲，这属于市场的再细分，可以实现品牌的完全个性化目标。例如，当前流行的情侣装和受到大众热捧的亲子装，都是利用情感因素分化出的新品类。由于新品类往往迎合了时代的潮流，因此能够迅速走红，以此作为品牌经营的内容，就可以快速形成市场影响力，从而在市场中占据一席之地。

其二，在细分市场不可能产生新品类的情况下，通过品牌形象创新或利用品牌传播的新方式，创造新的概念并使品牌成为这一概念的代表或象征，从而使消费者认为品牌具有与众不同的特质，从而代表与众不同的意义，以此来实现品牌个性化的目标。严格讲，这属于创造"有价值的概念"，以及围绕这一概念对品牌予以重新定义。

案例：服装新品类："上流家族"亲子装

1. 基本概念

亲子装是现代流行休闲服装的一个分支，也称亲情服饰，它主要是由成人服装和儿童服装组成，主要包括父子装、母子装、母女装及家庭装等。由于越来越多的儿童参与到成人的社交、旅游等亲子活动中，亲子装作为一个明显的形象符号，可以使家庭成员之间的感情更亲密，有利于培养孩子良好的家庭观念。此外，亲子装比个体服装更具有视觉吸引力和更强烈的视觉效果。

2. "上流家族"亲子装

2003年，针对中国大陆亲子装市场的发展，台湾大柏杨时尚事业有限公司与设计师Sophia合作创立了以增进亲子关系为诉求的"上流家族（Gentle People Family）"亲子装，延续推广家庭"爱"与"美丽"的情境生活理想，将人们内心深处对亲情的渴望与梦想，转化为人性化的服装，成为国际时尚独具一格的时尚坐标。

"上流家族"的价值诉求为健康安心、时尚品位、简洁大方、机能实用、方便搭配的理念，推出的服装能够满足日常生活全方位穿着需求，创造亲子装的新概念，即时尚亲子装，使之成为人人都想拥有的时尚新品类，成为大家都喜欢的和谐家庭装，由此来表现"上流家族"亲子装的精神——永远的"爱"与"美丽"，如图5-1所示。

2013年年底随着"爸爸去哪儿"等一系列亲子生活化互动节目的热播，随着媒体、网络的不断报道，再一次把人们内心对亲情殷切的需求推升到一个新的高峰，与亲情相关的产业成为万众瞩目的焦点。在这波热潮当中，亲子服饰进一步受到追捧，使亲子装成为服装行业中的一大亮点。迄今为止，亲子装已经被广大家庭所熟悉并接受，成为日常生活穿着的一个新兴的品类。

图5-1 "上流家族"亲子装产品展示

3. 分析

在本例中，亲子装是一个由于社会观念的变化而发展成为关注热点的服装品类，虽然不属于严格意义上的品类创新，但属于品类的流行化。"上流家族"亲子装首先为亲子装赋予了时尚的特征，进而对亲子装的概念进行了诠释，也可以说，提出了和谐家庭装这个新的表述，并赋予了爱与美丽的内涵，从而借助这一品类的走红创造新的品牌，再通过赋予新品牌特有的内涵而突出品牌个性，是一个很有见地的创意。

分化的概念还出现在艾·里斯发表于2004年的一本名为《品牌之源》的理论专著中，他在书中提出了一种新的品牌战略，即品类战略系统。所谓品类，按照AC尼尔森市场研究公司（Acnielsen）的定义，即"确定什么产品组成小组和类别，与消费者的感知有关，应基于对消费者需求驱动和购买行为的理解"，其基本意思是，一个品类就代表了消费者的一种需求。出于对品类的新认识，艾·里斯提出了新型品牌创新方法——创建品类战略系统，具体而言，就是企业通过审时度势，在准确把握市场趋势的前提下，以品类创新为着眼点，通过引导消费而发展品类，进而通过主导品类而建立强大的品牌。从本质上讲，品类战略颠覆了传统品牌理论片面强调传播的观点，是引导消费回归实质化的消费新观念，为新品牌的创建和发展提供了理论指导和实际方法，对于品牌突破同质化的困扰无疑是一个解困良方。显然，里斯所提出的品类战略系统属于我们前面提出的品牌分化概念的第一种情形，在实践中，需要一系列系统的运作，相对比较复杂，但比较容易取得预期的收效。

二、在分化中确立品牌个性

在当今的市场环境中，利用分化创建新的品类，再借助于新品类的成长与扩张让品牌得以发展的机会并不多见，因此，品牌分化的第二种情形就是实现品牌个性化时应该重点考虑的途径。按照第二种情形解释分化的含义，是指藉由消费者的理解而产生一个新的概念，再把这个概念赋予一个品牌作为它的核心特征，由于它被认为是唯一代表这个概念的品牌，所以便可以以此来区别于其他品牌。企业在品牌传播中，就可以突出品牌的这一个性，促使它成为消费者偏好和习惯的核心驱力，最终便可以影响消费者对品牌的认识和选择。

有一种消费心理对此具有直接的作用——对于服装消费而言，顾客往往是购买品牌个性与自身个性相近的服装，不同品牌即不同个性的服装会带给消费者不同的情感体验。例如，美国时装品牌安娜·苏（ANNA SUI）的服装中洋溢着浓浓的复古气息和绚丽奢华的独特气质，顾客往往能够体验到一种少女般梦幻的情怀，仿佛自己化身为一个永远穿着花裙子的天真女孩，所以在简约主义引领时尚的今天，设计绚丽的安娜·苏仍能逆流而上，深受消费者的喜爱。

以上分析表明：当一个概念被赋予品牌，并且被消费者所接受的时候，分化便产生了，从原理上讲，这是一种认知的分化，可以体现在两个方面：其一是当品牌成为某一概念的象征时，因而能够区别于与之竞争的其他品牌，使分化得以产生；其二是当某个消费群体认为品牌能够代表这个概念时，他们由于观点与其他消费者不同，从而产生了分化。例如，创立于1983年的法国著名时装品牌蔻凯（KOOKAI），最初是以多姿多彩的颜色组合和简单悦目的设计风格为15～25岁的消费者设计服装，以活泼激情、具有反叛情结的少女形象出现。随着服装市场的细化和消费者需求的转变，KOOKAI将其消费群体扩展至30～40岁的年轻女性，它所设计的时装风格也发生了显著的改变，新潮而时尚，体现出强烈的时代气息。在以男性为中心的社会，"女为悦己者容"的传统观念依然是服装市场的主导，但KOOKAI为了继续表现自己特立独行的理念，大胆地提出一个口号——"女人是世界的主角，男人尽在我掌握"。为了表达这个理念，KOOKAI推出了一个系列创意平面广告，如图5-2所示，广告充满了幽默感，淋漓尽致地表达了女性对男性的掌控能力。通过这样的广告宣传，KOOKAI无视男权，勇于挑战男性社会地位的态度得到了鲜明的传播，也因此而被赋予了"女权主义"的品牌个性。当然，这与受众的心理活动和情感体验是密不可分的。

图5-2 KOOKAI系列创意平面广告

上面提到了认知分化体现在两个方面，其实，理解为两个层次也许更为贴切，也就是说，这两个方面通常具有因果关系，或是赋予品牌概念在前——通常是企业的宣传活动所为；或是消费者产生认识在前——体现了消费者认知的主观能动性和一种"为自己找理由"的消费心理。例如，在本书作者组织的一次小范围研讨中，以"国内体育运动品牌的个性化趋势"为题展开了讨论，将讨论内容总结、归纳后得出了如表5-2所示的结论。

表5-2 国内体育运动品牌的个性化趋势

品牌名—— 个性化别称	关注度 （2013）	品牌DNA	广告语	品牌特点
李宁（LI-ING）—— 狮子王	33.4%	中国体育运动和健康生活的典型代表	让改变发生 （Make the Change）	树立自信与力量的中国体育运动品牌的象征
安踏（ANTA）—— 独角犀	14.7%	运动鞋与服饰的创新者	永不止步 （Keep moving）	以踏实与创新的理念争当最有价值的中国体育运动品牌
特步（Xtep）—— X星人	10.0%	推行前卫、时尚、个性、自由的运动理念	非一般的感觉	为新人类打造时尚运动和成功的体验
361°—— 活力燕	7.9%	倡导全方位、多元化的体育运动生活新方式	多一度热爱	集功能性、舒适性与美观性于一体的综合性运动品牌

续表

品牌名—— 个性化别称	关注度 （2013）	品牌DNA	广告语	品牌特点
匹克（PEAK）—— 灌篮虎	7.0%	专业运动鞋生产者，专业篮球运动推广者	我能 无限可能 （I CAN PLAY）	以专业化的开发水平争当国内篮球运动第一品牌
鸿星尔克（ERKE）——南飞雁	6.1%	体育运动服装的新锐	迈向第一 （To Be No.1）	创造全球赛场形象，引领时尚运动潮流
贵人鸟—— 泡泡龙	2.3%	倾力运动鞋和运动装的开发，让运动天天快乐	运动快乐	适度、轻松、健康的运动

注 表中"关注度"数据来自中商情报网（http://www.askci.com/）。

在上面的例子中，我们可以看到一个现象，即在品牌聚集度比较高，而且属于大众化品类的服装细分市场上，竞争品牌的品牌形象和核心产品都有非常高的同质化情况，这与该细分市场的消费需求具有相似性不无关系。就以上介绍的体育运动品牌来说，就产品的功能性而言，此类产品的功能性都是围绕体育运动的要求进行开发的，只是按照专业化程度和运动门类有进一步的细分，但这种差别一般都体现在同一个品牌的不同产品线的划分上，因为它们之间的区别是有限的；就消费者定位而言，体育运动产品可以说是一种无差别产品，可以涵盖各个年龄段，也能够兼顾男装和女装；就品牌理念而言，体育运动品牌无一例外的都是以健康、活力、积极向上作为品牌的内涵，都体现了体育运动的基本精神，即永远争第一。可以说，此类品牌并不只是反映了服装消费市场的状况，也反映了某一领域的文化、观念和习俗，因此，在一个更大的文化背景的限定下，品牌的个性化在巨大的共性笼罩之下，往往显得微不足道。

然而，这样的细分市场通常消费都是比较旺盛的，而且消费者的分布极其广泛，这样就给品牌的分化创造了条件：一方面，分一个巨大的蛋糕容易保证人人有份；另一方面，谁也不能独吞如此大的蛋糕。因此，企业通常会在大框架不变的情况下，采取一些分化策略。例如，开发一些具有时尚感的产品，或是针对某一特定群体强化营销力度……也就是说，在品牌形象、产品定位、经营思路等方面，表现出一些与众不同的态势。于是，这便给长期以来找不到选择理由的消费者一个机会，他们非常乐于使自己找到一个归宿，并且终于落实到品牌消费的本意之上。

以上分析表明，消费者在品牌的分化中也扮演了一个参与者的角色，这是因为混沌一片的消费市场让他们同样很不舒服，当然，消费者的参与是有条件的，这必须是由品牌作出某种姿态，与消费者形成互动才可以。一旦分化得以完成，品牌的个性也就在品牌与消费者的互动中，并最终在消费者的观念中得以形成了。

第三节　创造独特感

在上一节介绍的KOOKAI的例子中，受众通过广告这个常用的品牌符号，清楚地传达了它意欲表达的概念，并且，由于它迎合了受众的心理，便非常容易地使女性消费者乐于接受它的观念，在这样的情感互动中，品牌自然而然地就成为了女权主义的象征。这个过程看似简单，但其中包含了深刻的心理学原理。简而言之，它与当今盛行的感性设计具有内在的一致性。

在关于"国内体育运动品牌的个性化趋势"的讨论中，与会者普遍认为国内体育运动品牌在努力寻求差异化的品牌表达以达到实现个性化的目的，但是，若不是在组织者的引导下，大家并不能一致得出表5-2中所显示的个性差异，这说明企业所进行的品牌表达还不具有足够的鲜明性和寓意上的准确性。相反地，各个品牌的个性化别称引起了很大的兴趣，并且大家普遍表示认同，这说明，只要是形象生动的表达方式，就会收到很好的效果。

通过以上分析，可见分化作为创造品牌个性的重要方法，并且是使品牌走向成功之路的重要途径，常常可以通过有效的传播来实现；与之相对应地，消费者内在的需求，特别是某些情结和欲望，往往会因为某些典型化的象征或比喻而受到激发——在消费者的感性认知中，会不自觉地把对象拟人化，赋予它们人格化的特质，在心理层面与这些概念形成同构，进而与相关的品牌产生内心的互动，最终赞同和接受它们。

总之，品牌的分化就是在目标消费者的内心寻找他们未被满足的消费需求，将其与品牌自身的优势及其与竞争品牌的区别相联系，运用品牌表达，在消费者的头脑和心目中培养认同和制造差异。其中，消费者的感受和体验是实现分化的心理基础，而"创造独特感"则是实现这个目标的重要手段，它基于分化的研究视角，建立在当前感性时代的背景下，与当今消费者的思维特点和心理需要密切相关。

一、消费者的感性需要

感性用英文表示为perception，来自拉丁文sentise，意为感觉到和知觉。所谓"感性"，原意是指人对于外界刺激能够产生感觉与知觉的感受性，将这种在一定条件下可能产生的感受性应用到服装设计、销售等环节中，即通常所说的创造消费者的心理感受。从原理上讲，感性是人与外部世界的互动，基于感受而产生，又根据内心而发展；人与人可以通过语言来交流，而事物只能通过它特有的形态将它的品质和价值传达给人。正是基于这个原理，人们在创造产品功能的同时，也需要赋予它一定的审美特征。在人的观念里，以意会形式可以表现出事物的性格，而人则借助于直观能够感受到它的生命力，这种感受往往是情感的来源。例如，在一个设计中，由于产品所体现的温暖感觉，使人认为它具有"人情味"，而另外一个设计并不以内涵来打动人，而是以独特的形式感和不俗的创意给人造成视觉上的冲击，并且使人获得美的享受，我们将这样的设计都称之为感性化设计。

正如第二章所指出的，如今的消费者的感性需要在不断增长，出于本章的研究目的，下面将感性需要从原理性和时代性两方面进行一些概括。

认知过程的初级阶段和初级形式，是由感官直接感受到的关于事物的现象、事物的外部联系、事物的各个片面的认识。事物的现象是感性认识的对象和内容，直接感受性是感性认识的特征。人们对刺激物的情绪情感取向是以"需要"为中介的，凡是符合人们需要、观点、愿望、态度的刺激物均会引起愉快的、积极的情绪情感体验。但是，感受的方式与感性认识也有密切的关联性，有关研究显示，人类经验的获取约有65%来自视觉，25%来自听觉，10%来自触觉，上述感觉结合味觉、嗅觉等其他感觉，构成人类感受外界信息的窗口。这些感官在扮演评估的角色时，经由复杂的直觉经验相互作用，而产生对观察对象整体性的感性。多重的感觉作用对应于多样的知觉经验，因此产生了多元且复杂的感性。由此可了解消费者在评价产品时，是根据各感官所接受的信息进行综合性的评价。

随着经济的发展，给人们带来的不仅是生活水平的提高，同时给人们增加了身心高强度的负荷。此时人们开始重视和有意识地提高自身的生活品质，从事能够满足自己身心需要的放松和娱乐。其中，物质产品和形式艺术在感官上带给人们的感受，可以引起人们明显的心理反应，在舒缓紧张情绪，体验愉悦心态方面起到了不可替代的作用，这也是当今人们感性需求不断升级的重要原因。

在感性时代，信息的海量化和多元化也是一个重要特征，因此，人的感性反应是有选择性的，对于和自身关系密切的或是鲜明独特的信息，人的关注度会明显提高；反之，则不会引起人的注意。在这样的背景下，信息的"垃圾化"是一个非常突出的现象。

归纳以上各点，可见当今人们的感性需要具有依赖性不断增加、选择性十分明显的特点，设计者在运用感性元素时应该对此有所考虑。

二、新感觉成就新品牌

人类脑部拥有彼此相互关联、反复活动、发展的三个部分——即感觉、感性、理性。有关研究表明，人类95%的想法是在无意识中产生的，视觉则左右大脑功能的50%。在市场中，消费者对新产品产生的反应，感性比理性的认知要快3000倍以上。此外，营销专家历时多年，在全球数百名研究者和数千名消费者之间展开了一项关于品牌消费的调查，所得出的结论是：消费者忠诚甚至沉迷于某个品牌，最大的原因在于情感的触动与归属，而非理性的推理及判断。

此外，如果使用文字来表达一个概念，远不及使用形式化的语言，如图片、标志等来得快捷。尤其是形式化的表达方式富于联想，且感情色彩浓厚。这便是广泛存在于文化、新闻及商业行为中的概念与事件的感性化（也称为视觉化）现象，事实上，感性化的方式已经成为人际交流和传播中不可替代的形式。最具代表性的是：现代商业在进行感性化设计的过程中，对广告的使用达到了极端的程度。这是由于广告（包括平面广告和视频广告）体现出三大重要功能：第一，使任何一个概念的感性表达成为可能；第二，可以采用任何一种新的方式表达人们早已熟知的概念；第三，可以通过创造一种表达方式来创造一个新的概念。由此可见，借助于广告创意及其表达手段，品牌的分化作为一种认知的分化，具有无限且充分的可行性——广告为消费者提供了一种消费意识形态，并且使消费者在行为中意识到自己的存在与改变，从而使自己能够实现梦想中的自我。

事实上，感性时代为许多创意提供了实现的可能性和成功的机会，诸如眼花缭乱商品组合，过目不忘的品牌标志，独具匠心的包装设计，风格不凡的店面装修，都是利用视觉元素的创新运用，使消费者能够辨识品牌差异的重要方法。例如，"Tiffany Blue（蒂芙尼蓝）"作为蒂芙尼（Tiffany）的颜色商标，为大众所熟知，这是感性设计的经典案例。这种色彩源自美国罗宾鸟蛋的颜色，因而也称"Robin's Egg Blue"。罗宾鸟即知更鸟，在西方传说中是浪漫与幸福的象征；而在东方神话中有一种鸟叫青鸟，代表着有情人终成眷属。"Robin's Egg Blue"在19世纪的维多利亚时代是优雅高贵的象征，这正与蒂芙尼所传承的卓越品质相匹配。从此，"Robin's Egg Blue"就成为了蒂芙尼的品牌标志色，最先应用在产品包装设计中，蓝色盒子与白色缎带十分契合，大受消费者的欢迎。这表明品牌的名称、文字、色彩、图案等，都是表达情感的有效工具。心理学家弗兰克·罗里认为，顾客买回去的不仅是产品，更是分门别类的情感。产品作为物体，虽然没有感情，但品牌经营者可以设法使之具有感情色彩，让它引起消费者的认同和共鸣。这就要求品牌或者具有丰富的文化底蕴，或者充满时尚的元素，并表现出浓厚的感情色彩。蒂芙尼以某种替代性的象征事物，通过设计符号的意指功能赋予产品某种气氛、情感、趣味、思想，从而使品牌所承载的信息和消费者潜在的情感需求相适应，达到满足消费者的特有心理的目的，也因此使品牌的个性得以彰显，并深入人心。

上面的例子进一步说明一个独具匠心的设计，其作用不仅是实现一种感受或认识上的差异，更重要的是满足受众情感寄托的需要，而这一心理活动具有排他的特点，一旦消费者将情感寄托于某个品牌，它就成为他们某个情结的唯一代表，自然也就是他们心目中唯一的品牌。基于这一点，实现分化的品牌，不应该止步于个性的实现，而要着眼于"唯一性"的实现，从而使自己树立起全新的形象，在市场上建立自己的发展空间。

连接"新感觉"与"新品牌"的，其实是一座消费者的心理桥梁，而支撑这座桥梁的桥墩，就是消费者内心的情感需要；能够开启新感觉的，必须是独特的感性设计，是对感性元素的创新运用，是由灵感所造就的设计符号。可以说，独特的感性设计就是打开消费者心结的一把钥匙，因此，也就是创造新品牌的重要手段。

服装表演作为展示品牌风格和设计理念的重要手段，对人们选购与穿着服饰起到了重要的引导作用。德诗（DECOSTER）2014春夏秀场却一反常态，没有选用专业的模特展示服装，而是上演了一出素人团"饭后散步"的趣味情景：表演中的40个模特来自于生活中的各行各业，这些由艺术家、母女、老人、双胞胎等组成的素人团以轻松自如的步伐将品牌提倡的自然舒适风格演绎得淋漓尽致，如图5-3所示。这就是德诗想传达给消费者的信息——自然、轻松、舒适的生活态度与年龄、身材、职业无关，我们的服装是做给大家穿的。如此生动的视觉营销，令人耳目一新，自然也对德诗的品牌形象创新起到了积极的作用。

图5-3　德诗2014春夏秀场

如果问及美国女设计师斯黛西·班戴（Stacey Bendet）的服装设计创意，应该没有人会质疑她的能力，作为一个新锐时尚设计师，斯黛西·班戴是一个真正的服装设计爱好者，加之她的不懈努力，她于2002年创建的时尚服装品牌爱丽丝+奥利维亚（Alice+Olivia）一开始便惊艳亮相，之后又取得了长足的发展，至今已经拥有大量的追随者。爱好者们对斯黛西·班戴的设计赞不绝口，认为她具有独特的风格化设计手法，独到的个人见解……但是，在这个并不缺乏创意，也绝不排斥表达的时代，仅仅靠产品设计上的特点是很难赢得受众的——这其实正是感性时代的特点：如果不能引人注目，那么，特点也就不成其为特点了。爱丽丝+奥利维亚的成功之处就在于它不仅仅提供产品，更注重提供感觉：原本就已经个性十足的品牌LOGO，经过"涂鸦化"的处理，更具新潮而别致的视觉感受，这种感受会促使人去考虑一下，为什么爱丽丝+奥利维亚被作为当代复古风格（vintage）的代表？当然，答案并不是思考出来的，因为它早已经在那儿了，只是爱丽丝+奥利维亚让人们花点儿时间再体会一下，如图5-4所示。

在20个世纪70年代成名的英国时装设计师薇薇安·韦斯特伍德（Vivienne Westwood），对于今天的消费者来说也许有些陌生了，她曾经因荒诞、古怪的设计风格和超乎寻常的设计理念被称为"朋克之母"，是世界时装界的标志性人物。在此后三十多年的时装生涯中，薇薇安·韦斯特伍德不断奉献给世人无数的惊喜和赞叹。2011年在维多利亚及艾伯特博物馆举行的薇薇安·韦斯特伍德回顾展，通过150件颇具代表性的设计作品，回顾了这位当代英国时装设计师充满坎坷和激情的设计生涯。

图5-4 爱丽丝+奥利维亚的LOGO

作为时装设计师，薇薇安·韦斯特伍德曾经是传统规范最坚决的颠覆者，并以此赢得了当时那些迷茫与颓废的年轻人的喝彩；而作为时装品牌的薇薇安·韦斯特伍德，经过了近四十年的风风雨雨，也已经成为文化传统，在当年的喧嚣已经远去，那时的激情已经尘埃落定的今天，它将如何面对今天这些在互联网时代长大的年轻人呢？图5-5所示为薇薇安·韦斯特伍德的副线品牌Vivienne Westwood RED LABEL（红牌）专卖店的店面形象，在经典凝重的品牌LOGO之前，两个模特展示了薇薇安·韦斯特伍德极为纯熟的剪裁手法和标志性的格纹面料，于不经意间流露出经典设计的气质，而颇具形式感的款式，色彩的运用和模特的艺术化设计，都使人感到一种服装艺术的韵味。由此，一个传统品牌给人一种全新的印象，蜕变成为一个让今天的年轻人也可以接受并喜爱的品牌。

图5-5 Vivienne Westwood RED LABEL店面形象

三、感性元素的创新运用

前面的例子都有一个特点，即运用最直观的感性元素实现表达的目的，这正是独特感所要求的。其实，在人类历史上，凡是能够称为文化的产品样式或设计风格，都是具有独特性，并且非常易于辨识和表述的。正是基于这一点，人类培养和发展了从客观事物的外部形态上提炼、抽象典型特点的能力，并且，使用一个概念予以表达，使之能够被理解或是具有意义。显然，如果不是这样的话，文化的继承和发展也就无从谈起了。

我们在第二章提出了符号的概念，并且说明了符号的类型和作用。在此，可以将用于表达的，或受众用来辨识和区分的品牌某方面的感性元素称为创新符号，它的含义是：具有独特感性特征并代表某个意义，能够使受众感受到新意。当我们用创新符号来说明品牌个性时，就可以说：创新符号使品牌有可能产生分化，进而有机会成为品牌个性之所在。

对创新的理解可以有不同的角度，但是，只要是在符号的形式层或意义层体现出新意，并且由于这种新意而使人愿意去感受和理解，使创新符号得以发挥它的作用，应该就算是体现了创新的本意。

例如，博柏利（BURBERRY）2014年的卖场展示，就可以作为创新符号的一个较有代表性的例子，如图5-6所示。众所周知，博柏利是著名的英国传统奢侈品牌，它拥有158年的历史，是具有浓厚英伦风情的经典范例，在创办之初，专门生产英国皇室御用品，在其后长期的发展历程中，承袭了最初的价值理念和经典的品牌传统，因此成为极具价值感的奢侈品牌的代表，拥有大量的忠诚消费者。伴随着时代的进程，博柏利在树立品牌新形象方面也很有特色，尤其是善于运用创新符号，从某种角度讲，这也是博柏利能够长盛不衰的重要原因。在图5-6中，博柏利的卖场设计使用了略有色彩倾向的黑白灰作为品牌的形象色调，很好地衬托出服装的风格特点，并营造出清新而又时尚的氛围。之所以将它视为创新符号，是由于它使用极简的方式来表达一个奢侈品牌，使人不禁注目而沉思，却又在极简中包含了足够奢侈的设计理念，使人进而有感于心。其成功之处有二，一是符号创意，二是对于细节特别是色彩的处理。

图5-6 博柏利2014卖场

　　无独有偶，被称为最具人气的日本时尚女装品牌LE CIEL BLEU，以出色的裁剪和精致的工艺而享有很高的赞誉，在日本是时尚女性的首选，同样也是许多女星的必备。LE CIEL BLEU是法语"蓝色天空"的意思，使用纯正的法国名称，表明了品牌的风格特点和设计理念的来源，显然，法国时尚的精髓是它所崇尚和追求的。对于如何表现法国时装所包含的浪漫、优雅、唯美和自由，LE CIEL BLEU很有心得：它采用最简单的标志化表现手法，将品牌LOGO和代表性款式不加修饰地呈现在顾客面前，可以作为创新符号的一个典型代表。由于品牌需要表达的内容是确定无疑的——消费者对此有足够的认识，也从内心之中产生了一定的期待，而且，人们对于法国时尚文化的理解也是一致的，在这种情形下，LE CIEL BLEU采取了"大象无形"的设计手法，给受众留下足够多的想象空间，同时也表达出"只因太丰盛，一切尽在不言中"的品牌理念，如图5-7所示。

图5-7　LE CIEL BLEU的店面形象

　　在实际当中，创新符号的运用可以十分灵活，因为它体现了一个非常重要的市场原理：时尚的演变是一个促使意义不断衰减的过程，也就是说，随着时尚的变化，一种意义很快就会过时，而一个新的意义立刻就会取代它的地位。这个原理所要求的是一种快餐文化——它不必十分繁复，只要是一个足够炫目的闪光点，就不会被市场忽视；此外，视觉化的特点并不要求它的意义必须源于传统，或是某个既定的概念，只要能够被用于说明什么东西，哪怕仅仅是有趣而已，它的作用也就算得到发挥了。当然，解读意义的是受众，在他们脑海里储存着特定的程序——能够决定对什么有所反应以及如何反应。程序的输入仍然与时尚有着密切的关系，这便进一步说明，时尚代表着某个意义，这个意义可以被某个创新符号来表达，而创新符号的本质就是让人产生感觉的东西。

　　所以，为了树立品牌个性，在寻找分化的途径、选择创新的方式时，不要忘记对创新符号的创新。

案例：彪马（PUMA）的聪明鞋盒（"Clever Little Bag"）

1. 概述

为了使品牌形象得到充实和提升，对产品包装进行了创意设计。该设计的基本内涵是创造绿色、低碳的消费方式，具体情况是：

彪马公司联合著名的工业设计师伊夫·贝哈尔（Yves Béhar）将可持续使用的环保理念带进了鞋盒的设计中，并将这个新颖的包装设计命名为聪明鞋盒（"Clever Little Bag"）。作为环保概念的具体体现者，"聪明鞋盒"使用的纸板材料比传统包装方式减少了65%，且100%使用再生纸，这样一来，使用新的包装方案，可以节省60%的水、能源与燃料消耗，同时占用更少的空间。

2. 设计特点

由于该包装盒本身结合了手提袋的设计（提袋成为纸盒的上盖），因此也无须再使用塑料袋包装鞋盒，且更易于携带，今后还可以作为购物袋或储物工具重复使用。具体方法是：去掉了传统鞋盒的顶盖和底部，只保留四个侧面用作支撑骨架，然后用袋子套住，并将袋子的把手穿过侧面预留的孔洞。如图5-8所示，完成之后的包装盒很好地体现了设计构思，设想的功能都能够实现，在实际应用中具有可行性。

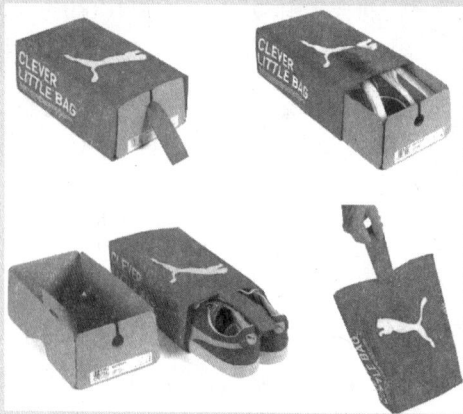

图5-8　彪马的"聪明鞋盒"

3. 点评

该设计创造了一个既实现了环保要求又十分有趣的包装方式，属于对商品符号的创新。显然，在实际的销售过程中，这个设计会引起顾客的关注乃至好评，因此，对于提升品牌形象的目标有积极的作用。

由于设计通过两个方面解决了环保的要求：一方面，采用了低碳材料；另一方面，功能上的创意设计使鞋盒可以重复利用，充分迎合当今社会所倡导的节约资源、绿色发展的环保理念，从消费理念上可以赢得众多消费者和专业人士的推崇。

从设计构思上看，它立足于实用性设计，并且充分利用图案、色彩、造型等创造出一个风格独特的感性包装，而且使人很容易感受到该设计的功能性和方便性，非常符合创新符号的要求。

该设计除了具有保护商品、美化商品、促进销售等包装的基本功能外，还表现出品牌的社会责任感和创新意识，从而赋予商品以丰富的思想内涵，有助于引起消费者在价值上的认同。

创意：功能性服装的感性化设计

1. 背景

功能性服装多见于体育运动品牌、户外装品牌或休闲装品牌的产品系列中，通常以舒适性、防护性为主。随着纺织科技和面料开发的进展，新型功能性面料不断涌现，为服装设计开发提供了极为广阔的空间，也大大提高了消费者对服装功能性的要求。但是，功能性产品的特点一般很难给人以直观的感受，在品牌推广时更是难以在感性方面形成亮点。本创意将针对上述情况，构思一个用于功能性产品或功能性服装品牌的感性化宣传方案。

2. 构思

对服装功能的主要特点进行挖掘，提炼出某些功能的技术特征，再利用一定的形象化手段加以宣传。

本创意选择面料的防水性为着眼点，将该功能的具体表现由微观形态放大至明晰可见的程度，即采用显微摄影使之得以鲜明地呈现，并利用艺术手法加以处理使之具有一定的欣赏性，如图5-9所示。将形成系列的图像设计成为广告所用的图案以及卖场展示所用的POP图案，从而以一种艺术化的手法展示产品的功能特点，使之既清晰明显、方便消费者的理解，又具有装饰性，使产品或品牌形象引人入胜，使人产生好感。

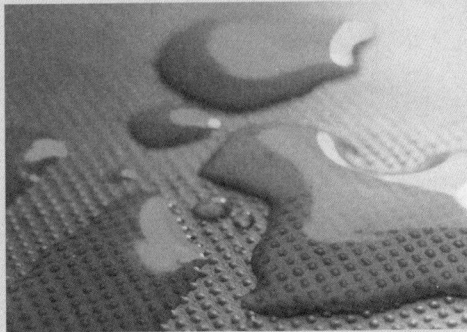

图5-9　防水面料"效果图"

3. 点评

该创意将不能直观可见的功能性特征创造成为可以观察和欣赏的图形元素，并可以用于产品或品牌的展示及宣传，使产品或品牌的感性化目标得以实现，尤其是使价值点表达与感性化设计融为一体，是一个很有参考价值的创意。

思考题

1. 消费者如何才能感受到品牌在个性上的差别?

2. 有哪些独特性的典型例子?

3. 感性时代的品牌创意设计可以体现在哪些方面?

4. 从"新感觉"入手尝试品牌个性的创意策划。

价值延伸：维护品牌的光环效应

课题名称： 价值延伸：维护品牌的光环效应

课题内容： 1.品牌的价值体系

2.品牌价值感知

3.品牌价值提炼

4.品牌价值维护

课题时间： 3课时

教学目的： 说明品牌价值的概念及其属性；说明价值感知、价值诉求与价值体现的关系；说明价值提炼的概念及其方法；说明价值维护的概念及其体现的思想。

教学要求： 1.举例说明价值并非一成不变的，说明在品牌发展过程中价值创造的重要性。

2.通过典型例证，说明价值提炼的具体方法。

3.说明价值诉求与社会发展的关系。

4.说明感性化设计与消费者价值感知的关系。

5.说明品牌形象的发展机制。

教学方式： 理论讲授、图例示范、案例讨论与分析。

课前准备： 阅读参考文献并重点了解以下概念：品牌价值、核心价值、衍生价值等；调研Ermenegildo Zegna、Tommy Hilfiger、太平鸟、ME&CITY、Hollister、达衣岩、雅莹等品牌专卖店；阅读有关专业杂志和学术期刊。本章建议书籍为《时尚品牌设计》。

第六章 价值延伸：维护品牌的光环效应

如果一个品牌失去了让消费者推崇的特质，它的市场竞争力就会一落千丈；反之，就会有越来越多的人聚拢在它的旗下。

今天，服装品牌的经营者越来越清楚地认识到，在品牌经营中始终都要面对的一个最大的问题不是如何树立品牌形象，而是如何维护品牌的价值。在实际当中，随着竞争对手的不断加入，竞争形势会发生某种改变，而消费者的诉求和价值判断也会随着市场的演进而不断变化，同一个品牌，同一个意义，同一种核心价值，在不同的语境下，会受到不同的解读，品牌的核心价值常常因此面临打折扣的现象——消费者有一天突然不买账了。

为了应对外部竞争和内在的演变，服装品牌需要通过价值提炼，形成自己的价值体系，并通过不断地调整和对资源配置的优化，使品牌价值始终保持在消费者心目中的地位，尤其要充分利用品牌的"光环效应"，争取并赢得更多的消费者。

企业为了长期保持品牌价值的吸引力，并及时应对价值打折的发生，有必要对价值退化问题及其诱因进行分析，以便找到解决的办法。为此，需要了解品牌价值的几个基本特点，即结构性、易变性和发展性，并通过对品牌价值的系统分析，把握顾客价值和企业利益的共生性和契合点，使品牌的价值创造能够长远并且体现出战略意义。

第一节 品牌的价值体系

先来看企业的作为：企业通过树立品牌形象使品牌产生了意义，可以将品牌的意义理解为一种能够满足消费者的心理需要并且超越了物质功能的精神产品，当它在品牌营销中被消费者所感知并转化成品牌消费的动因时，就可以说品牌创造了顾客价值。由于在进行品牌消费时既得到了精神层面的满足，也获得了商品实物所带来的功能价值，所以，消费者情愿为此花费更多的钱，企业便因此而获得了相应的溢价——这是市场营销的一个重要概念，它用于表示品牌产品的销售价格超出市场上相同品类商品基准价格的部分。说到底，溢价来自于品牌所创造的顾客价值，即消费者肯定了品牌所代表的意义并愿意为它买单。因此，顾客价值是衡量品牌竞争力的一个重要方面。

一、价值结构

从本质上讲，品牌的价值源自品牌所代表的意义，按照分析品牌的一般方法，即以品牌的构成要素作为切入点，可以将品牌的价值分为以下四个方面。

其一，基本价值，即品牌的品类选择、设计风格和品质所体现的价值。比如经营羽绒服的品牌，其产品品类必须具备保暖价值，而设计师品牌就要让消费者能购买到其无可替代的设计美感。

其二，文化价值，即由品牌文化背景和文化取向所体现的价值。夏奈尔的中性主义风格在倡导女性解放的历史背景下衍生并发展，其充满独立自信魅力的女性形象深入人心，其作品及风格被后辈设计师传承下来，形成了极具品位且厚重的文化价值，培养了无数的忠实消费者。

其三，个性价值，即品牌的独特性和差别化所体现的价值。服装商品随季候更迭，每一季设计师们会用崭新的创意点亮市场，然而"风格永存"，风格背后是设计师独到的设计眼光和无可替代的创造力，让消费者总是欲罢不能，慷慨掏出荷包，这是品牌的个性价值。

其四，符号价值，即通过上述价值的符号化而产生的象征意义，也包括识别标志在内。耐克（NIKE）的品牌LOGO，像一个胜利的手势，也像一个对钩，因此耐克品牌一直都是正面、积极的生活态度的象征，当初设计这个符号的大学生只拿到了35美元的报酬，而现在这一勾已经价值百亿美元。

通常，每个品牌都会选择其价值体现的方式和角度，也会迎合受众的选择而侧重某个方面的价值体现。如果从品牌策略研究的角度讲，分析品牌的价值结构可以运用品牌价值模型，如图6-1所示。

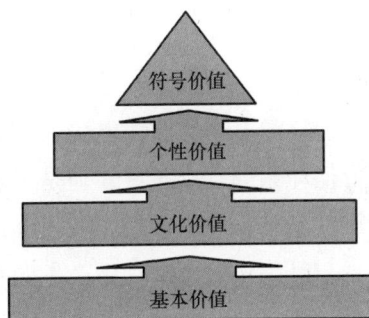

图6-1 品牌价值模型

品牌价值模型反映了品牌价值各个组成部分相互之间的内在联系以及促进乃至决定作用，商品的基本价值代表着价值的物质层面；物质的丰富催生了文化的繁荣发达；文化精炼凝结成为品牌的个性；符号则以最直观和印象深刻的形式将品牌价值传递给受众。

这一点在成功的品牌身上体现得尤为明显：国际著名体育用品品牌耐克和阿迪达斯

都是生长在体育文化沃土上的佼佼者。耐克与NBA等世界顶级赛事建立了长期而牢固的合作，成为美国体育文化的标志性品牌；阿迪达斯同样在欧洲具有不可替代的统治力，它与世界第一运动足球的关系更为密切。这说明加盟顶级赛事方能锤炼出顶级产品，高端的品质和设计创新又融入品牌所代表的体育文化，从中彰显出自己的个性，再通过品牌符号的有力传播，品牌形象便能够深入人心而且不断发展，终于达到难以动摇的统治地位。

具体的价值构成是服装品牌的重要特点之一，这种价值构成有可能是在品牌基本价值的基础上繁衍形成的，也有可能是在某个或些价值层面上表现的得极其繁茂，甚至远远超越基本价值本身而去带动品牌价值的整体增长。

品牌的基本价值可以表现在许多方面，如服装产品的耐穿、舒适感、合体性、时尚感、服务的贴心到位等。基本价值是消费者可以直接接触体会到的好处，透过对利益的感知，能够引发进一步的联想和情绪体验从而为创造培养更多元的价值提供基础条件。例如，天意（TANGY）通过开发莨绸产品寻求定位的创新，即通过设计开发来体现品牌的基本价值，进而将莨绸这种传统面料作为中华传统文化的象征而创造出独具特色的品牌符号，以此为着力点推行品牌的文化价值：通过"静听天籁、写意人生"的品牌表达，宣扬"天人合一，自然天成"的传统价值观和人文思想，因而较好地实现了"高端生态品牌"的品牌定位。

再如北京盛年无限商贸有限公司旗下的大码无限品牌，专门为年轻丰满女性提供青春时尚且穿着舒适的服饰产品。每一季整合国内外适合丰满女性的品牌服装、鞋帽、皮包、围巾、饰品，让丰满女性的时尚选择有了更广的空间，解决了这些顾客总买不到漂亮衣服的尴尬。然而，去到大码无限的专卖店，丰满女性们绝不仅仅是买得到衣服而已，她们可以尽情挑选自己能穿得上、且穿起来时尚显瘦的款式，同时在购物过程中也不会感觉尴尬。这与以往她们的购物经验有很大不同，因为品牌的终端导购聘用的同样是热情大方的胖姑娘，她们更能理解胖人希望获得别人尊重和肯定的诉求，因此，服务时更加贴心周到。胖体型人大多性格活泼外向喜欢分享，在与消费者购买行为发生良好互动关系的过程中，大码无限逐渐建立了品牌"让年轻丰满的女性更快乐地享受生活"的文化价值理念。

虽然基本价值是建立品牌价值体系的基础条件，但是很多品牌实际上在某些价值层面上的发展并没有完全的依赖借靠其基础价值去成长，因为催生品牌价值增长的真正土壤并非商品的实际功用，而是消费者与品牌接触的过程中产生的感受、认知与联想。例如，李维斯牛仔，人们可能会想到它时尚年轻、性感前卫的个性，具有环保和创新精神的文化价值观，李维斯的LOGO，更已成为"自由与叛逆"的象征符号。人们几乎忽略掉这个品牌本身的物质层面——作为一个牛仔裤品牌的提供耐磨耐穿性能的服装的基础价值。

而贝纳通品牌在价值构成表现方面更是一朵奇葩，其撼世惊俗的广告符号语言已经在世界范围内取得了举世无双的影响力，同时也引发了各种诟病和广泛的争议。贝纳通品牌试图超越性、社会等级及国别而反映一种生活的哲理，1983年，一次名为"奥里维奥托斯卡尼"广告运动"贝纳通——世界之色彩"首次反映出这一生活哲理。贝纳通的广告内容涉及恐怖主义、种族主义、艾滋病、战争等，却从未提及贝纳通服装的设计和品质。在此之后的30年间，贝纳通一直用震撼的广告传递着品牌的文化内涵以及哲思观点。

二、核心价值

　　面对某个品牌特定的价值构成，消费者并不会照单全收，而是有选择地认同和接受，因为按照品牌的价值结构法则，能够对品牌符号的形成起到决定性作用的价值层面或价值点，才能最终借助品牌传播而融入品牌形象，发展成为品牌的象征意义，品牌的意义也只有与目标消费者密切相关的才能够成为感知价值而被消费者所接受。因此，能够有效地借助品牌符号与消费者进行互动，并且能够满足消费者首要诉求的价值才是具有实际意义的，这便是通常所说的核心价值。

　　歌力思（ELLASSAY）以其令人瞩目的价值成长成为本土女装品牌中的突出代表，这得益于它成功地完成了核心价值的培育和品牌符号的创造。定位于女性时装的歌力思，在对时尚文化的吸纳和表达中选择了在中国消费者中最具影响力和认同度的法国时装文化：歌力思采用以法国著名时尚大道香榭丽舍（Champs-Élysées）为来源的名称ELLASSAY，聘请法国高级定制品牌伊夫·圣·洛朗（YSL）的高级成衣设计总监Jean Paul Knott为品牌设计顾问，以及为许多高级定制品牌担任模特的Jac Monika Jagaciak为品牌广告模特。在产品开发和形象推广中均以法国时尚文化中最具典型性的"自信与优雅"作为核心价值进行创新和表达，使得歌力思成功塑造了一个非常具有国际大牌气质的女性时装品牌形象而受到消费者的青睐。

案例：（Ermenegildo Zegna）杰尼亚——精与质的典范

　　1. 概述

　　意大利著名男装品牌Ermenegildo Zegna一直是众多社会名流所青睐的对象，它以完美无瑕、舒适剪裁、优雅古朴的个性化风格风靡全球。Ermenegildo Zegna品牌专注于服装的设计，现已开拓正装、休闲、运动和内衣等男装系列。

　　核心价值表现：

　　（1）品牌与文化

　　精与质是Ermenegildo Zegna的核心品牌价值观。精是专业化；质是品质，也是内涵的充实。到目前为止，Zegna还没有涉及女性服装，只是专注于纺织面料、男性服饰领域，将成功男性服饰领域的产品做得最精，在如今越来越专业的市场经济的发展中，占有很大的竞争优势。Zegna的纺织面料为其男装品牌面料提供了非常好的科技和研究的基地，使其面料一直领先于其他同类品牌。目前，国际一线服装品牌，甚至包括乔治·阿玛尼（Giorgio Armani）在内，多采用Ermenegildo Zegna的面料制作服装。Ermenegildo Zegna面料的原材料来源于世界各地——澳大利亚的美丽奴羊毛、南非的马海毛、埃及的棉花、中国内蒙古的羊绒和江浙的丝绸等。面料是决定一件服装品质的基础要素，也是品牌价值的集中体现，正是这个稳固的基础，支撑起了Ermenegildo Zegna品牌的男装王国。

Zegna对品质的完美追求不仅仅体现在面料选材的挑剔上，无论是原料储备、面料加工，还是在之后的西服工艺制作以及其他服装、服饰品的选料和工艺的处理及卖场的陈列装修方面，都是采用了高品质的面料、精湛的工艺技巧和高科技的工艺手段。

（2）创新和提升

Zegna为了不断吸引新的客户群，在服装的用料、款式细节和板型的创新上也是独树一帜的。如2005年Zegna在sports系列的运动夹克中运用了高科技的防水拉链，这项工艺是独特的创新，引领了那一季的服饰潮流。在西服板型的设计上也一直不断地创新，首家采用无纺全毛衬工艺的西服正装，轻便而有型。随后Zegna又突破精毛面料常规的设计手法，将它运用在时尚夹克、外套的设计上，新的轻便、精致、绅士的着装形象又随之形成。

（3）细节与服务

细节是Zegna品牌核心价值的又一个方面。Zegna非常注重对品牌定位细节的把握、产品开发细节的突破、服务细节的重视、陈列细节与品牌形象的一致性。例如，在Zegna卖场陈列展示中，商务系列服装的陈列展柜是用真皮的层板和嵌金色铝合金的设计，又加上侧光、底光、投射光的照明，与服装的细腻、高贵品质相吻合；而在其休闲裤、牛仔裤的陈列展柜中，则全部采用木质的材料，休闲、野性的服装个性特征很好地展现了出来。

服务方面，不管你是从全球哪家Zegna店购买的服装，都可以在任何一家Zegna店进行更换或维护。当消费者进入Zegna的卖场后，无论是否消费，他们都不卑不亢地提供服务，非常专业地解释产品的特点。顾客消费后，个人信息将输入顾客档案之中，经常会开展一些针对客户量身定做的活动，一旦有新产品或者活动都会通过电话、信件等方式联系顾客，让顾客一直能收到他们的最新信息，建立良好的沟通和交流渠道。

（4）品牌战略

为保证统一的品牌形象和管理，Zegna都是通过自营店的方式进行销售，选的都是经济发达、都市化的城市。在最繁华的地段开设Zegna旗舰店，以体现顶级品质豪华、奢侈的品牌形象。其广告也是一直突出精英人群的形象，如图6-2所示。

2. 品牌点评

品牌策略紧紧围绕着品牌目标消费者——高端消费群体对商品"精与质"的

要求，以此为核心价值，表现在产品设计上选择了无可替代的顶级精致的面料和做工、细节与服务、渠道选择和终端形象的每一个消费者可感知的侧面都慎选了品牌符号以及传播策略。

图6-2　Ermenegildo Zegna 2014春夏系列广告大片

三、价值的衍生性

品牌价值的衍生性也可以视为成长性和发展性，由于它的基于基本的价值结构而逐渐发展的，并且体现了一种发展规律和内在的逻辑性，就如同沉香木在一定条件下生成沉香一样，因此，称之为衍生性。

衍生的价值并不主要体现在程度方面，而是以性质的变化为特点，并且，它是一定条件影响的产物。通常，衍生价值来自于两个方面，一是外部竞争环境的促成，二是内部结构的更新。

例如，某女时装品牌在同质化竞争的背景下，发现了一些有特殊需求的消费者，便围绕这些消费者进行了定位调整和品牌形象的创新，从而形成自己独特的个性价值，进而促成了品牌符号化的有效进步。

在另外一种情况下，某男装品牌由于聘请了新的陈列师，使一直比较模糊的定位表达通过橱窗设计、店铺陈列、广告宣传等手段而趋于清晰和明确，从而使品牌的产品开发和商品组合更具针对性和层次性，并由此使品牌价值在产品层面得到体现。

价值的衍生性首先表明品牌价值的形成并非一日之功，而价值一旦形成也并不是一成不变的，它会成为品牌成长性的一个重要方面，不断发展、演化并且向更高的层次递进；其次说明品牌价值的产生与发展同市场环境具有密切关系，常常需要外力的推动，而不是仅凭企业的主观愿望就能够决定的。

案例：太平鸟的品牌价值衍生

1. 概述

太平鸟品牌创建于1995年。起步之时，宁波的男装产业已经相当成熟，这里聚集着一批国内知名的正装品牌。面对巨大的正面竞争压力，太平鸟选择了在当时与众不同的发展思路———脱离正装的局限，率先开启了时尚休闲装的风潮。事实也证明，在当时，时尚休闲装早已随着人们生活方式的转变而成为服装产业中最具活力的一脉。差异化塑造的个性价值，被市场广泛接受，使得太平鸟从诸多品牌中率先脱颖而出。

随着国内休闲装市场同质化的加剧，太平鸟最早提出了"快时尚"概念。多年以来，太平鸟与ZARA保持着深度合作，吸取其设计生产和管理的经验，使其快单制模式下产品从设计到上市时间控制在20天左右，而国内传统订单流程则需要半年，最少两三个月时间。然而随着国外快时尚的代表性品牌ZARA、H&M、GAP等纷纷进军中国以后，当年促使太平鸟迅速崛起的力量似乎也已不再显著。

作为一个从一开始就在严酷的竞争游戏中存活下来的品牌，不断保持着创造力已经成为品牌深入血液的价值观。公司高管认为，快时尚产业在国内仍然是一片蓝海，发展潜力巨大，但需要明确自我身定位。在快时尚领域里，太平鸟要吸引消费、引领消费，在众多竞争对手中脱颖而出，首先就要在视觉上让人印象深刻。时尚与创意是品牌成活与发展之路。2010年6月太平鸟正式签约入驻宁波和丰创意广场，这标志着太平鸟迈向创意产业方向发展的新高峰。这种改变，有利于激发设计团队的创意灵感和创意元素的采集，赋予商品更多的精神性、概念性的附加值，进一步提升品牌创意设计的价值。

如图6-3所示，在2014春夏广告片中，异域风情、民族化的服饰、追求野性叛逆的风格以及休闲自由的生活方式，从这些视觉的表达，我们不难看出对于大牌时尚的模仿，快时尚之于消费者的基本价值之一，就是模仿价值。而相比较ZARA和H&M，太平鸟的快时尚显得个性突出，截然不同，总是将复古、民族、宗教等多元文化元素糅合到设计中，为消费者创造更丰富和鲜明的视觉享受，设计元素的采撷更具有包容性，同时也更加接近大师手笔的设计感。太平鸟很清楚，在竞争中提供给消费者最时尚前沿的个性价值是一直支撑其不被大浪淘沙的根本之道。

2. 品牌发展

自从建立的创意快时尚的品牌发展思路以来，太平鸟成为创新型个性品牌的孵化器，以女装为例，女装作为时尚的一大表现地，其竞争尤为激烈。如何在这片挑剔的市场上做到游刃有余？为此，太平鸟潜心研究，以市场细分为基点，以市场需求为导向，独创了具有中国特色的服装细分概念。典雅的"COLLECTION"、富有艺术气质的"TREDY"、随性的"JEANS"、魔幻东京的"乐町"。

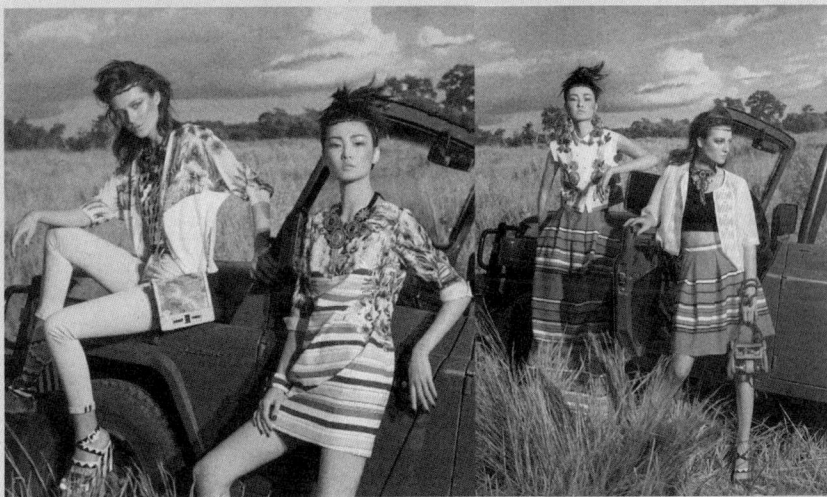

图6-3 2014太平鸟春夏广告片

时尚创意品牌全面覆盖，是太平鸟的一大特色。目前，太平鸟通过品牌孵化，形成了含时尚女装、乐町女装，风尚男装、HP男装、贝斯堡男装以及涵盖以上品牌网络销售平台的魔法风尚电子商务的时尚服饰行业全方位品牌链。

太平鸟时尚全品牌群的建立，成功令全国各大核心城市的千平"时尚超市"模型成为时尚盛宴的最佳秀场。让不同风格的各类产品在同一个空间中竞放异彩，使消费者只需花费最少精力，就可实现男、女时尚一站式购物。太平鸟不再是提供服装产品的机构，而要成为一家时尚解决方案的服务提供商。品牌负责人描述他眼中的太平鸟，"服装行业是以服装为载体的时尚行业，顾客买衣服是为满足内心对时尚的需求，所以我们要做时尚而非单纯做服装。"

3.品牌点评

从正装到休闲装、从休闲装到快时尚、从快时尚到创意品牌孵化器，太平鸟经历了一步一步地品牌蜕变，在这个过程中，不断地关注消费者的诉求变化以及市场发展动向，调整定位与创新形象，这既是为了在竞争中脱颖而出，也是自身发展的需要。品牌积累了大量的创新与应对市场变化的资源力量，使其具有了创新类型化品牌大量产出的能力，品牌价值实现了推进与衍生。

第二节　品牌价值感知

品牌的排他性表明在同质化的背景下，消费者会以不同的方式看待不同的品牌，也就是说，即便某两个品牌具有属性相同，意义相当的价值结构，但是在消费者眼里也会分出高下，从原理上讲，这与品牌的价值驱动和消费者的价值感知方式有很大关系，而从本质上讲，消费者对品牌价值的感知是决定性的。

一、价值感知

所谓价值感知，是指消费者在与品牌的互动中，如在购买产品的时候，对于品牌所体现出的价值有所感受并能够理解和认同，最终成为品牌消费的主要动因。无疑，价值感知是以品牌的价值体现即品牌所代表的意义为基础的，但是，作为品牌与消费者互动的结果，价值感知取决于消费者的认知特点、感受力和价值取向，还有一个不能忽视的影响因素，就是市场条件，如通过市场呈现出的流行特征、产品的稀缺性、设计的独创性、价格水平等，也就是说，许多因素只有通过比较才能加以判断。

价值感知大致分为两个层次，首先是感受与理解，进而是价值判断。

针对消费者的感受和理解，企业需要表明品牌的价值在哪里。通常，与消费者的互动有三种方式，一是直观呈现式，即品牌的价值是直观可见的，如户外装的防护性工艺、流行的样式等；二是口碑印证式，即消费者对于品牌具有一定认识，通常来自于消费者之间的传播与交流，其正面信息即为口碑，基于初步或潜在的认识，消费者对于品牌的某些价值点会特别地关注，这有助于消费者把握品牌的价值所在，由于先入为主的原因，口碑具有一定的引导作用，对于某些消费者则是决定性的；三是感受体验式，即消费者通过某些强烈的感受而引发联想和情感体验，从而产生相应的看法，如品牌传播中的艺术设计、寓意明显的包装等，都可以起到激发消费者联想的作用。

此外，在品牌的价值构成中，有些价值点偏于感性而易于传播和理解，有些则隐含而不外显，所以常常不为消费者所感知，因此，企业需要根据价值的属性和特点，采取不同方式进行表达和传播，以便能够真正彰显品牌的价值，提升自身的竞争力。

在价值判断层次，则是由消费者根据自己的价值观和具体需要来进行取舍，因此，价值判断是个人化的事情，并且主要是由消费者的诉求来左右的。对应于消费者的诉求，能够满足其根本需要的，就是品牌的核心价值。从价值感知和判断的角度讲，品牌的核心价值一定是能够体现品牌独特性的价值，它具有实现品牌的排他性，从而形成区隔的作用。对于消费者而言，这便是品牌的凝聚力所在。例如，对于ZARA的消费者来说，其核心价值就是具有鲜明的标志性，并且非常易于感知的一个"快"字，也就是说，"快"的意义远大于"时尚"，消费者所追求的是高频率的款式变化所带来的新奇感和丰富性，所享受的是在眼花缭乱中体验对选择权的极大拥有，但对于产品如何体现时尚，是否符合当季流行却并不那么在意，甚至并不了解——消费者获得"时尚"的名义就已经足够了。如果进行一个简单的比较，在今天的市场上，利用"快时尚"的概念，并以此为价值点的品牌不止一个，但真正做到了以"快"为核心价值的只有ZARA，也正是因为如此，当"快时尚"发展成为一个市场流行概念之后，ZARA就成了最大的受益者。

案例：例外（EXCEPTION）——传递东方哲思

1. 概述

例外是通过品牌符号传递品牌核心价值的又一成功范例。

（1）LOGO形象：其英文LOGO是反转体英文"EXCEPTION"，如图6-4所示，这在服装品牌标志中可谓独树一帜。品牌创始人马可对此设计意念的解释——例外就是反的，而这也是例外设计风格的真实写照：例外是不跟风的，她总是游离于大众潮流之外，却又在不断地创造着新的潮流；例外在不断打破传统的同时也在不断将梦想转化为现实。

图6-4 例外品牌英文标志

（2）展会形象：2009年例外受邀在世界设计大会上展示品牌形象，如图6-5所示，为入口设计，通道被布置成一管用原浆布包裹的衣袖，让人联想到人穿衣服必先穿过衣袖，以袖口作为入口的设计确实别出心裁。踢着脚下随意散落一地的麻线球，耳边响起缝纫机转动的声响，指尖掠过袖管上具触感的肌理——那是结着白色蚕茧的衣袖内壁，一朵庞大的布花绽放于通道的末端。那就是例外的花，一圈一圈的布边如晕轮般的花瓣放射开去，毛边未刻意修饰，以其充满现代与时尚的褶皱感阐释着生命的款款盛放，如同例外的女人，纯粹而真实，历史、现实，完美而至。

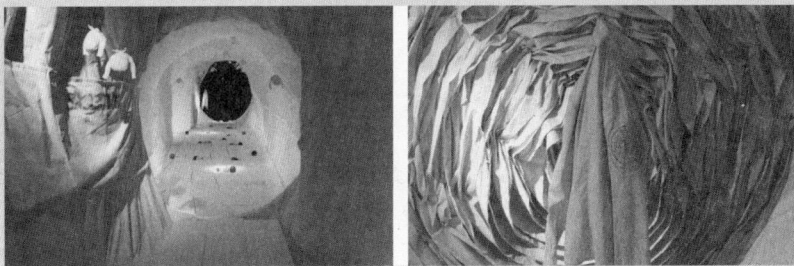

图6-5 例外品牌世界设计大会形象

　　将衣袖这样习以为常的东西以一种夸张的造型表现出来，无疑带给大家一种跨越时空的震撼。这其中充满了小大之辩的古老智慧，不失为东方哲学的独特呈现。同时，又予观众一个反向思考的契机：原来所有单纯、质朴、纯粹、干净的情感与内蕴，都已被设计师以独特的哲学运思缝合进"袖里乾坤"。

　　（3）产品形象：十几年来，例外以其深入通透的设计哲思，融合古老的东方哲学精髓，回归本源、自由与纯净。其设计常常运用棉麻织物的天然肌理，米白藕紫的纯净用色，含蓄质朴的纹样设计，娓娓地裁剪出人与服装自然贴合的生命状态。

　　2014春装"润"系列以优美高雅的整体风格，在简约温润之中处处反衬艺术气息。整体服装廓型以H型为主，小A型与微茧形为辅，结合东方感的优雅比例、造型与柔润的设计弧线，将艺术气质转化为生活氛围，让艺术与生活相融相生，如图6-6所示。

图6-6　例外品牌产品形象

2. 引例点评

　　"例外就是反的"，代表品牌具有不一样的视角和观点，暗示着品牌更为宽广的视界和思想境界。

　　品牌的LOGO语言很好地将这一概念以形象简单的方式呈现给信息受众。

　　通过品牌的宣传海报以及展会形象等，我们可以读到品牌的价值理念："穿越设计，触摸心灵"，崇尚人性的真实，尊重作为生命存在的知性人群本身，同时不断追求对生活、生命、生态的正面表达。

产品设计主题融入古老的东方哲学，至真且深邃的品牌价值观，透过各种简单却又质朴的感性设计手法加以体现。

例外女装定位于有良好的教育背景及社会地位的高端女性消费者，只有她们更能理解、接纳在一种宽广的生命状态中去感受和领悟哲学与文化中蕴藏的生命力的快乐。同时，她们的生活品位和审美情趣将她们与一般的消费者自然区隔，差异在所难免。因此，她们就是那个唯一的例外。

二、价值诉求及其发展

品牌消费的价值诉求是指向品牌的，也就是说，即便是属于功能性的需要，在品牌消费的概念下，也要通过品牌来进行表达，使之转化为品牌价值的一个组成部分。以品牌的价值来满足品牌消费的需要，是一个当今服装市场的基本法则。

品牌是一种内涵极其丰富，复杂而且抽象，不能简单描述的观念产品，它并没有太多的客观性，而是在消费者的心目中产生出来的。由于人们总需要用概念来表达事物和观点，所以，也不妨将品牌称为概念产品。品牌所体现的概念即品牌实际的或是象征的意义，能够成为消费的对象，这便意味着它所代表的必然是消费者期望通过个人形象来表达的生活态度、趣味爱好、社会归属等精神层面的内容，而消费者希望在多大程度上以及在哪些方面进行自我的表达，则是他们选择品牌的一个重要依据。

既然消费者的价值诉求需要落实在一个概念上，那么，企业最基本也是最重要的任务，就是把当今社会的时尚观念有选择并且恰到好处地通过品牌予以表达。

消费者的价值诉求具有非常显著的时代特点。在今天的经济、文化和市场背景下，个人趣味化、形象感性化、文化多元化是比较典型的发展趋势。

个人趣味化，是指消费者更加看重自身个性化的兴趣指向，从大众传播的角度看，消费者更加接受具有娱乐性和幽默感的信息。许多国外优秀的创意服装品牌都在这方面与消费者的沟通互动中表现颇佳。例如，意大利著名牛仔时装品牌迪赛（Diesel），它的灵感来源都是衍生于消费者日常生活的点点滴滴，与潮流动向紧紧不分，恰如其分的印证了该品牌的年轻特性。迪赛从一开始就没有放低身价，绝不讨好大多数，它和它的顾客之间形成了一种小众又自鸣得意的沟通，就像它的创始人伦佐·罗索（Renzo Rosso）所说："迪赛从不诱导顾客该买什么，而是传递一种对生活的感受，我相信顾客的智慧，他们也相信我。"

全球变暖主题广告是迪赛的代表作之一，广告片中假设了全球变暖地球景观将发生的诸多变化：威尼斯广场上的鸽子就会被马来西亚金刚鹦鹉取代，长城被沙漠掩埋，美国总统山将变成海边的小山丘，英国伦敦浸泡在海洋中，纽约只有摩天大厦可以栖息。如图6-7所示，面对这么严肃的环境问题，迪赛所表达的态度并不是急迫的说教，也不是愤怒的控诉，而是采用一种轻松、幽默和略带嘲讽的手法来表达自己的观点。

图6-7　迪赛全球变暖主题广告

形象感性化，就是消费者更加接受那些将抽象的事物简单、具象、直观化的信息表达方式。消费者不愿意费力去听关于一个品牌多么深奥的价值理念的解释，他们希望用最有效率的方式了解他们的消费对象能给他们提供的利益。当然，即使品牌很想要去解释它对消费者要说的一切，也要用最直观的方式去刺激感官来吸引消费者的注意力和兴趣。如前文案例中提到的例外品牌，其想要传达的深刻的文化内涵和设计师对生命的哲思，只有将这些抽象的信息演化为撼动人心的形象语言，才能被消费者感受到。

图6-8所示这张海报乍一看去有些触目惊心的感觉，画面上一个裸体的女子身体躯干似乎被抽空悬挂在一个衣架上，而身体的造型非常像钉在十字架上的耶稣。这个画面效果让人产生一种强烈的恐惧感，进而我们读到品牌的主张："不要放弃你的灵魂。"令人顿悟，太多的时候自己活着好像只剩一副躯壳，灵魂孤独并饥渴，需要我们关怀与滋养。

图6-8　例外早期品牌宣传海报

从而一个品牌深刻的价值让人得以解读和领悟。

文化多元化，消费者的个性化和感性需要的增加使得他们需要品牌提供更加丰富的文化素材。多元文化是指代表不同文化的符号语言混搭共生，传统与现代、复古与前卫、流行与经典、城市与乡村、东方与西方，各种文化有着不同的风格形式并且自成符号体系。文化与文化之间产生冲撞、对比，或者发生化学反应而和谐共融，对于当代的消费者而言，都是能让他们产生兴趣，引起共鸣的价值。从品牌表现方面文化多元化可以是品牌流行款式设计的风格混搭，也可以表现在品牌的每一季推出的流行主题上，甚至可以表现在品牌的发展策略上。如夏奈尔品牌的高级手工作坊，每年都会以一个文化名城作为设计灵感素材，从2002年推出手工作坊系列以来，已经陆续推出东京、纽约、蒙特卡罗、伦敦、莫斯科、上海、拜占庭、孟买、爱丁堡，达拉斯等十余个主题，将手工精致的工艺和地方文化巧妙结合，不断构建着新的品牌文化内涵，使得传统老工艺和历史悠久的高级时装品牌焕发出新的生命力。

第三节　品牌价值提炼

综合前面的观点可见，品牌价值来自于准确的品牌定位，这是因为定位的核心在于将消费者吸纳到与企业的品牌价值共建当中——离开了消费者，任何价值都不能称其为价值。从实际出发来分析品牌定位与品牌价值的关系问题，首先应该明确的是：如果消费者不曾对品牌价值有所感知，品牌价值只能是一种潜在的"能源"，此时企业要做的是提炼出品牌所蕴含的意义。所谓提炼，是因为在品牌所蕴含的价值或可能产生的象征意义中，并不是所有的都与消费者相关，因此，必须选择那些与消费者关系密切的作为与消费者建立关系的条件。其次，必须考虑那些被提炼出的价值并不一定可以感知，或是易于感知，甚至不排除一些尚未形成的，这就要求企业必须选择那些能够代表目标消费群体的共同意愿，并且能够统一在同一个概念上的核心价值，通过品牌符号予以表达或是利用品牌价值的衍生规律，促成核心价值的形成并将其发展成为品牌符号。

一、提炼的原则与方法

只要准确理解了品牌价值的本质，价值提炼的原则就不难把握了。一般来说，品牌价值提炼的原则主要有以下几个。

一是核心价值原则。放弃或背离了核心价值，实际上就是无视消费者的根本诉求，因此，价值提炼首先应该从品牌的核心价值入手，这是一个基本原则。如前文我们案例中提及的Ermenegildo Zegna品牌，其多年来在面料品质上的苛刻获得了世界范围的良好声誉，使其成为顶级质量的代名词，消费者购买它的商品，想要获得的就是那一份对待生活的精致态度，由此，上乘的面料与做工、量身定制、全呵护感的贴心服务、始终保持着高端形象的终端等，共同发展组构了Zegna品牌核心价值的内容。

二是系统性原则。由于品牌价值不是孤立存在的，在价值提炼时如果能够按照对价值结构模型的准确理解，根据品牌价值的内在逻辑性，分清层次，把握重点，有所侧重，有所呼应，就会使得价值的呈现形式完整，内在相关，易于接受。

三是借代性原则。实际上这是一种迂回的方法，当某个价值点特别是核心价值的表达未能达到应有的效果，可以提炼另外一个更有特点的品牌价值，利用两者的相关性，并借助消费者的联想实现对原有价值点的强化。国内外贸休闲品牌热风和西遇，总是成对出现在一些时尚购物的销品茂（Shopping Mall），其终端店铺的陈列风格和销售模式会让消费者自然而然的将其和ZARA、H&M等快时尚品牌联系在一起，这两个品牌的主要价值点是为消费者提供经济、实用的时尚产品，由于其产品风格与价值理念与快时尚类品牌存在着共性，于是，很顺理成章地搭上快时尚的快车，受到了年轻人群的注目和青睐。

四是符号化原则。提炼的目的在于传播，如果缺乏传播的手段，品牌价值就会陷入无法感知的窘境，而符号化则是实现传播的有效工具，可以收到事半功倍之效。Tommy Hilfiger品牌崇尚自然、简洁的风格，同时渗透出青春的动感活力，与美国本土的风格特点十分和谐，受到美国年轻一代的热爱。值得注意的是，其品牌标志与美国国旗十分相似，具有浓郁的美国特色，这也令Tommy Hilfiger在美国消费者心中具有一定的品牌形象和品牌价值。

五是创新性原则。毫无疑问，在今天这个价值多元化，文化创新层出不穷的变革时代，品牌价值如果一成不变，就可能会因消费者感受方式的变化而"失色"，因此，以发展变化的观点，不断提炼品牌价值的增长点或在发展新价值的基础上再加以提炼，将是所有品牌都应该认真体会的重要原则。如以年轻人为目标消费者的美特斯·邦威，初时该品牌致力于打造"一个年轻活力的领导品牌，流行时尚的产品，大众化的价格"，倡导青春活力和个性时尚的品牌形象，当发现它的忠实客户因为年龄增长而生活环境及其生活方式发生了巨大的变化，于是应运推出ME&CITY延伸品牌，服务那些走出校园刚刚步入社会，辛苦奔波于职场的年轻白领一族。ME&CITY品牌将包括三个系列，分别是Casual Chic精致休闲、Going Out时尚外出和Formal商务系列，另还包括Accessories都市配件系列，这种品牌系列的细分方式与紧紧贴合目标消费者的日常生活方式，并体现出他们日益提高的生活品位同时依然向往自由休闲的生活态度。同时，ME&CITY为迎合目标消费者日益效率化的时尚追求，也在快时尚这条道路上奔跑着。

方法是原则的具体化，如果对上述原则能够深刻理解，具有创意性质而不拘一格的方法就会在实践中成熟起来，达到应用自如、信手拈来的程度。

品牌创意：原创设计集成品牌的价值提炼

1. 概述

随着越来越多的"80后"、"90后"成为社会消费的主流，消费者的诉求目标转向有个性、有创意的且绝不会遇到撞衫尴尬的服装商品，原创设计集成品牌成为他们的选择之一，原创设计集成是指将一些游离状态的设计师及其作品绑定在同一个商业平台，每个设计师又都保留着各自的相对独立的设计风格。这样的品牌经营模式在国内发展尚不成熟，但在北京、上海、广州等一线大城市原创集成概念受到年轻消费者热捧。

消费者喜欢这类品牌的原因，不外乎有三：一是个性的商品，新一代消费者和他们父辈追随流行的消费态度不同，他们认为在聚会上被撞衫是非常没有面子的事情，因此，要穿着那些难以模仿复制别出心裁的款式，设计师品牌是不二之选；二是经济的价格，虽然同是设计师品牌，消费者却不需要像大牌设计师品牌那样为其明星附加值买单，相当于二三线百货商店品牌的价格，是白领工薪层也能够享受到的定制设计；三是更多的选择，同一家店汇集许多风格多元的原创设计，让消费者有一种淘宝的感觉，设计不再"高大上"，而是自己可以触摸且能够自主选择的商品。

2. 创意构思

基本价值层面上，为相对小众的客户群提供一种定制的个性时尚。喜欢原创设计的消费者通常在文化和艺术鉴赏方面有着自己的主张，他们比较年轻、收入水平中等。兼具时尚感和文艺范儿的产品风格或许对他们来说是一个两全的选择。定制服务是对个性最尊重的一种表现方式，此类品牌中加入定制的概念也是一种必需，当然定制会增加一定的成本，这种成本可以通过对客户提供分类菜单式的服务内容来由消费者决定他所需为定制支付的费用。

通过对客户诉求的分析，可以归纳出原创设计师品牌的价值点在于"品位个性化"。不仅要与百货商店品牌的风格有明显的差异，还要突出这种差异不是一味地追求新奇特，而是具有相当品位的个性创作。

考虑到原创设计师品牌必须将许多不同风格的设计集合在一起，所以在符号表达上还要体现一定的兼容性，品牌构思围绕着多元个性展开，我们会想到将不同的事物放在一起，而自然界的元素更能体现设计师品牌的气质，比如一朵花和一棵树。但是，它们要与别的花或树不同，花不像牡丹、芍药那么艳丽，树也不是我们心目中的茁壮形象，它们要有在平凡中透漏出的与众不同的气质，同时要预示着旺盛的生命力。经过甄选，拟采用"雏菊·小树"来为品牌命名，雏菊是一种耐严寒的植物，坚强、乐观、纯情是它的花语；小树给我们的联想是青涩和生命力以及各种未来的可能性。雏菊属于菊科花类，但是形状非常简单，纤长造型的花瓣均匀张开，自古以来，雏菊就被用来占卜恋情，许多童话故事和文学作品中多有雏菊作为演绎爱情的道具。作为符号语言，雏菊和小树具有新生生命力的共同特质，同时它们在同一画面看上去和谐清新，也具有不落俗套的气质。

3. 创意点评

基于消费者分析的基础上，提炼品牌的核心价值所在，并通过对产品风格选择和定制化服务的方式来完善价值体系，利用感性元素赋予品牌文化和情感价值，创新形式的符号语言将品牌价值个性不俗的品位加以外显。

二、感性化设计

感性化是当今市场的大趋势，对于品牌价值提炼而言尤为重要，既可以作为原则来把握，又是十分有效的方法，是品牌企划人员必须具备的能力。

所谓感性化设计，是指在塑造品牌形象和创造品牌符号时，合理运用感性元素旨在强调感性特征，突出独特的外在表现，从而使消费者产生鲜明印象，获得强烈感受和体验，留下深刻记忆的设计理念和方法。

在构想品牌价值提炼时，只要把握住感性化设计与品牌价值感知方式的本质关系，就会比较容易地找出具有感性特征的价值点，再根据价值点的属性，确定与之相适合的设计方案，从而达到预期的目的。

时尚女装品牌达衣岩（Donoratico）在其形象规划中，较好地运用了感性化设计方法，从而成功提炼出品牌的核心价值，得到了消费者的肯定与认同。从产品看，具有中性色调的棉质面料是一般休闲品牌习惯采用的，以此为基础的款式设计由于品牌的定位而偏于随性和自在，因而蕴含在设计思想中的艺术情怀在市场的大语境中很难有突出的表现；从品牌文化看，设计师的艺术背景以及品牌名称Donoratico的具体含义和象征性都不会让人获得确切的直观感受，品牌的文化定位未能由此而彰显。从整体看，达衣岩是一个以隐性价值为主导的品牌。为了使作为品牌核心价值的文化内涵得以表达和传播，在与品牌形象关系最为密切的店铺形象设计中，如图6-9所示，设计师选择岩石般的视觉意象作为形象构思的基调，营造出一种远离喧嚣都市的凝重和自然之感，使消费者一经接触便获得一种沉静的心理体验，从而在感受中顿悟品牌的寓意。

图6-9 达衣岩深圳后海天虹店橱窗道具

美国高端休闲服饰品牌A&F（Abercrombie Fitch）旗下的副线品牌Hollister，自进入中国市场后受到众多潮流人士的追捧和年轻消费者的喜爱，首当其冲的是其店铺形象建设令人耳目一新。由于Hollister定位于南加州海滩冲浪风格，所以专卖店装潢为典型的加州沙滩屋的样子，店员全是年轻的帅哥美女，清一色全穿夹脚拖鞋和Hollister休闲服。同时，A&F集团斥资千万美元，为全球所有Hollister专卖店的橱窗安装颇具视觉震撼力的视频墙，播放24小时视讯监控加州西岸冲浪胜地的景象，蔚蓝的色彩赏心悦目，声音也使人感到清爽，与Hollister的海岸风格相得益彰，有极高的品牌识别度，令人印象深刻。专卖店内运用大量个性化道具，例如模特会和大型盆栽组合搭配，旅行箱让人憧憬着一场说走就走的旅行，风扇和百叶窗配以大量的植被，手工艺术盒子和风味酒水饮料，让人联想到夏日的旅馆。这种感性化的设计给顾客以暗示："还在等什么？赶快买下一两件穿上，冲向海滩吧！"这一切都在刺激着顾客的购买欲望，也凸显了Hollister热情洋溢的品牌风格。

第四节　品牌价值维护

根据一项调查结果，21世纪前5年我国排名前500位的服装品牌平均寿命仅为1.5年。另外一个统计则显示，我国每年有2000个服装品牌被市场淘汰出局。数据所显示的是我国服装业竞争的激烈程度，而数据背后则是一个不容忽视的事实：服装品牌普遍缺乏品牌价值维护意识，尤其缺乏维护的手段。因此，价值维护，将成为未来中国服装品牌提升竞争力的重要课题。

一、衍生价值的培养

根据一项对户外装品牌认知的问卷调查，有39%的受访者将户外装品牌与其他服装品类的品牌相混淆，其中，多数人认为体育运动品牌属于户外装之列。这个有些出乎意料的事实说明，体育运动品牌所体现的运动、健康、活力、争先的价值观，与户外运动所崇尚的理念具有本质上的一致性。或者说，户外运动品牌本身就是体育运动品牌的补充和延伸。鉴于消费者的上述认知和运动理念中普遍蕴含的亲近自然的诉求，体育运动品牌在对其核心价值进行表达时，可以因势利导地将户外运动及其所代表的生活方式和消费模式引入其中，使之具有更为丰富的内涵，由此而使得品牌产生衍生价值，为品类创新、形象更新创造必要的条件。

在职业装领域里同样如此，随着年轻的职业女性的增多，职业装的休闲化现象得以普遍，在办公室里和社交场合都可穿着的服饰产品尤为受到年轻的办公室一族欢迎，所以近些年女装市场上涌现了大量通勤装品牌，作为职业装和休闲装结合后衍生的新品类，通勤装兼具两者的特点。本土女装品牌ICICLE就是其中一个典型代表，其品牌宗旨是打造舒适环保的通勤装，这也是它区别于其他通勤装的最大特色。主要表现在制造每一件产品以及使用过程中，坚持环保的理念，选用可再生的棉、麻、丝、毛等天然原料为主要素材；潜心研究传统工艺再生，精心提取来自大自然的色彩，使用环保染料进行染色，同时还推出原料本色系列，将对环境的负面影响降至最低。ICICLE坚持舒适、环保的品牌理念，使顾客体会亲近自然的乐趣，享受具有时代精神的舒适生活。在主打通勤装概念的基础上，让消费者了解到这是一个有品位且有责任感的品牌，从而丰富了品牌的个性价值。

品牌创意：构想traveler——户外运动品牌模式设想

1. 概述

过去专业人士进行登山、滑雪、攀岩等运动已经被越来越多的爱好者所体验，甚至徒步穿越、极地探险等极限体验也有许多人趋之若鹜。这使得与户外运动相关的产业得以快速发展，户外装也适时流行起来，并且不仅仅局限于酷爱户外运动的爱好者，更多的人追求的是通过户外装表达与城市相对立的一种个性化生活形态。但是，多数人对户外活动的主旨和内容并不清楚，严重阻碍了户外品牌的推广。对于户外运动比较关心的人群通常为男性，且户外运动比一般的体育运动装备要求更高，价格也更昂贵，从精英男性群体入手比较容易将户外运动休闲的理念加以推广。

2. 创意构思

将品牌名称确定为traveler，目标消费者28～45岁都市精英男性群体，他们自信、强健，是有型风格的领导者；他们对于生活、对于事业，怀着孜孜不倦的追求；他们在工作繁忙的时刻，保持轻松悠闲的心态，而工作之余，乐于寻找放松自我、挑战自我的方式——户外运动；最重要的是，他们富有高度的家庭责任感，喜欢带家人一起户外运动，与家人一同分享探索自然的乐趣，在大自然中感知生命。

品牌理念——"在亲近大自然的过程中，拓展、分享、感知！"提倡户外运动不局限于个人对自然的征服、探险以及对自我极限的挑战，而更应该是与家人一起到户外去，共同感受探索大自然的乐趣。在探索和挖掘大自然的种种机理中，感知和领悟生活的真谛，拓展生命的宽度！

通过对目标消费群体休闲生活形态的细分，traveler可以预设为两个系列：一，用于野外徒步、露营的户外装备的野外户外系列，亲近自然的产品设计理念，综合考虑产品的基本户外功能，满足人们在进行中短途徒步旅行、登山、穿越等户外活动中因气候环境与地理环境变化所带来的温度、湿度的防护需求；二，用于随时随地出发的休闲户外系列，户外功能与时尚需求同时兼备，综合考虑消费者的生活形态，满足他在都市生活中还能轻松享受娱乐、享受高质量生活的需求。

品牌运营条件：提供家庭娱乐式的户外体验来吸引消费者。如消费者试穿鞋时可以登上攀岩墙、人造山以测试登山设备、试穿防雨夹克可以进入模拟降雨场测试服装的防水性能等。可尝试模仿户外品类专家Bass Pro Shop的店铺体验模式，将"户外带入室内，回归自然"。将消费者带入一场深入户外的奇幻之旅——栩栩如生的大自然壁画、活灵活现的仿生动物、惟妙惟肖的户外场景等，提供给人们逃避城市喧嚣，享受大自然曼妙审美哲学的场所。同时，开展一些户外烹饪、飞钓、露营、射箭、攀岩等与户外相关亲子、家庭娱乐课程，通过激发人们猎奇和趣味心理，游戏化互动达到"愉悦教育"的效果，使其他家庭成员不自觉地培养起兴趣和爱好，进而产生消费的需求和行为。如图6-10所示。

图6-10　Bass Pro Shop实体店

3.创意点评

以普及户外生活方式为目标，首先针对户外休闲易感人群推出与他们生活方式接近的产品线，而进一步了解这类人群的日常生活形态，家庭生活的内容占很大比重，因此可由他们带动家庭成员一起了解户外运动。店铺内提供了生动而又趣味性的户外生活体验的客观环境以及一系列相关的配套方案，为户外亲子及家庭装备类的产品线埋下伏笔。通过品牌教育，户外装的基本价值从专业保护衍生为一种能提供让全家动员、欢乐、积极、健康的生活方式的品牌。

注：创意参考太原理工大学服装设计与工程11级郝颖琦、张鹏飞、张聪、杨光、王辉、张亚东品牌策划小组作业，指导教师：卫小鹃。

二、整合资源

在讨论如何维护品牌价值这个问题时，不得不提及一个非常重要的概念——品牌资源。

对于一个服装企业来说，它的资源可以分为物质资源、人力资源、技术资源、信息资源、文化资源、关系资源等，在企业的经营活动中，各种资源通过合理有效的配置共同创造出相应的价值。从企业实际的运作来看，品牌不仅是无形资产，更是一种可利用的资源。在品牌时代，企业正是通过策划和创建品牌而实现资源的整合，从而使它们产生价值的。如果说资源是价值的发源地，那么品牌就是将资源转化为价值的"魔法石"。从这个意义上说，可以将通过品牌而创造价值的资源称为品牌资源。

拥有品牌资源一般可通过两个途径，一个是原生性的，另一个是获得性的。

整合原生资源的一个典型例子是著名运动休闲品牌拉科斯特（LACOSTE），它以创始人法国著名网球运动员LACOSTE的名字命名，是运动休闲装的鼻祖，LOGO为一只活灵活现的鳄鱼，所以又称"法国鳄鱼"。LACOSTE曾经多次获得大满贯比赛的冠军，也曾连续两年排名世界第一，在1926年，LACOSTE为自己设计制作了一件短袖T恤作为比赛服，颠覆了网球比赛穿着长袖衬衫的惯例并创造了一种流行款式，由于款式特点模仿了马球（POLO）衫，所以这种款式又称POLO衫。1933年，以鳄鱼作为LOGO的运动休闲装品牌LACOSTE正式问世了，发展至今，已经成为著名运动员创办服装品牌最为成功的例子。由于LACOSTE将舒适而经典的款式和"生命之旅，因动而美"（LIFE IS A BEAUTIFUL SPORT）的生活理念相结合，并将高雅的网球运动和成功的职业生涯所具有的象征意义融入其中，而创造出一个内涵丰富，逻辑鲜明的品牌文化，由此而产生的文化价值经由品牌故事的传播而日益彰显，使品牌牢牢占据了这个品类的巅峰。

本土体育运动品牌匹克（PEAK）则是巧用获得性资源的一个范例。20世纪80年代，匹克品牌的创始人许景南将目光瞄准了运动鞋制造业，这在当时的晋江地区是非常热门的加工生意，也是难得的创业机遇。最初他计划为耐克做配套加工，但未曾预料厂房刚建成，耐克就移址莆田。突发的状况让许景南的代工计划瞬间流产，但他没有就此放弃，而是决定自己创立品牌。顺理成章的，许景南接收了耐克未能带走的大批开发人员，实现了最初的人才积累，也获得了重要的人力资源。匹克品牌将产品研发集中于专业的运动配件，从1991年开始，许景南很快与"八一篮球队"达成合作意向，为其成功研制出国内第一双大码篮球鞋。由此，匹克独辟蹊径地将品牌定位于专业的篮球运动产品。2002年，代表中国篮球的"战神"刘玉栋成为匹克的品牌代言人，此举使匹克名声大振。2003年，匹克成为CBA战略合作伙伴；2005年，匹克成为NBA火箭队的主场赞助商；2006年，匹克签下了"梦七"的巴蒂尔。此后，匹克与NBA建立合作伙伴关系，并以此为切入点，以篮球为核心，坚持走"篮球专业装备"的"另类道路"，创造一个与众不同的国际化、专业化的运动品牌。

品牌间"联姻"，指品牌间资源的相互交换利用，是目前很流行的一种价值增长模式——跨界营销，不仅是服装品牌之间，甚或在同一生活方式下的不同商品类型品牌之间的联手合作，越来越受消费者欢迎。这项举措不但能拓展目标市场，增加销售业绩，也能有效地提升品牌价值。瑞典品牌H&M（Hennes & Mauritz AB）就是深谙此道的高手，这个将潮流、品质和低价完美糅合的快时尚品牌，发展速度惊人，它成功的秘诀除了先进的营销策略和准确的市场定位，更离不开其与顶级设计师们的强强联手。2005年，H&M请来了时尚界泰斗级大师——夏奈尔的艺术总监卡尔·拉格斐（Karl Lagerfeld），他们之间的合作在时尚界掀起巨大波澜，如图6-11所示。原本天价的大师设计，每个人都可负担，年轻人都为可以穿上印有"Karl Largerfeld for H&M"商标的衣服而欣喜若狂。之后，H&M又请来了明星级设计师斯特拉·麦卡特尼（Stella McCartney）和时装界天才级双人组维果罗夫（Viktor & Rolf），相继推出类似高级定制般的限量系列时装，消费者可以看到很多精致的细节设计，与他们的同名品牌相比，更多了一些流行的元素，而且系列相当丰富。而顶级奢侈品牌范思哲（Versace）专门为其打造的"Versace for H&M"系列，如图6-12所示，也引发了品牌"粉丝"们彻夜排队抢购，商品很快售罄。这种营销策略类似平民与贵族的联姻，往日里高高在上的顶级奢侈品牌展示了其亲民的一面，普通消费者则实现了曾经一度想拥有它们的愿望。奢侈品牌进入更多人的视野，而大众品牌能提升其形象，双方都能收获更大的利益，从而实现品牌价值的最大化。

图6-11　Karl Largerfeld for H&M广告

图6-12　Comme des Garcons for H&M广告

三、创新形象

在消费社会的背景下，物质产品的丰盈导致边际效用递减，而品牌则被当作生活意义的象征备受青睐，这正是由于品牌在人的心目中是与日常生活的某个方面相关的场景、事件、感受和情感交织而成的综合印象，是浮现在人的脑海中多姿多彩的形象与画面，是代表着人们对幸福追求与感受的某个概念。于是，品牌消费的意义便由此而产生——由于超越了物质的局限，品牌消费带来的精神满足是一个持久的过程，消费因此成为一种激励机制，并且使愉悦感得到强化从而不断延续。

在日益激烈的竞争中，品牌形象充当了品牌价值的保护神，一旦形象失色，品牌价值也会一落千丈。从根本上看，品牌形象维护价值的功能来自于它的光环效应，也就是说，对于品牌的忠诚消费者来说，品牌形象所代表的概念并非是那些枯燥的词汇，而是超过所有溢美之词的一种内心的满足感，这便是所谓的品牌神话。从这个意义上讲，品牌形象是品牌首先要维护的"脸面"。

对品牌形象的维护只有一个方法，那就是创新，这是时尚不断变化、价值观趋向多元尤其是人的感受和体验追求新意的必然要求。

本土女装品牌雅莹（ELEGANT PROSPER）为了维护其品牌形象，就对其品牌标志和店铺设计进行了改进创新，受到了众多目标客群的喜爱。雅莹作为中国女装的领导品牌，引领时尚、优雅的生活方式，它结合国际流行趋势及现代中国时尚元素，提供优雅、时尚、高品质的全系列服装，满足都市女性多重生活形态的着装需求。其品牌倡导"工匠主义"——即对细节的坚持，例如万中挑一的Baby Cashmere高级羊绒、需时一个半月制作的印花丝巾、100%法式刺绣工艺、独一无二的百年工坊手作蕾丝、50位工匠协力缝制的高级定制礼服……对材质和精湛工艺的钻研，是雅莹品牌创作的原动力，也是雅莹产品具有优秀品质的重要保证。雅莹的原始品牌标志是品牌全称，现已改进为英文缩写，如图6-13所示，"EP"是ELEGANT PROSPER的简约表示，是优雅的精练和摩登的进化，简单的文字形象对应了时代的简约与动感；连接EP的是小型EP文字组合之扣型图案，似中世纪图腾的现代演绎，又似代表女性气质的花型，完美地平衡活力与优雅的品牌意念。新LOGO中字母与图案相互映衬，令视觉效果更富活力，使目标客群更易记忆，有效地提高了品牌

图6-13　雅莹品牌标志改进对比图

的辨识度。随着品牌标志的改进，作为品牌形象的终端代表——雅莹概念店铺也进行了全新升级，达成品牌形象的完整与统一。改进后的店铺以黑、白、灰、银的色彩组合，如图6-14所示，利用宽敞的空间布局、精致的材料，通过灯光、造型和色彩，衬托出雅莹服饰的优雅与活力，是知性外表和愉悦内心的完美延伸，也是品牌形象高级经典、雅致魅力的终端祈求。

图6-14　雅莹南京德基广场店

由上例可知，服装品牌形象创新并非是完全否定原有的品牌形象，而是有所扬弃，充分挖掘服装品牌的核心价值，其目的在于保持服装品牌的生命力和竞争力。它符合服装品牌创建与成长的客观要求，是企业发展、市场竞争与消费者需求心理变化等因素共同作用的必然结果。例如，最早进入中国的奢侈品牌之一——法国梦特娇（MONTAGUT），如今在中国市场上早已淡出了一线奢侈品牌的行列。究其原因，过多的授权代理商导致无法统一品牌形象，大量假冒伪劣品充斥着市场，使梦特娇的品牌价值严重受损。近几年，梦特娇集团也意识到了问题的严重性，所以开始进行渠道变革，逐步收回中国代理权，由大批发形态转向直营和特许加盟店，以此来重建品牌高端形象。同时，为了吸引更多的消费群体，不单单局限于"老男人的形象代表"，梦特娇也推出了休闲系列和女装系列，并且通过销售饰品来提升盈利能力。这一品牌策略的改变也符合消费市场的发展，如今只是依靠价格优势已无法保证永久地占据市场，还必须拥有自己的渠道，直接面对消费者，管理品牌形象以更好地服务客户。

思考题

1. 举例说明品牌的价值构成并其组成部分之间的关联性。

2. 从消费者的价值诉求的时代特点入手,进行服装品牌创意。

3. 收集整理一个服装品牌的核心价值系统,应用本章知识进行理解分析。

4. 阐述不同角度的价值维护手段对品牌价值产生的意义。

5. 今天消费者选择品牌的理由主要有哪些?从品牌的角度讲有哪些创新的空间?

6. 有哪些品牌形象改变与提升的例子?你从中可以得到什么启发?

品牌营销：使品牌资产形象生动

课题名称： 品牌营销：使品牌资产形象生动

课题内容： 1. 品牌资产的本质

2. 强化品牌可传播性

3. 创造感性化品牌

课题时间： 3课时

教学目的： 说明从品牌资产的层面如何认识品牌价值；说明品牌资产在品牌营销中是如何发挥作用的；说明构成品牌资产的要素在品牌传播中的作用；明确培养感性化品牌的指导思想和具体做法。

教学要求： 1. 讲明品牌价值创造即为积累品牌资产的过程，同时品牌资产又是创造价值的工具这一原理。

2. 说明品牌传播、品牌营销和品牌价值的内在关系。

3. 提出并定义感性化品牌，说明它所代表的品牌经营思想的变革及其与市场发展的适合性。

教学方式： 理论讲授、图例示范、案例讨论与分析。

课前准备： 阅读参考文献并重点了解以下概念：品牌资产、品牌知名度、品牌忠诚度、感知质量、品牌联想和品牌专属资产（专利、商标等）等；阅读有关专业杂志和学术期刊。

第七章　品牌营销：使品牌资产形象生动

品牌通过为消费者和企业创造价值而实现自身的增值，这就是品牌资产积累的过程，品牌营销则是借力发力、实现价值最大化的手段。

品牌资产与另外一个重要概念品牌价值具有密切的关系。从价值的角度出发对品牌进行分析有两个不同的方向：一个研究角度是将品牌视为商品，是以品牌营销为中心，落实于消费需求和满足，以及边际效应的价值分析；另一个研究角度是将品牌视为资产，是以品牌价值构成及其成因以及品牌资产增值为中心，落实于财务会计的价值分析。

虽然上述品牌价值的概念涉及了不同的范畴，但必须看到这是同一个问题的不同侧面，两者具有本质上的一致性。新古典主义价值理论在表述无形资产时对品牌价值的定义也指明了这种关系，其定义为：品牌价值由顾客是否有继续购买某一品牌的意愿来衡量，可由顾客忠诚度以及细分市场等指标进行测度。从这个定义可以看出，顾客的效用感受是评判和测定品牌价值的根本依据，而顾客的效用感受可以用另外一个更为通俗的说法即满足感来表示。所谓满足感则是顾客在消费过程中，从品牌的构成要素诸如品类、属性、品质、档次、文化、个性等方面获得的需求和欲望的满足，可以用感知价值来衡量。这实际上就是品牌作为商品带给消费者的价值。

既然消费者在消费一个品牌时所获得的满足感是决定品牌资产的重要尺度，那么，品牌营销与品牌资产的因果关系就值得深入探究。本章将品牌资产既看作是一种衡量价值的方式，也看作是创造价值的工具，由此入手来展开下面的内容。

第一节　品牌资产的本质

品牌资产是对作为无形资产的品牌的市值所进行的估价，具体而言，是采用近似于有形资产评估的方式经过计算所得出的金额（市价），属于品牌权属者的资产组成部分。至于品牌资产的来源问题，可以从劳动价值理论对品牌价值的定义中看出，其定义为：品牌价值是品牌客户、渠道成员和品牌企业等各方面在共谋利益的行为中，能使该品牌产品获得比未取得品牌名称时更大的销量和更多的利益，同时使该品牌在竞争中获得一个更强劲、更稳定、更特殊的优势。这个定义说明：企业与消费者是由于对品牌价值这个溢价的分享而建立了利益关系；通过这个定义我们还可以了解到：品牌所带来的溢价就是企业与消费者建立关系的结果。

品牌资产的获得说明了品牌这种非物质产品的价值创造能力，同时，也说明了品牌资产是一个利益联盟的产物，也就是说，是与客户关系的建立密不可分的，而客户关系的建立，本质上讲，是在品牌定位的基础上品牌营销的结果。反过来讲，品牌营销又是以品牌资产为基础的，也就是说，品牌资产作为一种价值的体现，是表现在它对品牌营销给予的推动作用之上的。本节将从原理上说明品牌资产对于品牌营销所起到的作用。

一、品牌资产的构成

品牌资产的构成即品牌资产具体包括哪些内容，其目的在于对品牌资产的本质有所认识，有必要重复前面对品牌资产的定义，它是消费者愿意持续购买某一品牌的意愿。显然，一种意愿的产生是与利益密切相关的，但是，如果它决定着一个持续不断的行为，那么，就一定与一个比较复杂的观念系统密切相关。如果说到品牌资产的本质，需要从另一个角度来看：既然品牌资产产生于品牌与消费者的利益共享关系，这种关系的产生就必然有其特定的前因后果。通过以上分析，就可以明确一个探讨品牌资产本质的研究角度：在把握它的观念系统的基础上，发现企业与消费者建立利益共享关系的机制，从而从整体上对品牌资产的外在体现及其内在原理予以掌握。

我们首先来看品牌资产的构成，也就是将其作为一个观念系统来分析，具体来讲，就是看一看品牌资产都与哪些思想和态度相关？在这个方面已经有许多成熟的理论可供我们参考并帮助我们理解有关要点。

根据美国品牌管理专家戴维·阿克（David Aaker）的观点，品牌资产一般由以下五个方面的观念所构成：即品牌知名度、品牌忠诚度、感知质量、品牌联想和品牌专属资产（专利、商标等）。

品牌知名度是指在一定的条件下（被询问、购物时等），品牌能够在消费者脑海里出现的可能性，在实际当中，知名度有不同的表现方式。例如，准备购物时首先想到的，被问到时能够说出的，在问卷调查的选项中能够识别出来的，有些只能在特定的消费群体中有所表现。例如，在问到休闲装的消费者时，他们会首先想到优衣库、佐丹奴、真维斯等；如果问到户外装的消费者时，他们则会说出骆驼、狼爪等品牌的名字。有些则在非常广泛的人群中能够被想起或表达出来。其实，知名度是一个含义并不十分确切的概念，而且关于"知"和"度"的定义及衡量标准也并不统一。不过，目前的概念用于同类品牌间的比较还是不成问题的。因此，不妨把严格的定义和区分方法留给有兴趣的研究者去考虑。

品牌忠诚度是体现品牌资产价值的核心要素。对品牌忠诚度的一般理解为：品牌忠诚度是衡量消费者对于某个品牌的购买愿望和行为的持续性或坚定性的程度。严格来讲，品牌忠诚度有两种不同的衡量方式：其一，是按照消费者的表现来衡量，也就是说，忠诚度具有不同的表现，也是区别不同程度的依据，具体包括坚定的购买者、品牌的喜爱者、满意的购买者、习惯性购买者和随机性购买者，上述排列次序表明了忠诚度的高低。其二，仅以消费者的购买频率为衡量的依据，可分为频繁购买者、经常购买者、偶尔购买者等，并不涉及消费者的心理特点，例如频繁购买者或许仅是出于个人习惯而已，并不一定对品牌有特别的情感依赖。无论是哪种衡量方式，其核心都是以消费者与品牌的依存度为依据的。

感知质量又称感知价值，是消费者选择品牌的基本理由。它是以"顾客认为怎样"为判定依据的一种衡量方式。也就是说，衡量感知质量的标准是消费者的主观意愿，而不是什么客观的标准。感知质量并不仅就某一个方面而言，也不是绝对的，而是因人而异、因品牌而异、因条件而异的。一般而言，产品的质量、产品的功能性、产品的产地以及产品的性价比、售后服务、信息服务、品牌的所有者、营销环境、广告传播等，都可能成为使消费者产生"这个品牌质量上乘"或"这个品牌有价值"的想法的原因。

品牌联想具有极为重要的意义，在品牌定位、品牌形象树立、品牌知名度的形成、提供感知质量等方面均发挥着不可替代的作用，因此可以说，品牌联想就是品牌产生的根源。具体而言，品牌联想是基于人的思维特点而产生和发展的：消费者会将品牌与生活中各种相关的事物以及记忆中的各种表象和概念联系起来，并由此而使品牌成为了某种事物的代表，具有了某种意义。

品牌专属资产是有关品牌资产的概念，其实，就是指能够表明品牌身份的名称、识别标志、品牌口号、专属权等，通过这一切，使品牌成为可以识别并且可以表达的现实存在，并且在所有的客户关系中发挥作用。例如反复提到一个品牌名称，自然就会强化记忆；在品牌传播中，声音表达、图形表达和文字表达可以使品牌知名度得以提高；一个独特的标志可能使消费者产生积极的品牌价值感知；品牌形态可能会使消费者加深对品牌的理解。

品牌资产构成的各个方面都是品牌产生与存在的基础，都对品牌价值的创造、传播、提升起到了关键作用。

二、品牌如何创造价值

其实，构成品牌资产的五个方面都反映了企业与消费者的特定关系，并且揭示了双方建立利益共享关系的前因后果。

先从知名度说起。知名度是多数消费者选择品牌的理由，这一点毋庸置疑，因为这可以明显降低消费者的选择成本——消费者不必再去比较和尝试，只需直接选择名牌即可；进一步分析，如果在某一个细分市场上对有关品牌进行比较的话，知名度领先的品牌较之其他品牌在消费者心目中所占的份额是具有绝对优势的，这其实反映了知名度对于消费者的又一种价值，即名誉价值——消费者购买名牌产品通常可以获得较多的肯定或是羡慕。既然知名度较高的品牌对消费者可以构成积极的影响，显然就会拥有更多的市场份额，这样，就会使知名度进一步提升，这便使得品牌知名度与品牌价值之间的相互促进作用不断发展，进入良性循环状态。

再看忠诚度。忠诚度对于企业的贡献自然不必多说，对于消费者而言，忠诚度在很大程度上是一种习惯，按照习惯消费会使消费者感到平静而且满足。例如可以大大降低购买风险，而更换新品牌则会令消费者在时间、精力和心理上都付出一定的代价。此外，品牌忠诚一般和喜欢、满意、理解等心理状态相伴，也就是说，购买忠诚的品牌会有获得更多的附加价值。

感知质量对于企业来讲是至关重要的性质，通俗地讲就是产品的卖点，此外也构成了品牌的美誉度，如果没有感知质量，品牌就不可能生存；相反，则有助于维持品牌忠诚度，扩大品牌知名度，尤其是可以吸引潜在顾客，赢得更大的市场空间。对于消费者而言，感知质量是与"物有所值""性价比"密切相关的因素，是消费体验的基本内容，也是满足感的主要来源。无论是感性消费还是理性消费，感知质量都是促成消费的动因——可以满足消费者的某种需求。

品牌联想能提供消费者选购的理由。联想所建立的品牌意义，对于消费者来说具有特定的价值，能够创造有利于品牌为消费者所接受的正面效应与感觉。而意义的实现通常要依靠企业对于消费者的感受方式与感知力的掌握的基础上，对与消费者发生接触的感性元素进行综合的设计规划，从而树立形象，塑造个性来完成。

品牌专属资产应该讲是上述四个方面的形式符号，它不仅用于识别、区分，也是用于感受、炫耀的要素，或者本身就被视作价值的载体，如注册商标是企业无形资产的重要内容，受到法律的保护。如果没有这个层次，品牌也就不成其为品牌了。

通过以上的分析，企业与消费者如何实现价值的共享就很清楚了，也由此说明了品牌资产的本质——既是价值的体现者同时也是价值的创造者。

第二节　强化品牌可传播性

逐一分析构成品牌资产的五个方面，可以看到它们都与品牌传播密切相关。从品牌传播的角度讲，有几个关键的概念作为品牌资产的核心内容，又是品牌传播的核心要素，由此出发，就可以了解品牌传播对于品牌资产的意义，并由此使得品牌营销策略更具针对性和实效性。

首先，涉及的概念是品牌名称。名称是品牌的表征，具有专属的特点，因此，在品牌知名度和传播中都是一个最基本的概念——若无名，便不可传名，更无从知名。就品牌名称而言，有几个特点与传名、知名相关：其一，名称具有联想性。一般而言，品牌名称都是具有含义的名词或组合名词，这样，就会使人从该词汇的原意出发进行联想，因此，名称的联想性有助于品牌成为某个美好概念的代表。其二，名称具有象征性，正如联想性一样，品牌名称可以是具有象征性的词语，或是通过联想而产生象征意义，总之，象征性是品牌意义的重要来源。其三，名称有助于记忆。由于涉及联想和象征，品牌名称不再是抽象、空洞的词语，而是生动、鲜活的概念，因此，无论对于记忆还是传播都有很大的帮助。其四，品牌名称往往可以表明产品的品类，由此使人很容易将品牌和某个品类建立起联系。其五，名称对提出口号和构思广告词具有启发和关联作用，使用得当，就会加强传播的效果。

其次，再来分析标志的作用。在今天的服装市场，同质化现象使得品牌之间的差异日益减小，可以说，只有标志是最能够体现品牌之间区别的感知元素了。与名称一样，标志也可以在品牌联想、品牌象征等方面发挥作用，而且有过之而无不及。对于传播而言，由于视觉形象较之词语具有更强的感性特点，因此，会更加有助于创意的运用。由于许多标志本身就有特定的形象感，如品牌LOGO可以采用卡通形象、动物形象等，所以，作为一种重要的品牌符号，具有比较复杂的意指功能，这对于品牌传播来说是一个非常重要的特点。标志的一个特例是二维码，今天，这种识别方式也被应用在品牌传播当中，由于它具有系统识别性，因此会极大地提高品牌传播的效率和效果。

品牌形态是一个具有标志性质却又比标志更加感性的品牌符号，它本身就可以成为传播的内容，从而使品牌形象更加具有鲜明而生动的内涵，当然，也可以成为感知价值之所在或者是成为消费者喜爱品牌的重要理由。

另外一个重要的概念是特色产品，也就是品牌特有的、具有绝对竞争力的甚至可以成为某一品类代表的产品，虽然这并不是常见的情况，但是却值得给予足够的关注。因为创造特色产品是品牌寻求差别化和塑造个性的最重要也是最有效的一个途径。显然，这是感知价值毋庸置疑的一个有力体现，也是传播中最有说服力的理由。

最后，必须提到的是品牌口号和广告，这是两个出自于品牌又作用于品牌的决定性因素，之所以这样讲，是因为它们是品牌概念的直接的表达方式，对于宣传品牌，树立品牌形象，引导品牌理解，创造品牌个性均有不可替代的作用。

一、整合资产要素

从传播的角度讲，并且考虑实现品牌营销的目的——使品牌成为有价值的符号，在此，我们将上面提到的各个概念集中起来研究，在分析它们各自作用的基础上，对它们进行整合，旨在使它们产生更大的影响力和推动力。

鉴于以上概念均属于与品牌资产密切相关或本质相关的因素，且为了叙述的方便起见，我们将这些概念统称为品牌的资产要素，也就是说，我们在此要对资产要素进行整合，以便创造出倍增的效应。

整合的目的是传播和营销，还需要确定它的出发点，从这些要素与品牌资产的关系看，将出发点确定在联想上是比较适合的。

　　从联想出发，整合的思路就会清晰起来，也就是说，需要找到联想的起点，再设定联想的指向性，并且，以思维表象及概念的系统化为原则，就可以完成资产要素的整合，并达到预期的目的。例如，对于一个以推行全民健身理念的大众化体育运动品牌来说，就可以由品牌标志为联想的起点，在LOGO设计时采用彩虹色谱，并将其与标志性产品即运用彩虹色谱的系列化服装形成整合，使之象征五光十色的生活，使人能够联想到竞技体育努力争先的场景，体会到生命的激情，再由此发展出品牌的广告语——七色阳光（品牌名称同为"七色阳光"）是每个人生命的源泉。

　　概括起来讲，使构成品牌资产的五个部分系统地发挥作用，是品牌营销的基础，也是品牌传播的核心。而对于能够创造并提升品牌资产的构成要素，通过整合可以使由它们引发的联想更加具有针对性、指向性和典型性，这对于品牌传播以及实现品牌营销的意义是非常深远的。

二、打开感性模式

　　在今天这个感性时代，显然，最有效的品牌传播方式就是充分发挥感性元素的作用，我们将其比喻为"打开感性模式"。具体讲，就是在设计、产品、营销、品牌符号等不同方面，将商品以及品牌的各种物质性、功能性、情感性元素当中最具有价值的成分选择出来传达给受众，在表现其价值点的同时，注重独特、鲜明的形式化特点，从而能够表现出的强烈感性特征，旨在使受众能够受到吸引并产生突出的印象。一般而言，实现这个目标需要一个视觉化的范式，而对设计符号的运用，走艺术表现和形象创新之路，往往可以取得良好的效果，使感性化成为品牌营销的利器，使消费者产生丰富的联想，由此为品牌注入更多的精神价值。

　　打开感性模式就是要大量运用形式多样且鲜明生动的形象，尤其是艺术形象来实现丰富的联想，很多情况下需要创造设计符号来达到这个目的。例如，对于一个名为"指南针"的户外装品牌，按照一般的命名原则，这个名称对于户外装而言，它的意指应该说已经非常明确了——即"引导人们走向遥远的旅途"。但是，按照感性模式的设计思想，还必须进一步使用形象化的表达来强化和具体说明"指南针"所象征的意义，其中一个设计方案就是在品牌广告或用于店铺展示的招贴上标出旅游路线图，尽管这个路线图并不是特指某个旅游线路，也是一个象征符号，但是，对于品牌名称而言，这是一个非常形象化的诠释。需要注意的是，这种方法会使受众的联想和其他的思维活动受到明显的引导，在今天这个多元化的时代，发散思维占据主导地位的情况下，这种引导作用是很有必要的。

创意：感性模式在品牌传播中的应用

1. 概述

所构思的品牌为一个风格化设计师女装品牌，品牌名称为"红翎"，名称创意灵感来自京剧舞台上刀马旦的形象：英姿飒爽的巾帼英雄，最具特点的形象要素是头上有两支长长的雉尾，随舞蹈身段而摆动、飞舞，既充满了英雄气概，又别具艺术韵味。

品牌的服装设计风格为三分传统，七分时尚；产品品类包括礼服、裙装、基本休闲装、外套、衬衫、裤装等，面料采用色彩丰富的素色纯棉、涤麻、人造丝等织物，设计的一个重点是将民族服饰纹样及其他装饰纹样经抽象化、艺术化处理之后，形成具有识别功能的典型化纹饰，分别用于首饰设计和服装的装饰设计。

2. 设计构思

按照感性模式的设计原则，对名称、特色款式（可发展为品牌形态）、店面展示进行形象化处理，具体为：

（1）以名称为核心构思一则平面广告：画面有品牌名称"红翎"和进行艺术化处理的京剧中刀马旦的形象——人物形象俊俏而妩媚，既有巾帼神韵，又有现代气息；画面中，两支雉尾是构图的亮点，飞舞灵动，呈现出美丽的弧形；花盔上的珠翠、绒球等装饰使用正规的京剧形象造型，而将其他装饰设计为可用于品牌的首饰以及服装的装饰形式，从而通过广告画面赋予品牌名称一个生动的艺术形象，同时创造出兼具古典风韵和现代气息的美丽女性，以此象征品牌所具有的传统艺术与当代时尚的风格定位，体现出品牌的艺术底蕴和个性特征。

（2）将广告设计中创造的艺术形象在服装设计中加以运用，主要是将广告中的创新首饰和装饰的样式用于品牌最具代表性的款式，使之成为诠释广告意蕴的鲜活形象。围绕该形象进行产品系列和装饰设计，形成鲜明而突出的设计风格。

（3）在店面展示中以代表性款式为主导，通过装饰手段和色彩的运用，营造传统与现代相结合，古典与时尚相融合的氛围，明确地传达出品牌的市场定位和文化特征。

3. 创意点评

该创意对资产要素进行了形象化和艺术化的创意设计，将品牌形象创造与产品形象设计融为一体，各个方面形象关联密切，相辅相成，创造了突出的审美意象，使品牌概念得以明确地表达和阐释。由于使关键要素形成了生动的形象感，所以，使品牌的可传播性大大提高，从品牌营销的角度讲，可以说价值点突出，个性鲜明，因此具备很强的竞争力。

第三节　创造感性化品牌

所谓感性化品牌，就是从品牌感知到最终的品牌形象，都能够成为感性化的典型，是对感性时代的最好诠释。如果说打开感性模式只是突出了感性设计或是在外在形式感上得到了加强的话，那么，感性化品牌就是以感性特征作为品牌核心价值的一个品牌模式——它旨在以直观形式创造审美意象，以感性体验取代理性思考；在设计中，要求回归本源的直觉，而摒弃对象征的依赖。如果从设计符号的角度解释，它不是表意的符号，而是直接表达情感的符号。当然，这与艺术创作还是不同的，不是用于陈设的艺术品，还必须符合实用性要求。因此可以说，它是一种以朴素的直觉和童趣般的快乐为目标的设计创意。

从品牌设计思想来说，感性化品牌体现了一种返璞归真的设计理念，一切都在直觉中展现；从品牌营销思想来说，感性化品牌旨在以形式美创造价值，将物质形态的美感予以充分的挖掘和再创造；从品牌形象塑造来说，感性化品牌意在由直觉直指人心，不借助联想的发挥，也不依赖意义的赋予，而是用纯粹的美感唤起人们审美的渴望。

总之，感性化品牌是一种单纯而简单的设计，是一种充满童真的意象，但是，由于它具有鲜明的形式感和独特的形象风格，所以在以传播创造价值的时代具有很强大的生命力。

按照前面的思路，品牌的感性化有赖于构成品牌的要素的全面感性化，出于品牌传播和品牌营销方面的考虑，则要着重考虑品牌可传播性的全面提升，这一点，与打开感性化模式具有异曲同工之妙。

一、品牌要素的感性化

就性质而言，无论是从提升品牌资产的目的，还是从塑造品牌形象的目的出发，与实现目标密切相关的要素，都可以称之为品牌要素。在考虑品牌的感性化问题时，对品牌要素的把握与前面我们的分析是一致的。下面将逐一分析并提出各要素感性化的原则和方法。

先从人获得感受的一个原理性的事实出发来考虑对各个要素应该把握：研究表明，人的大脑中的情感中枢会影响人看待事物的方法，一个重要的现象是，感觉总是先于思考。例如，一个人被问到对两个图形的感受，这两个图形对他来说都没有什么特定的含义，其中一个图形是他曾经见过几次的，另一个则是他第一次见到，结果是他表示更喜欢那个曾经见过几次的，尽管他自己并不记得是否见过。这个事实指出了感性化的方向，也就是说，它是基于视觉直观以及情感体验的。在这个方向已经明确的基础上，我们就可以提出实现感性化的基本思路了。

对于品牌要素最基本的层面名称和标志来说，感性化的原则是不追求它有多少象征意义，而是要争取在直观中产生好感。其实，在许多情况下，一个事物就是它本身，它并不象征什么，这就是选择名称或设计标志时的出发点。例如，使用一条蛇的形象作为品牌的标志，此时，它并不意味着恶毒的爬虫，也不是美女化身而来，它只是一个用于识别的标记，与字母"A"或是一个菱形没有任何区别，当然，它需要有一个可爱的并且是容易识别形象。关于名称和标志的感性化设计，就是尽量选用为目标消费者所熟悉的字体、标记、形象等，而且，要以形式上的亲和性作为设计的标准。

在产品的层面，是感性化品牌最需要突出的方面，其实，服饰品由于面料、色彩、图案等构成因素所创造的产品美以及与之相关的人体美、气质美都是服装文化最重要的组成部分，或者说，是服饰产品的核心价值所在，因此，以美的塑造为出发点，就可以很好地实现感性化的目标。从设计方法上看，无论是简约化的风格，还是繁复的形式法则，抑或是唯美的设计手法，都是可以选择和应用的，关键的问题是如何激发消费者的审美期待，并且，与他们的审美观取得一致。例如，华裔美国女设计师安娜·苏，是一个创造感性形象的魔术师，在她手中产生的时装，如同精美绝伦的民间刺绣，又好似花纹精美，层次丰富的漆器，让人在审美的愉悦中流连忘返，深得消费者的喜爱。

对于感性化品牌而言，品牌形象不是基于复杂的联想和深入的理解而得到的，它只是直观的产物，或者说，取决于消费者与品牌互动的方式以及引起的情感反应。在今天这个以网络信息为主导的时代，商品信息变得越来越透明，到处都可以看到对于商品的评价，许多被消费的意义也只是购买时的理由——真正穿在身上的时候，舒服不舒服还是要看合适不合适……因此，一个放弃理性的愿望在许多消费者心目中萌发，而感性则成为最简便易行，而且成本最低的方式。因此，旨在传播品牌形象，塑造品牌风格的感性化品牌，在店铺形象和商品展示中，就应该把最核心的价值，以最直观的方法，使用最简单的工具展示出来。例如，在图7-1所示的店铺陈列中，它将商品系统很完整地在一个展示面上显示出来，完全不事雕琢，但却十分规整，使人感觉非常贴切、清晰而且十分周到、细致。

图7-1　某男装店商品陈列

对于传播的重要手段广告来说，长期以来，服装品牌已经成为广告设计界的一个重要领地，在这里出现过出许许多多的精彩创意，无论从寓意深远，还是从联想丰富来看，都达到了无以复加的程度，不仅形成了一道商业的风景线，也成为服饰文化的一个重要组成部分。然而，正如我们前面所谈到的，层出不穷的意义已经覆盖了所有的商业空间，消费者深陷在各种意义中不能自拔，不免产生摆脱其困扰的想法。感性化的品牌需要彻底改变这个情况，而所需的方法其实很简单：只要把复杂的象征性置之脑后，不必再过多地考虑比喻还是象征的问题，而是将意欲表达的意思明白无误地和盘托出，当然，切不要忘记审美的原则，那么，一个感性化品牌的广告也就跃然纸上了。例如，在迪奥（Dior）的一则为广大消费者所熟知的香水广告中，所宣传的对象是一款名为"真我"的香水，在广告画面中，消费者被告知它是雍容华贵的美丽女性所专属的。内容直白，形象典型，非常生动，起到了很好的传播作用，如图7-2所示。

图7-2 "真我"香水广告

二、扩充品牌感知维度

通过以上的分析，可以从整体上把握感性化品牌设计的要点，即直观性、鲜明性和审美性，然而，这只是提高可传播性的一个方面。另一个方面，则是从消费者的感受性出发，充分考虑在现实条件下，消费者的感受方式对感性品牌所提出的要求。

有必要在此重复一下对感性化品牌的界定：这是一类以感受影响和征服消费者而不是

以所代表的意义或象征的生活方式来引起消费者好感的品牌，它所依据的原理是人的感觉所能够起到的作用，以及品牌能够提供的感觉。也就是说，感性化品牌的概念其实包含了两层意思，一方面是消费者的感受性，另一方面是于是品牌的可感受性。于是，新的问题就摆到我们面前了：品牌的可感受性具体可以有哪些体现？如果从感知的发生来看，品牌的可感知性可以由两个方面来体现，其一，感性元素的鲜明度；其二，品牌的感知维度。

对于鲜明度在前文中已经进行了介绍，在此，将重点讨论感知维度的问题。所谓感知维度，就是指感性元素的不同所属和类型，当然，它们应该都属于品牌要素。显然，扩充品牌感知维度是发展及创新感性品牌的关键。

那么，除了我们之前提到的各方面品牌要素之外，还有哪些既有感性特征，又是与品牌性质相关的要素呢？至此，有必要回到品牌的构成上来看：品牌是由以下四个基本方面所构成的，第一个方面是品牌的属性，即品牌所经营的产品品类，产品具体的用途与品质，进行产品设计与生产的模式或技术条件，以及商品化的情况，包括营销方式与渠道等；第二个方面是品牌的归属，即品牌的所有者及其类型，品牌产生的文化背景和业务基础，品牌所在的地区和国别；第三个方面是品牌的市场定位，即品牌与消费者的关系，品牌的个性特点，品牌的市场地位与发展目标；第四个方面为品牌的识别系统，包括品牌的名称、标志等识别特征，品牌传播中的视觉形象，品牌的代言人等。构成品牌的四个方面相互关联，彼此呼应，形成一个有机的整体而被市场和消费者所接纳。

从品牌的构成方面来看，它为消费者展现了一个更加宽广的与品牌的接触面，应该说，在上面的每一个点上都有挖掘品牌要素的可能性。例如，产品的生产环节，就包含了许多产品最终形态所不能显示的内容；再比如，提到品牌的来源，故乡的文化与品牌的基因具有很大的相关性，其中的典型文化特征是消费者愿意了解的。这些例子说明在不同的层面上可以找到与品牌性质密切相关的特点，而另一个角度则是关于感官的，也就是说，除了视觉之外，听觉、触觉等也是与品牌的感性要素建立联系的途径。例如，对于内衣品牌来说，在产品销售时提供触觉感受的方式即使消费者能够获得各种面料的手感，会弥补一个重要的感知缺陷；再比如，卖场中可以播放与品牌相关的声音，诸如乐音、鸟声等，它们可以直接呈现一个特定的场景，也就是说，感性化品牌虽然不依赖联想而产生认识，但并不排斥受众运用他们的想象力——相关的信息往往可以相互替代，因为许多事物都有不同的呈现方式，例如，鲜花的色彩以及它的香气。

总之，从品牌的系统性出发，可以有许多不拘一格的方式来感受品牌的特点，这就是感知维度得以扩展的一个基本层面，进一步讲，任何事物都有多种属性，利用一个属性替代另一个，并借助思维活动使之相互关联，是扩展品牌感性维度的另一个层面，如果灵活运用，加以创新，就会使感性化品牌具有非常丰满的形象而受到更多消费者的喜爱。

创意：五色草木秀女装

1. 概述

时尚女装品牌"草木花"以绿色环保为经营理念，产品全部采用本色棉、麻织物或采用"草木染"制成的五色纯棉花布，风格质朴，色彩雅致，给人以自然清新的印象。由于消费者对天然染料染色工艺只闻其名却难见其形，因缺乏感性认识而对其了解甚少，一般只停留在概念上，甚至对有关工艺的真实性尚存疑问。鉴于此，计划将"草木染"工艺在品牌传播中加以介绍，使消费者通过感性认识深刻理解天然染色工艺的意义，进一步坚定成为绿色环保实践者的信心和对于品牌的忠诚度。

2. 构思

以用于染色的草木名称为各个产品系列命名，分别为：茜草（红色）、紫苏（紫色）、崧蓝（蓝色）、槐米（黄色）、薯莨（棕色）、苏木（黑色），各产品系列色彩、图案、风格均有所不同；以上述植物的图片作为产品展示时的主题标志，并分别配置由上述各种植物染料加工而成的蜡染、扎染和印花艺术品实物，着重表现植物染料的工艺特征及其细节，同时使人欣赏到传统印染艺术的朴素之美。将上述设想进行规划，形成产品展示方案，用于服装展示会或店面展示。

3. 点评

品牌所有产品均采用本色或天然染料织物，充分体现了环保理念，由于形成产品系列并以染色草木命名，使人印象深刻；对于全部产品都采用形象化和艺术化的手法展示其"自然之美"和"传统工艺之美"，并且使产品与象征形象联系在一起，使人对品牌之美（社会美、自然美、艺术美）感受强烈，理解深刻，审美之心油然而生，因此而对品牌多了一份情感体验。

三、延伸品牌形象

发展感性化品牌，除了创造传播的效益即提升品牌资产，实现品牌营销的目标外，还有一个非常重要的目的，就是使得品牌形象更加丰满，并以此为基础，实现品牌形象的延伸。所谓品牌形象的延伸，是指品牌形象通过新的感受而得以发展，使品牌的属性中其他具有价值的部分得以显现，甚至成为主要的性质或核心价值所在——这正是当前的市场竞争对服装品牌提出的要求。

例如，一个以欧陆风情著称的设计师品牌，其产品采用了许多欧洲传统的设计手法，包括极具代表性的图案、纹样，典型的色彩组合以及面料的运用，由于服装美轮美奂，风格鲜明而深受消费者的青睐，但是，由于服装采用的图案等都是经过提炼和再创造的产物，不能展现其文化渊源的全貌，有不完整之缺憾，为了弥补这一欠缺，可以在展示服装的同时，将有关的素材加以整理，作为装饰和背景加以呈现，使得服装产品与设计背景相互映衬，彼此烘托，产生一个完整的审美形象，也使得消费者得到更全面的审美享受。

案例：爱马仕的橱窗创新

1. 概述

随着全球经济形势的持续低迷，以及竞争品牌纷纷采取了各种应对措施，奢侈品牌在品牌形象方面都有一定的调整，以此来适应市场的变化和消费者结构的改变。

2. 创意介绍

爱马仕将其橱窗设计进行了创新，如图7-3所示，采用类似艺术画廊的形式使顾客的视线受到吸引，并进入它所营造的氛围中。该"艺术画廊"采用返璞归真的设计手法，利用原色木条的立体造型以及用木片制成的马的形象作为背景，形成了非常柔和的色调和朴实无华的装饰效果；此外，它所选用的展品为茶杯、扑克、手表和轻巧的首饰，给人一种非常生活化的感觉。

3. 点评

作为奢侈品牌，一改惯用的展示手法，以简约、质朴的风格和情调式的视觉规划，使顾客不由自主地贴近细观，进而得到悠闲随意，平易近人的感受，由此而使品牌形象焕然一新。

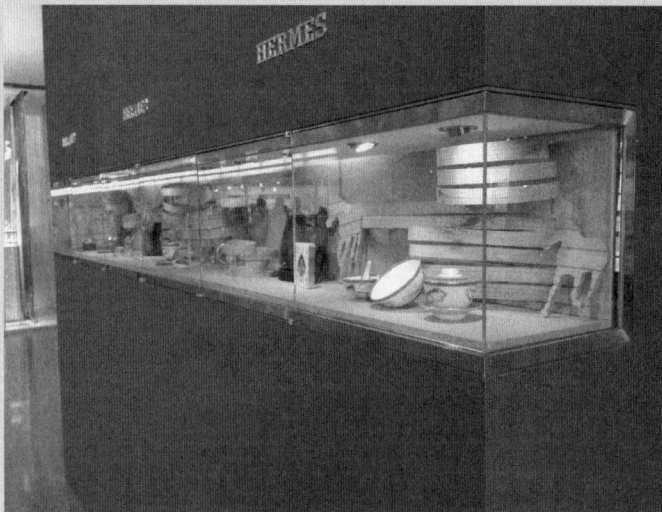

图7-3　爱马仕的橱窗

思考题

1. 通过本章的学习，对品牌价值又有哪些新的认识？这些代表了什么样的经营思想？

2. 感性化品牌是基于什么思想提出来的？它有哪些现实意义？

3. 以感性模式为基础创意服装品牌。

4. 收集一个服装品牌素材，尝试从扩充感知维度入手进行品牌创意。

竞争法宝：把握个性的制高点

课题名称： 竞争法宝：把握个性的制高点

课题内容： 1. 品牌竞争力的提升

2. 竞争法则：个性为王

课题时间： 3课时

教学目的： 说明在现实条件下，服装品牌的竞争是在怎样的情形下展开的；说明品牌竞争机制和竞争思想经历了怎样的发展；说明品牌的优势是如何体现的；说明竞争中品牌所处的不同地位与竞争策略的关系。

教学要求： 1. 举例说明竞争策略的普遍意义。

2. 举例说明生态的概念以及个体在特定环境中生存与发展的机制。

3. 说明可以发展成为竞争优势的个性符合怎样的原理。

4. 举例说明劣势向优势转化的条件。

教学方式： 理论讲授、图例示范、案例讨论与分析。

课前准备： 阅读参考文献中所列书籍并重点了解以下概念：品牌竞争、品牌共生等；调研ZARA、Lancy from 25、AIGLE、Louis vuitton、劲霸、爱登堡、七匹狼、Cache Cache、Replay等品牌专卖店；阅读有关专业杂志和学术期刊。

第八章　竞争法宝：把握个性的制高点

　　每一个植根于市场的品牌都有它成长的理由。品牌不可能都是参天大树，然而一旦找到攀援的位置，常春藤同样可以生机盎然。

　　今天的中国市场是一个非常适合服装品牌生长的沃土，人口基数大、需求多，国内消费水平的日益提高和消费观念的不断变化等，都是使其肥沃的原因，也正因如此，才吸引了无数的品牌前来一试身手。那些进入中国市场寻求发展的国外品牌正是因为把握住这个机会才取得了迅速的成长，《2012—2013中国服装行业发展报告》提供的数据显示，截至2012年，近年来风生水起的快时尚领军品牌ZARA和H&M都把它们在中国的门店数提高到100家以上，优衣库（UNIQLO）已经拥有近200家门店，体育运动品牌阿迪达斯（adidas）2012年新开门店有800家之多。

　　事实上，中国服装市场迅速发展的标志之一，就是成为万千服装品牌竞相逐鹿的战场，每个加入竞争中的品牌每时每刻都在进行诸如进攻、防御的战术动作，这一切又都围绕着关乎自身生存与发展的战略规划而精心布置，周密实施。然而，没有哪个品牌可以逾越优胜劣汰的竞争法则，也不存在仅凭雄厚的资本或人才优势甚至几分好运就可以纵横市场的例子。只要有竞争就会有成败，而成败皆是规律使然。那么，一个品牌赖以生存的根基究竟是什么？其实，那些成功的品牌已经一再解释了这个疑问：生存之道和发展策略的基本点就在于和对手较量时，能够牢牢把握住一个无人能及的长处，这便是一个品牌的个性。品牌如果形成个性，就不会与竞争品牌在各种差异化策略的表面绞缠，竞争力会在更高的层面形成，品牌的生命力也就更加旺盛。

第一节　品牌竞争力的提升

　　面对市场竞争，正确的观念是不轻视任何一个微不足道的品牌所拥有的竞争力，这是因为尺有所短，寸有所长。品牌竞争力是品牌参与市场竞争一种综合能力，是由于其特殊性或不易被竞争对手模仿的优势而形成的占有市场、获得动态竞争优势、获取长期利润的能力，具体体现在品质、形象、个性、服务等各个方面。

　　市场是品牌生长的土壤，品牌竞争力也通过市场表现出来。有市场，就有竞争，市场竞争同样遵从自然生态的法则：同质化则发生冲突，多样化则相得益彰，而多样化实际上就是个性化和典型化。服装市场毫无例外地也是一个生态圈，互补和兼容是发展之道，恶性竞争必然两败俱伤。竞争对手是一种制约，但它也是这个系统必不可少的组成部分。这也说明，在服装市场上，真正形成垄断的品牌并不存在，而每个掌握了生存之道和发展策略的品牌都走在通往强势品牌的路上。

一、选择竞争模式

竞争是争夺优势地位，从而占有较多生存空间和发展资源的行为。品牌的竞争，更多地体现在拥有市场份额，即争取消费者人群的多少之上。竞争是双方或多方在某些价值点上进行的比较。具体而言，竞争或是在以实物形态为基础的产品层面体现出来，或是在以综合感受和体验为根据的感知价值层面体现出来，或是在以联想和情感为特征的品牌形象层面体现出来。通常，品牌总是选择自身的优势所在作为与对手竞争的法宝，并且，根据价值侧重点的不同而采取相应的方式，可称为竞争模式。根据品牌四个方面的基本构成，品牌竞争也不外乎体现为四种基本模式，即品类模式、文化模式、特色模式和象征模式，如图8-1所示。在这四种模式中，分别由某种实物功用或心理效应来实现竞争优势。

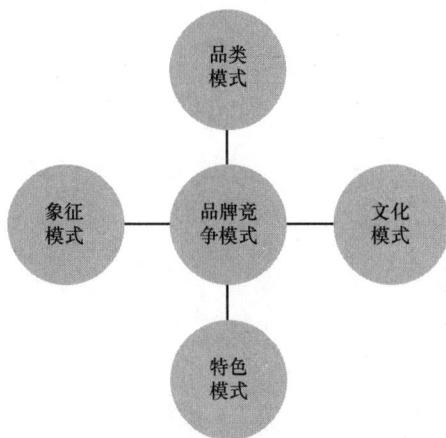

图8-1 品牌竞争模式构成

品类模式就是品牌为特定的消费群体提供专门的产品和服务，使消费者在消费的过程中产生一种归属感，从而，使消费者眼中的商品与其他竞争品牌的商品相区分。如价廉物美的休闲装优衣库的英文名"UNIQLO"是Unique（独一无二）和Clothing（服装）这两个词的缩写。以为消费者提供"低价良品、品质保证"的经营理念，为讲求高性价比的消费者提供日常休闲穿着，优衣库（UNIQLO）曾在日本经济低迷时期取得了惊人的业绩，现在已发展成大众耳熟能详的服装品牌。

文化模式是以品牌所凝练的价值观念、生活态度、审美情趣、个性修养、时尚品位、情感诉求等精神象征为竞争手段，通过创造产品的物质效用与品牌精神高度统一的完美境界，超越时空的限制，带给消费者更多的高层次的满足、心灵的慰藉和精神的寄托，在消费者心灵深处形成潜在的文化认同和情感眷恋。例如，匹克（PEAK）从一开始就以挑战巅峰、在执著追求中彰显自我，彰显魄力、能力与毅力为自己的品牌文化，那句"I CAN PLAY"早已深入人心。在运动领域里面，匹克是运动的图腾，是精神的信仰，是深厚的意识形态积淀；同时也是英雄荣誉的见证，胜利的标志。凭借着品牌文化与个人信仰的高度吻合，在短短二十几年的时间里，匹克在自己成功的道路上越走越远。

相对于品类模式而言，特色模式不仅依托于商品品类功能，通过差异化的个性来体现它的与众不同，与此同时，它在一定程度上也有顾客心理因素的作用。特色模式是基于产品，并通过外部营销策略构筑品牌的识别特征，从而给品牌打上深深的烙印，使消费者将其铭记于心。例如，CK销售的服装就以纯粹、简洁、完美著称，那些想要过一种简约生活或是平时没有时间打理自己但又想让自己时尚优雅的人士，CK无疑是不二选择。

象征模式则是通过品牌符号的传播，使其象征意义在消费者头脑中达成共识，引起消费者联想，从而建立对品牌鲜明的印象、认知或情感体验。品牌在消费者心目中好比一个信仰的图腾，其地位无法由其他代替。例如，在意大利服饰品牌贝纳通的广告符号中，总是将敏感的社会议题作为创作来源，关注人类社会，贴合社会思潮和生活现实，令品牌更加深入人心。种族、战争、生命……这些主题被贝纳通一次次地唤起和升华，在发挥广告社会责任的同时，也激发了受众的心理认同和共鸣。其在1990年的平面广告中，种族平等、尊重差异成为品牌宣扬的核心内容。两只黑白不同的小手合在一起，通过黑白的对照表现对种族平等的渴望，如图8-2所示，这种充满人文关怀的符号所指既凸显了现实意义，也更加流露了品牌的锋芒个性。

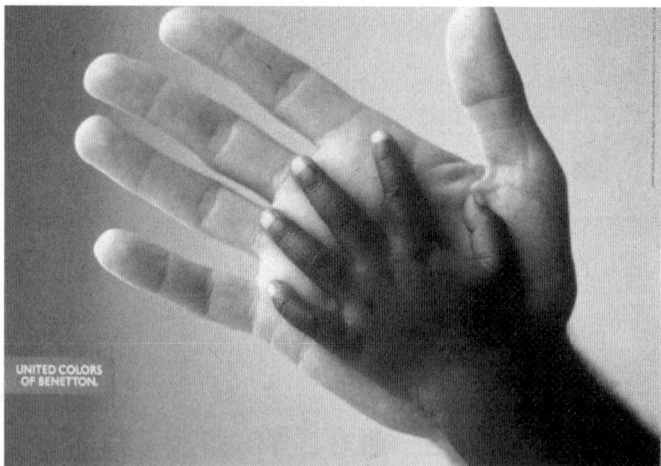

图8-2 贝纳通1990年平面广告
（服装品牌传播的符号学研究 王永莉）

由于每个品牌都可以在任何一种模式中进行选择，在当前的市场条件下，竞争模式等同于品牌的生存之道。选择竞争模式的原则可以用两个关键词来概括，即比较和个性。比较的目的是形成相对优势，其基本思路就是在竞争中利用田忌赛马的原理。比如一个以设计见长的时装品牌，当它以款式设计作为价值点时，并不一定比竞争对手更出彩，而选择店面形象为价值点时，却有可能发挥优势，在比较中脱颖而出。再比如，某时装品牌以个性化的消费体验为核心价值点，为此将专卖店的形象规划、空间环境设计以及氛围的营造作为品牌个性的立足点，并充分调动感性元素创造出特有的体验氛围和符号语境，使消费者能够获得一种非常强烈的感受。这就是在比较中扬长避短，另辟蹊径。

如果说比较只是手段，那么，个性就是竞争优势的具体体现，即对比之目的所在。个性的形成与品牌定位密切相关，但关键还在于根据比较原则合理选择地竞争模式，也就是说，个性并非孤立存在的特点，而是通过与竞争对手在某些方面的对比而显现出的特长。

总之，对于一个具体的服装品牌，在特定的竞争条件下，对竞争模式的不同选择决定着品牌个性的有无，而品牌个性的有无则是竞争成败的关键。

案例：法国知名户外休闲品牌AIGLE（飞鹰）

1. 品牌概述

AIGLE（飞鹰）由美国人Hiram Hutchinson1853年在法国一手创办在法国成长起来的品牌，这个品牌从血液中流淌出混血的基因，让它形成其他户外品牌不可替代的竞争力。自由张扬，个性不羁，像"雄鹰"一样展翅翱翔的美国精神，却总是能透漏出法兰西民族的户外休闲生活形态。专精于提供具有时尚设计感的功能性休闲外套、时尚胶靴，并以航海及马术活动为灵感来源，都印证出这一点。如图8-3所示，AIGLE的设计新颖、简洁，掺入了很多时尚元素，风格偏于休闲，带有法国式的浪漫，是高级品牌中的另类。

其中"AIGLE-NICOLAS VANIER远征探险系列"，全部采用环保自然素材，广泛使用有机棉、可回收面料等。该系列的每个设计元素都可在广阔的北方极地探寻到，在保证功能性和环保性的基础上再次展示了AIGLE户外服装的时尚休闲设计的独有特点。

AIGLE在2009年推出的独创限量版Miss Juliette胶靴系列，镶嵌施华洛世奇水晶，略微带一点高跟，全新演绎了胶靴的时尚潜质。2010年秋季开始，AIGLE每季与英国百年老店Liberty进行合作，推出时尚印花系列，获得巨大成功。2012年，AIGLE与法国品牌agnès b的合作让AIGLE胶靴大热，生动的条纹让此系列限量版胶靴成为经典。2012年冬季，推出的与百年品牌Harris Tweed合作的跨界限量产品，首次尝试将苏格兰毛呢用于胶靴。2013年春季，AIGLE与法国品牌Kitsuné合作，设计出节日盛装，在音乐狂欢季节的绝妙搭配时尚感爆棚。当年夏季，重新推出Miss Juliette系列，追求更多时尚色彩和不同款式，高饱和度的法国国旗颜色及系带设计，让时尚和复古集于一身。

AIGLE（飞鹰）用事实证明，品牌的个性是何其重要，正是因为在设计上不断突破，敢于打破常规，AIGLE才一次又一次地取得巨大的成功。

图8-3　AIGLE品牌广告（图片来源：时尚网）

2.品牌分析

定位在户外装的品牌，一般而言，价值点都是在功能性、款式、品牌形象等方面。如果在色彩和图案、款式造型设计上有所创新，呈现出不拘一格的视觉效果，就很有可能成为某些消费者眼中的风格化标志。如本品牌AIGLE正是透过在户外产品设计中表现出法兰西风貌，从而独树一帜，超越市场上一般的美式风格户外装的竞争对手。

二、创造共生的条件

共生是指在一定的环境中，不同个体基于互利关系而相互依存的情形。生物学中的共生是指不同种属按某种物质联系而共同生活在一起。多学科交叉研究发现，共生不仅是一种生物现象，也是一种社会现象。袁纯清博士在《共生理论—兼论小型经济》一书中说："一般意义上说，共生是指共生单元之间在一定的共生环境中按某种共生模式形成的关系。"在共生关系上，人类社会与自然界也有所不同，自然界往往是原始的、初级的、自然的和被动的；而人类社会则往往是创始的、高级的、能动的和主动的。在自然界中，生物之间的分工与合作是通过共生关系和生存竞争的双重作用而自然形成和发展的；而在人类社会中，个体和组织之间的分工与合作往往是在人的能动作用基础上通过共生关系和竞争关系而实现的。

共生是参与竞争的品牌之间的一种关系。品牌为了生存，彼此竞争是有必要的，但竞争不是市场规律本身，也不是为了淘汰自己的竞争对手，而是为了更好地为客户创造价值。因为有了竞争，品牌才会变得更加有序，在竞争中与对手多赢，达到共生，这才是品牌竞争的真谛。品牌的竞争并不是出于其中一方想歼灭另外一方，而是被极力寻求生存时，另一方应对时努力不足，导致落后或脱队。他们的落后或脱队，仅仅是由于他们的努力不足，而不是因为他们不够优秀。品牌为了发展，彼此竞争是有必要的，为了有竞争对手，品牌走向共生也是必然的。揭示竞争品牌特有的共生关系，并不是说品牌竞争在一定条件下可以规避，而是说品牌竞争可以因势利导而发展成为互利与共生的关系。虽然竞争对手永远都是一股制约力量，但同时又是一个引发市场热点和提高关注度的能量源，消费者的注意力因此被吸引过来，在特定的语境中又使消费者的感知方式随之发生改变，在他们的比较、选择和取舍中，每个竞争的参与者都有机会成为被青睐的那一个。

其实，品牌的共生性与细分市场，尤其与表达一个细分市场的概念密切相关。具体来说，当一个概念在市场上流行开来的时候，一定要有相当数量的消费者才有可能构成一个细分市场，而这些以同一个名义进行消费的人群，对这一概念的理解往往是不同的，这就导致了消费群体的分化。也就是说，消费者按照各自的理解，选择自己认为体现了这一概念的品牌，其结果就是以同一名义参与竞争的若干品牌，通过竞争聚集了消费者群体，又通过消费者的分化而各得其所，从而完成了由竞争而实现共生，由共生而得以发展的成长过程。比如，同是休闲装消费者，他们对休闲概念理解有显著差异，购买休闲装的动机也明显不同，有人认为休闲装最应该是轻松舒适的，也有人认为休闲装是新潮个性的。有人购买休闲装为了美丽，有人只是为了方便……千差万别的需求和对休闲装的理解大大拓展了休闲装的市场空间，也给休闲装市场提供了细分的基础，由于需求和理解的不同，休闲装在不同细分市场表达的意义和价值也不同。品牌可以根据消费需求和动机以及自身的条件选择不同细分市场，展示不同的意义和价值。

另外一种情况是，当一个品牌取得稳固的市场地位后，就会成为一种标志性的存在。那么，无论是消费这个品牌还是不消费这个品牌，都将成为一种具有意味的行为，而"不消费"往往是通过消费与之形成对应的品牌来体现的。例如，在阿迪达斯的消费者当中，就有一些是为了表明不消费耐克的人。因此，我们看到站在某一类型的品牌竞争高地上的往往是两个以上的品牌，它们之间形成一种很有生趣的和谐共生关系，让竞争的生态环境变得欣欣向荣。又如李宁和安踏之间的竞争关系，一个总是保持着领头者的先锋态度，而另一个总是在不断寻求着超越，消费者在它们对立的品牌态度中寻求对自我实现不同的诠释，并在不同类型的价值认同中各自归队。

综上所述，发展品牌的共生性竞争对于竞争各方来说是最为有利的一种选择，应该积极创造条件使之达成。而竞争品牌实现共生的条件包括大小两个前提，大前提是品牌必须成为某种消费方式的标志，即通过品牌的类型化而被视为某种生活形态和消费观念的代表，小前提是它和参与竞争的其他品牌必须能够互为参照，存在显著的可比性和某种形式的反差，也就是说，具有可替代性、互补性或形成反衬。

案例：仿奢快时尚品牌——ZARA

1. 品牌概述

快速时尚的领军品牌ZARA与国际奢侈品大牌如LV、ARMANI、GUCCI之间的共生性竞争。作为快时尚的代表，ZARA充分迎合了大众对于流行趋势热衷追逐的心态：穿得体面，且不会过于昂贵。其定价略低于商场里的品牌女装，而款式色彩特别丰富。在这里，既可以找到最新的时髦单品，也可以找到任何需要的基本款和配饰，再加上设计丰富的男装和童装，一个家庭的服装造型甚至都可以一站式购齐。简单来说，顾客可以花费不到顶级品牌1/10的价格，享受到顶级品牌的设计，因为它可以在极短的时间内复制最流行的设计，并且迅速推广到世界各地的店里。打个比方，今天你在米兰看到的当季最新款的裙子，10天后，就可以在北京世贸天阶的ZARA店里买到类似的衣服。

ZARA 每年设计出来的新款将近5万种，真正投入市场销售的大约12000多种，是其竞争对手平均的5倍。ZARA的商品从设计、试做、生产到店面销售，平均只花三周时间，最快的只用一周。而在国内，以快著称的美特斯·邦威，完成这一过程还要80天的时间。

与此形成鲜明对比的是，那些顶级国际奢侈品大牌，从设计研发、投入生产到进入市场，周期是ZARA的数倍，它们的目标客户是高端消费者，力求用精益求精的艺术品来满足目标客户挑剔的眼光和高于常人的品位，他们用超高消费来体现自己的地位与身份，这些昂贵的时尚单品与普通大众无缘。有人说全球敢在VERSACE（范思哲）、LV、GUCCI旁边开店的，也只有ZARA、H&M、优衣库，也就是说，相同的顾客群，他们用LV的包包，穿VERSACE的鞋，可是，她们依然会去逛ZARA的门店。

2. 品牌分析

同作为时尚品类，ZARA的顾客群体与奢侈品大牌之间既有显著的区别，又有隐藏的共性，它们具体见下表，在服装市场这个巨大的蛋糕面前，优秀的品牌总是能分得一块，至于所得多少的问题，就得看各自的竞争手段，不得不承认的是，在这个大背景下，参与竞争的品牌都得到了共同发展。

ZARA与LV品牌对比		
品牌名称	ZARA	国际奢侈品大牌（以LV为例）
品牌logo	ZARA	LV LOUIS VUITTON
消费群体	一般收入人群	高收入人群
消费观念	务实消费，追求时尚	象征消费、精神消费、审美需求
共性	追求时尚与个性	

三、提升竞争力的要素

毫无疑问，任何一个服装品牌如果要提升自身的竞争力，它在资源、管理、产品品质和品牌形象等方面的强化和优化是最基本的发展思想和努力方向。然而，在当今的市场生态环境下，一味地依靠绝对水平的提升来超越对手并不现实，因为在竞争激烈的市场环境下，总的趋势是水涨船高。而根据比较原则，考虑在某个方面甚至于某一点上超越，即表现出某种能够满足消费者需要的特长，往往可以收到事半功倍的效果。按照这个思路，就是将具有相对优势的要素分门别类并加以提炼、整合，从中选出效率最高、效应最强的要素进行培育，用于和对手的竞争，从而在比较中可以占得先机，进而使竞争力得到实质性的提升。

按照比较原理和个性要求，并将相对优势的达成作为目标来考虑，可以将提升品牌竞争力的要素称为比较要素，从服装品牌的一般特征来看，比较要素一般来自以下几个方面：

其一，个性化要素。每个品牌都有源自于自身基因的个性特点，然而，出于市场化和类型化的需要，这些特点往往没有得到发挥，也就是说，趋同性的要求制约了个性的成长，使之无法成为品牌价值点的一个方面。当品牌发展到一定的阶段，或面对新的外部竞争时，提升竞争力的需要就成为品牌战略的重点，此时，品牌基因的个性特点，甚至曾经是制约品牌发展的限制性因素，都有可能发展成为实现品牌个性化的一个比较要素，作为一个有利且有效的增长点在竞争中发挥作用。例如，男装品牌劲霸（K-BOXING）以"专注夹克34年，积累更好板型；更好板型，更好夹克"作为自己的竞争性表述，把属于制造业基本功的制版技术作为竞争要素，并由此发展出自己的品牌个性。通过品牌传播，这一特点被受众所接受而转化为比较优势，也就是说，相对于其他男装品牌，劲霸的个性更加鲜明和突出。

其二，"月光"要素。月亮并非发光体，但它借助太阳的光芒便使自己也能够生辉。在此，以月光比喻能够借助外部力量凸显自己的一种效应。对于多数品牌来说，想要超越竞争品牌已经取得优势的价值点是非常困难的，而与之形成一定形式和程度的反差，在对手光芒的映照下凸显自身的特点，从而自成一派，给人以特立独行的风格形象，往往能够以退为进，取得可观的效果。例如，在男装品牌大多采用大卖场模式推广品牌形象的市场语境中，爱登堡（Edenbo）如图8-4所示，则利用固有的英伦文化特色，一反市场通行之道，将品牌形象的塑造建立在消费体验的情景化构建中，从而将家庭氛围融入消费行为，以传承传统的家庭文化作为个性化的品牌文化形象，成功地塑造了爱登堡式的生活方式（Life Style），这使得爱登堡通过与其他品牌的类比，树立了非同一般的形象。

图8-4　爱登堡2013男装春季新品广告（图片来源：中国时尚品牌网）

其三，条件要素。品牌一般都以优势和显性价值点作为竞争的法宝，但往往还存在某种可能爆发的潜在力量，并且这种潜在力量通常需要一定的条件才能发挥作用，然而，一旦机会成熟，具备了适合的条件，就会得到快速发展，创造出巨大的价值能量。例如，市场定位在基本品类的优衣库（UNIQLO），利用自身大众化的价位特点，借快时尚盛行的势头，挖掘新的品类资源，加强设计开发的力度，使产品的新颖性、丰富性都有很大提升，从而以快时尚的名义在基本品类的竞争中脱颖而出，同时又以广泛的适应性在快时尚的竞争中占据了明显的优势。

其四，文化要素。毫无疑问，文化因素永远是服装品牌的象征性之本，借助于文化定位和理念表达，可以凸显品牌的风貌品格，形成独特的价值诉求，从而在非常广泛的消费群体中赢得赞同。事实上，文化要素是创造品牌符号的基本因素。例如，朗姿（LANCY FROM25）以职业女装和时尚化的女性形象为品牌定位，倡导与世界时尚流行接轨的设计理念，并通过旗下子品牌卓可（ZOOC）、莱茵（LIME FLARE）、玛丽安玛丽（marie n° mary）对时尚给予了不同的诠释，对女装时尚文化加以细分和重新定义，通过品牌符号的创造，使其品牌文化观得到受众的广泛认同。

总之，比较要素都是品牌构成因素的有机组成部分，如何恰如其分地选择利用，加以发挥，要根据市场环境和竞争特点，遵循个性法则和共生法则，在与消费者和竞争品牌的互动中认清形势，才能很好地加以把握和运用，并最终形成实际的品牌竞争力。

案例：Cache Cache 能捉住的国际快时尚

1.概述

Cache Cache品牌的起源则要追溯到二十几年前的一天，品牌创立者博马努瓦先生正在为新品牌的命名犹豫不决，偶然间，他看见一群女孩在玩捉迷藏，这些女孩愉快并充满朝气的表情瞬间打动了他。灵感就这样突如其来，他决定以这个生动有趣的游戏为自己即将创立的品牌命名。Cache Cache，捉迷藏，象征着快乐和蓬勃的生命力，博马努瓦先生希望年轻女性能像玩捉迷藏时一样寻找生活中的点滴乐趣，永远保持一颗年轻并且充满活力的心。

2005年，Cache Cache 这个以时尚设计为主打的快时尚品牌开始了全球化战略，中国是Cache Cache 全球化发展的第一站。短短几年间，Cache Cache 从仅有的上海一家门店迅速发展到了如今遍布全中国超过130个大小城市500余家门店。通过这几年的积累，Cache Cache 在中国已经拥有了一批非常忠实的顾客群体，以其风格多变的时尚，平易近人的价格让越来越多的女孩们随心变换出属于自己的"时尚造型"。

每个季度，Cache Cache都会关注时尚潮流的发展趋势，力图设计出时尚玩趣十足的，精致却又可轻松购买的产品。设计团队每季度都会根据时尚风向标定义不同的风格主题，并在把握主题风格的同时，为单品注入个性元素及原创精神。Cache Cache像魔方一样多面，她可以用服装和色彩搭配出不同型格：办公室女郎，浪漫小女人，摇滚明星……通过这些，我们能感受到她丰富多彩的人生，她热爱时尚，却不是盲目跟风的时尚受害者，她在造型的时候会加入自我的元素。

2.品牌点评

作为一个快时尚品牌，Cache Cache面对着来自ZARA、H&M以及国内许多品牌的竞争压力，同时，作为一个有个性的品牌，Cache Cache不惧严寒，凭借敏锐的时尚触觉及市场把握度，为年轻女性们提供着款式丰富、玩趣十足、精致却又可轻松购买的时尚产品，让她们能够以轻松快乐的心态对待时尚，寻找"展现自我"的个性搭配，尽享混搭的无穷乐趣。Cache Cache已将时尚和独特的品牌个性带入中国，成为适合新一代年轻人的时尚品牌。同时，快时尚概念也成为其迅速扩张市场和提升品牌影响力的最有效的推动力。

Cache Cache的核心竞争力是平易近人的价格和产品，以及通过快速的补货模式来降低库存量。根据顾客需求与公司战略规划，每6周更新一次产品系列，并在供应链环节的每一步都设置了管理标准与指标，以确保有正确的产品，并以正确的价格、正确的数量、在正确的时间送至正确的地点。

Cache Cache有自己的设计和产品团队。设计团队负责把握上游流行趋势信息，根据不同来源的流行信息设计与开发产品系列。设计师们与产品经理密切合作，以保证产品系列能很好地传达设计理念。采购团队与产品团队的任务是将每一件单品设计实现为样品，以确保每一件单品在任何细节上都能贯彻从设计部门到生产团队的理念。产品的质量及生产则由制作团队做最后的把控。

Cache Cache扎根于一线大城市后，一步步于中国的内陆城市发展品牌零售业务。正是这个正确的决定使Cache Cache在中国市场得到了极大的扩张和发展，并已在国内拥有超过830家店铺。

资料来源：（《服装时报》马瑞）

第二节　竞争法则：个性为王

提出品牌竞争的法则，是为了从服装品牌竞争的本质和当前的现实性出发，指明品牌竞争的目标和原则，具体阐述比较要素如何利于某种竞争模式从而得以发展，最终使品牌取得实质性的竞争优势。品牌竞争既是基本的生存法则，又要根据情况的不同和形式的变化采取特定的竞争手段，选择有具体指向性和目的性的竞争。但品牌竞争的本质内容不是资本（必要条件）的竞争，也不是市场份额（竞争的结果）的竞争，而是保持个性优势的竞争。

在此将第一节的观点归纳如下：选择竞争模式是一种内向型竞争策略，它将决定品牌竞争的方式方法和工作内容，与品牌资源，投入的资本关系密切；寻求共生性是一种外向型策略，它将决定与竞争品牌的相互关系以及品牌定位的调整，需要在品牌形象传播和管理方面多加考虑；开发比较要素是一种实施手段，是将策略落实于具体的程序之上，并且，是在综合了内部条件和外部环境之后所形成的方案和计划，因此具有更大的实践意义。综上所述，可将品牌竞争的基本法则概括为：合理运用竞争策略和方法，在比较中发展个性，从而形成优势，使自己成长为强势品牌。

一、壁垒与高地

在市场上处于领先地位的品牌对于新加入的竞争者而言，最有效的防御策略莫过于形成品牌壁垒。壁垒通常是指阻止新竞争品牌进入某一品类市场的因素，它迫使试图进入该市场的品牌支付高于已进入市场的品牌的进入成本。市场壁垒的存在在一定程度上遏制了新竞争品牌进入市场的冲动。

　　而我们所谈的品牌壁垒，是指对于某一细分市场来说，当消费者提到某个品类的产品时首先会想到某个品牌，这样就可以说该品牌已经建立了品牌壁垒。这样，竞争者就必须首先努力的先让消费者记住自己，并且占据和他们头脑中的品牌相当的地位，这确实需要花费更多的成本和精力。而高地则是指品牌在消费者心目中所占的位置特别重要，已远远超越其竞争对手，使其他品牌遥不可及，难以超越。在这种情况下，如果消费者普遍认为某一品牌在与同类的比较中具有明显的优势，因此将其作为消费的首选，那么，就可以说该品牌占据了品牌高地。虽然，严格地讲，绝对的壁垒和高地并不存在，但品牌竞争的目标就是登上高地，最终建立壁垒。

　　国内知名羽绒服品牌波司登，其连续18年（1995～2012年）全国销量遥遥领先，现已占有羽绒服市场40%左右的销售份额，显然已成为行业巨头，牢牢占据中国羽绒服市场的战略高地多年。其品牌知名度甚至达到家喻户晓的程度，人们一提起羽绒服，几乎第一个闪现在脑海的品牌就是波司登。波司登羽绒服，象征着高品质，消费者在选购时几乎不用再为质量担心。虽然很多休闲运动品牌如美特斯·邦威、特步等都在销售羽绒服，但想要在这块市场取得不错的销售成绩，目前来说还是相当困难。正因为波司登羽绒服多年来在品质上的坚持和在品牌上的有效经营，2007年波司登被中国国家质检总局评为我国服装行业唯一的"世界品牌"。

二、优势个性的培育

　　就品牌竞争而言，简单、孤立地谈论个性是没有意义的，有价值的个性必须能够在竞争中取得优势，并且，这种优势具有进一步发展的余地。

　　品牌个性是指产品或品牌特性的传播以及消费者对这些特性的感知与认可程度。是品牌与消费者之间沟通的结果。品牌个性不仅是品牌向外展示的品质，也是品牌和消费者之间联系互动的纽带。

　　品牌的个性能够在竞争中取得优势，说明这是一个受到消费者认同和青睐的个性，它不见得十分特别，也不一定是品牌所独有的特点，只要它的消费者这样认为即可。这便说明了一个事实：品牌的个性在很大程度上代表着消费者的一种内心需要，消费者通过选择一个投射的对象而将其赋予了品牌，这是由于消费者具有主观指向的情绪活动所产生的心理效应，与品牌形象在消费者心目中形成的原理是一致的。

　　例如著名的牛仔裤品牌李维斯，作为牛仔裤的"鼻祖"，象征着美国野性、刚毅、叛逆与美国开拓者的精神。在世人心中，在全球销售超过35亿条的李维斯牛仔裤不仅是时尚潮流的引领者，更是美国精神的一个典型服饰代表，带有鲜明的品牌个性特征：独立、自由、冒险、性感。

　　今天，牛仔裤已经成为既可以表现性感、青春、活力，又永不落伍的"时装"，世界上很难有一个服装品牌能够像李维斯这样历经130多年风风雨雨，从一个国家流行到全球，品牌个性始终保持如一，并成为全世界男女老幼都可以接受的牛仔和时装的领导品牌，这不能不说是李维斯品牌创造的一个世纪神话。虽然李维斯的成功是各方面因素综合作用的结果，但不得不承认，其鲜明的品牌个性是其通往成功的大道上不可或缺的条件。从2008年开始，李维斯的广告主题主打"Go forth"（向前闯），如图8-5所示，鼓励年轻人在困境中不畏艰险，勇敢向前闯的积极的生活态度，到最新推出的主题"Live in Levis'"（穿着我们去做吧），都很好地与消费者的内心声音产生共鸣，从而使其成为年轻人心目中不可替代的精神方向。

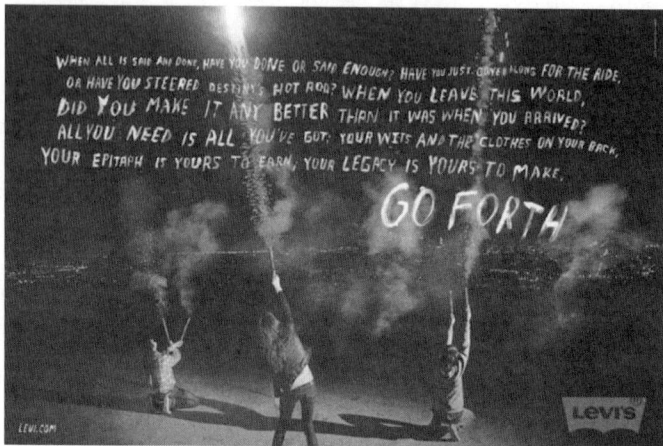

图8-5　李维斯Go forth广告片（图片来源：新浪网）

三、选择品牌生态

菲利普·科特勒（Philip Kotler）认为，应该用产品生命周期的概念对品牌加以分析，即品牌也会像产品一样，经历一个从出生、成长、成熟到最后衰退并消失的过程。从众多营销学者的论述中我们可以看出：品牌生态系统是指品牌在特定竞争条件下的生存状态。品牌具有特殊的生物属性和生态属性，品牌与外部环境通过资源利用与循环、能量流动、信息传递而形成了一个相互依存、相互作用的统一整体，只有品牌形成适当的生态系统，品牌才能得到生存和发展。

品牌既是竞争的根源，又是竞争的结果。由于竞争模式是可以选择的，而且竞争模式决定着品牌的竞争环境即生态环境，所以，品牌在考虑定位问题时，应该将竞争模式作为一个重要因素加以考虑，从而使定位增加一个生态属性。这样做的目的是显而易见的：如果将竞争模式纳入定位策略当中，就可以通过对竞争品牌的分析，在其中确定哪些是可以共生的品牌，哪些是核心价值直接对立的品牌，这样，就可以使自己处于最佳的竞争条件下，或者说，选择一个尽可能有利于生存与发展的品牌生态。

例如有中国"夹克之王"之称的男装品牌"七匹狼"，其创始之初就从狼文化的传奇中汲取灵感。20世纪90年代初，七匹狼开始在央视播放广告打造品牌概念，这在当时中国服装界还是首屈一指的；2002年，七匹狼聘请齐秦作为形象大使，开始传播其从"狼道"中引申出品牌文化概念；"皇家马德里2003中国行"使七匹狼的知名度达到高潮；之后各种体育公关宣传让七匹狼品牌频频在各大媒体中露面，国内外各种服装奖项也接踵而来，而在央视黄金时间投放的广告更是让七匹狼红遍大江南北，"男人，不止一面"的广告词在神州大地几乎是无人不知无人不晓。

七匹狼公司非常注重品牌的培养，在选择竞争模式时偏向了文化模式，通过讲述品牌文化，与时俱进，敏锐地察觉社会价值观的趋向，从而不断调整、补充、延伸自己的品牌文化，向普通大众传达了自己的品牌理念。经过多年的品牌文化整合，"七匹狼"逐步将30～40岁男士为主要目标消费群体，塑造男士精品形象。并且，公司以这种直视挑战、勇往直前的精神定位为其品牌文化，从而使七匹狼品牌以其深刻的文化品质，取得了中国男性群体时尚消费生活的代言人地位。

从品牌生态的角度来讲，七匹狼与同为男装行业的品牌如雅戈尔、柒牌等可以实现共生，七匹狼主营T恤、夹克等休闲男装，而雅戈尔、柒牌等偏向商务风格，它们的产品品类虽然有交叉，但还是以互补为主。而同为男装行业佼佼者的劲霸男装，就是其主要竞争对手，两者都以休闲男装为主打产品，势必要在市场份额上一争高下。但对于这两个势均力敌的对手，只有保持长久的竞争活力，才能创造良性的市场生态环境以及促进竞争双方的蓬勃发展。

四、成为强势品牌

品牌是产品的"烙印"。品牌营销将是21世纪市场营销的主流。但严格地说，市场上没有好品牌与坏品牌之分，只有强势品牌与弱势品牌之别。比如"ZARA"，因其独特的销售模式，已然打败GAP和H&M，成衣销量全球第一，这就是强势品牌所打造的市场销售力。如果说品牌会使企业的产品、符号、企业实力等在消费者心中留下一个投影的话，那么这个投影就有可能被夸大或缩小，消费者对其印象也有可能会很清晰或很模糊，于是就有了强势品牌和弱势品牌之分。一个品牌有其变化发展的过程，可能会由弱变强，也可能由强变弱。ZARA就从一个抄袭者变成今天奢侈品大牌的有力的竞争对手，而李宁也有可能由于市场预判错误及市场反应迟缓，在竞争大浪中拱手让位于其他运动品牌。

如果不能成为强势品牌，就只能在竞争中被淘汰。而成长为强势品牌的一个重要途径，就是始终将品牌个性的制高点作为努力的目标。品牌有没有个性，根本上取决于消费者的观点，但是，对于个性的选择与培养则是企业的重要任务。优势个性的一个重要特征就是具有成长性，也就是说，它能够跟随消费者由于市场的变化而发生的改变，例如时尚潮流引起的感知方式的变化，不断强化品牌个性在消费者心目中的印象和认知，不断充实它给予消费者的感受和体验；优势个性的关键在于保持优势，也就是说，要能够随着竞争对手的变化而完成自我的更新，从而稳固自身的优势地位。如果品牌在竞争中能够以优势个性领先一步，并且掌握了稳固自身优势的手段，就会在走向强势品牌的道路上稳步前行。

例如全球著名的体育用品制造商耐克，其品牌个性就在社会的变迁中永不停歇地成长着。20世纪70年代后期，美国正处于"唯我独尊的年代"。比起上一代人，新生代受教育程度较高，生活更加富裕，也更加追求以自我为中心的价值观念。在美国，每个体育明星都被视为一个成功实现自我的奇迹。耐克敏锐地发现了新生代的思潮趋向，推出了大量的体育明星广告。

在耐克的许多广告中，没有让体育明星们穿着耐克鞋跑来跑去，而大多是真实地再现他们拼搏的精彩瞬间。这种独特的自我价值关怀深刻地感染了新生代，这是一种实现自我、超越自我的奋斗个性。于是，从棒球场到城市街道，到处出现了穿着耐克鞋的健身族。到了90年代，美国社会又发生了新的变化：自我崇拜的热情渐渐退去，人们变得更加关注现实的自我。耐克再一次敏锐地发现了这种变化。虽然大部分广告的主角还是体育明星，但是已经没有了那种超人般的气质，他们像普通人那样在感受着压力、困惑甚至失败。"Just do it"成为了一种信念，成为人们在压力和困惑中的励志信条。而这再一次给予了人们一种深切的自我价值关怀，耐克的品牌个性更加趋于认同自我，接受现实，努力改变的品牌个性。

耐克把永不停息的个人奋斗和商业伦理贯穿于企业运营的始终。永不停息也成了耐克的公司文化，其散发出的本质品牌个性——拼搏，也是耐克一直以来能在变幻莫测的市场中立于不败之地的一个重要原因。

案例：Replay示范生存法则

1. 概述

意大利设计师喜欢用自己的名字来命名品牌，这一"习惯"多少是受了他们性格中自信和慵懒这两个特质的影响。而Replay是一个特例，它的诞生是在一个疯狂与敏感交叉的一瞬间。

35年前，阿根廷世界杯战况激烈，在足球面前，意大利球迷们总是处于癫狂状态，Replay品牌创始人Claudio Buziol也是其中一员，在一些令人激动的精彩瞬间完成时，电视上总会出现回放，当"Replay"一词出现在大屏幕上，Claudio Buziol就断定这个词会是个完美的名字，它使人联想到以新手法演绎经典服饰，两年后Buziol创立了Fashion Box集团，总部设立于意大利特雷维索省的阿索罗。

目前，Fashion Box集团旗下拥有4个品牌（包括Replay），其产品在全球50多个国家均有出售，市场覆盖了整个欧洲以及中东、亚洲、美洲和非洲，成为了国际上牛仔服饰行业的引领者之一。

细数那些闻名世界的牛仔品牌，每个都有属于自己的标签特质，有的硬朗帅气，有的性感撩人，Replay诞生于街头的设计灵感，其把时尚潮流用休闲舒适的造型展现在消费者面前，笼络了一批追求高品质并且有鉴赏力的潮人。

这样的融合看似简单，但尺度很难拿捏，在如此刁钻的定位下还要有源源不断的新款式，这需要强大的创意团队，Replay的创意部门拥有30名员工，分设3个不同的小组：设计组、制图组和产品研发组，产品研发组又下设牛仔、针织和成衣小组。明确分工，团结协作就是Replay团队的日常工作状态，而且他们的合作没有受到时间和空间的限制。

与众多品牌一样，每一个新系列的诞生都是从调查开始的。设计团队为了寻求灵感和网罗最新的流行趋势，他们的脚步会遍布世界各地，对于Replay来说，他们的主要战场并不是在各大秀场而是在街头，因为Replay是街头是最新流行趋势的发源地。设计组会将新系列的主题元素以及主要的面料罗列在概念展板上，并和设计研发组一起挑选面料和主要配件，随后就是制作单品的实物原型并给产品定价。每一季不同的创新方式、水洗方法以及新的牛仔布料都是制胜法宝。如图8-6所示，2014Replay春夏新装演绎街头牛仔时尚。

图8-6　2014年Replay春夏广告片（图片来源：新浪时尚）

Replay在中国的竞争很激烈，其第一家中国零售店位于上海的淮海中路，2012年，中国第一家Replay旗舰店在北京三里屯太古里开张。目前为止，Replay在中国的19个城市拥有36家零售店，在北京老佛爷百货的新店也刚刚开业。

在中国，Replay拥有零售、批发和电子商务三种渠道，电子商务平台是近期开发的，目前主要是在天猫上，同时涉及其他的电商平台。批发商主要集中在没有Replay零售店的城市，比如成都、重庆、长沙、厦门、西安、福州、贵阳、杭州和南京等城市。

对于Replay来说，中国还是一个新的市场，而且在中国市场上品牌竞争也很激烈，比如同样来自意大利威尼托大区的Diesel就是最直接的竞争对手。面对竞争，Replay一直通过不断地创新来巩固自己的优势，满足和引导消费者的消费需求。例如这一季提出的Laserblast技术，能够在创造出多种效果的同时节约能源，减少85%的用水量，还在产品中运用了新的处理方法，形成一种全新的做旧效果等。

日前，Replay与西班牙巴萨足球俱乐部签订了为期四年的合约，成为其服饰和鞋履的官方赞助商。不仅是寻求此类合作，在未来，将努力构建更多更有效的传播沟通渠道，通过多样的渠道和活动来打动不同类型的顾客。例如加强与传统媒体的合作，与数字营销平台特别是社交网络的潜在用户和关注者进行沟通等。

2. 品牌点评

Replay所处的竞争环境中有强势品牌Diesel，这个品牌虽较Levis'不那么历史悠久，但个性鲜明独树一帜，还有CK、jeans，以无所畏惧的性感风格著称。相比较而言，Replay的街头个性以及强调产品设计以及环保理念，在竞争的这个生态环境中自成体系。在竞争市场上，只要有生存的价值，不断通过各种途径努力将这种价值发挥得淋漓尽致，就不会被市场淘汰，Replay是一个很好的示范。

资料来源：（《服装时报》杨晨颖）

思考题

1. 分析国外"快时尚"品牌在我国服装市场竞争中占得先机的原因。
2. 选择一例说明品牌生态的概念。

创新性策略之理论与方法——

品牌策略：以营销思想规划品牌

课题名称：品牌策略：以营销思想规划品牌

课题内容：1. 类型化定位策略

2. 流行化设计策略

3. 符号商品营销策略

4. 品牌化延伸策略

5. 新媒体渠道策略

课题时间：3课时

教学目的：说明对策略不同的理解和应用以及应用策略的条件；说明适用于当前我国服装市场的品牌策略及其实践与理论根据；说明对于服装品牌而言，策略之"新"是如何体现的，与哪些市场特点和消费观念有关；比较不同策略的作用机制与效应。

教学要求：1. 举例说明品牌的类型化与生活方式与消费观念的相关性。

2. 通过举例比较品牌的流行与产品的流行的异同，并说明其中的原理。

3. 举例说明"符号商品"的概念及"符号商品营销"的经营思想。

4. 充分举例说明品牌化的概念和适用条件。

5. 说明"上线"热潮的社会、市场与文化背景，分析品牌"上线"的要点。

教学方式：理论讲授、图例示范、案例讨论与分析。

课前准备：阅读参考文献并重点了解以下概念：品牌价值、核心价值、衍生价值等；调研佐丹奴、班尼路、美特斯·邦威、森马、吉普、杰克琼斯、卡宾、宾宝、ONLY、艾格、VEROMODA、欧时力、木果果木、ESPRIT、圣迪奥、裂帛、利郎等品牌专卖店；阅读有关专业杂志和学术期刊。

第九章　品牌策略：以营销思想规划品牌

　　品牌策略是对品牌发展方向和途径的全面规划，而它的核心思想是对市场营销策略的创造性运用。

　　本章要强调的观点是：品牌策略不仅是企业围绕品牌建设所确立的战略思想和实施方案，更是根据市场变化所采取的对策，因此具有鲜明的针对性、阶段性和时代性，也就是说，品牌策略必须针对具体问题，结合品牌发展所处的阶段，以及外部环境的时代特点来适时调整，不断发展，敢于创新。可以说，企业在经营品牌的过程中所采取的策略，有奠定品牌基础的基本策略，有体现品牌个性的竞争性策略，而真正作为品牌策略的核心层，则是立足于品牌价值与形象的维护和发展，应对时代挑战的创新性策略。从这个观点出发，本章将结合我国服装市场的现实情况和发展走向，着眼于典型性问题，探讨具有规律性和实用性，能够解决当前主要问题的服装品牌策略。

　　那么，如何才能使品牌策略符合市场对品牌发展提出的要求呢？显然，应该从品牌的本质出发，坚持将品牌营销当作品牌策略的核心任务来考虑，因为，营销的观点既是创造价值的观点，也是与市场相结合的观点，更是创新与传播的观点。

　　传统的市场营销理论认为，市场营销就是将产品、价格、渠道和促销四个基本要素的作用综合运用使之实现消费者的价值感知，从而促成交易即价值的实现。应该说，迄今为止这仍然是体现市场营销本质的经典思想，完全可以作为品牌营销的理论基础。以此为出发点，结合品牌的本质和服装市场现状以及服装品牌发展的走向，本章将品牌策略的基本思路确定为：以品牌分类为基础，以发展模式为引导，以感知价值为核心，以符号创新为手段。按照这一思路，将适合当前现实情况、体现我国服装市场发展前景的服装品牌策略具体表述为以下五个方面：类型化定位策略、流行化设计策略、符号商品营销策略、品牌化延伸策略和新媒体渠道策略。

第一节　类型化定位策略

　　定位是品牌的核心要务，而且品牌必须跟随市场的变化调整它的定位。也就是说，定位不仅是服装品牌首先要考虑的基本策略，更是需要随机应变的创新性策略。当今的服装市场有一个非常显著的特点，即服装消费的类型化，也就是说，成为消费热点的服装总是归属于某一个类型，并且，人们往往将其冠以某个时尚的名称以便表达和传播，当这个现象成为一种趋势时，消费者更多的是依据类别称谓对商品进行取舍。例如，当消费者需要一件舒适、轻便、用于活动或外出旅行的服装，在市场上会发现满足这些要求的服装有许多可供选择的款式，但它们分别类属于运动装、户外装、休闲装等不同品类，于是，对款式、功能的选择就自然地变成了对类型的选择。今天，作为一种能够在市场上流行的类型，它往往代表一种生活方式，而不是代表款式和功能。正是与这种变化相适应，品牌的类型化便得以发展，目前已经发展成为一种趋势。在这样的情况下，定位策略便面临着一个新的问题，即在新类型不断涌现的市场环境下，必须围绕"类型化"的概念进行思考。作为策略而言，就要选择代表市场热点的类型，进而对该类型提出自己的表达方式，也就是说，要表明自己是这个类型中的一个有特色的代表，而且，所采取的表达方式必须具有不同一般的号召力，才能使消费者产生足够强烈的感受和认识。

一、市场的类型化趋势

在服装市场上，曾经混沌一片的产品、品牌和经营模式，就好像点进卤水的豆浆一样，立刻凝结成大小不等的豆腐块儿——变得泾渭分明了。纵览市场，类型化已经成为今天的一个重要特征，并且日渐鲜明，发展成为一种趋势。这其实反映了服装市场的一个发展规律：在某一细分市场刚刚形成的时候，消费者开始认识并接受某一品类的服装，一种潜在的流行也在酝酿之中，敏锐的经营者会发现这一动向，开发新的产品并在市场上大量投放，这是一个以创新取胜的阶段，新产品促进了市场的扩张；市场扩张便造成了流行，也造就了一批流行产品的模仿者，这是一个以流行取胜的阶段，也是产品同质化快速形成时期，由于流行吸引大批产品涌入市场，市场的饱和期也就到来了；同质化在市场饱和的情况下成为制约发展的因素，经营者的效益因而显著下降，分化时期如约而至：有条件的经营者通过开发新的品类，去开辟新的细分市场，更多的则选择了类型化之路——通过化整为零，使这个细分市场保留着一定的发展空间。由此，可以得出类型化的确切含义：在同一细分市场出现不同类型的现象及其趋势。

最为典型的类型化就出现在我国的休闲装市场上，在这个规模相当庞大的细分市场上，一度所有的品牌都是款式相似、面料相仿、价格不相上下；而且，店铺形象、营销方式、促销手段也几乎没有差别。概括起来就是：目标市场重叠，产品定位相似，传播手段雷同，销售渠道相近。这使得品牌竞争日趋激烈，企业的生存空间日渐狭窄。然而，由于类型化的发展策略，许多品牌找到了自己重新定位的方式，情形也由此而发生了转机：市场容量得以保持甚至继续发展。

目前，比较具有代表性的类型化休闲装品牌可以分为：大众休闲、时尚休闲、主题休闲、商务休闲。这些品牌都是因为采取了类型化的策略，才争取到各自的发展空间。

具体来说，定位于大众休闲的品牌坚持了一贯的品牌表达，将感知价值更加清晰地落实在平常款式、平实价位、普适随意、舒适方便等概念上，满足了最普遍的消费需要，成为休闲装基本概念的坚守者。其中的代表性品牌有：佐丹奴、班尼路、美特斯·邦威、森马。

定位于时尚休闲的品牌以时尚概念为品牌的价值点，强化感性元素的作用，以设计为主导因素，在迎合当前流行的易变性和感性消费的市场趋势中占得了一定的先机。由于突出了品牌的形象感和服装的风格特点，此类品牌并不兼顾男装和女装，男装的代表品牌有：吉普、杰克·琼斯、卡宾、宾宝；女装代表品牌有：ONLY、艾格、VEROMODA、ME & CITY、欧时力。

定位于主题休闲的品牌以个性化为核心价值，倡导不拘一格的消费理念和形象生动的品牌风格，并且，以某一概念为品牌规划和产品开发的主题，品牌名称也各具特色，具有很好的联想性和象征意味。其中，有充满童趣的木果果木，崇尚简约的圣迪奥，倡导低碳的ESPRIT，表现中国风的裂帛，号称"棉麻艺术家"的茵曼。

商务休闲与其说是从休闲装中分化出来的类型，不如说是从传统男装中分离出来变身为休闲装的一个新品类。在品牌传播中，此类品牌一般以商务、时尚为标志性口号，在品牌风格上体现出既典雅又随意的形象特点，消费者定位则是围绕商业职场的人士进行细分。其中的代表品牌有七匹狼、利郎、劲霸。

通过休闲装的例子可以清楚地看到服装市场的细分规律，同时，也从一个侧面看到了服装品牌策略的一个趋势。为了明确区分产品策略和品牌策略在原理、方法及作用上的不同，有必要对以上分析进行一个简要的概括，如图9-1所示。

图9-1并不是根据统计数据描绘而成的，只是反映市场变化趋势的示意图，用于说明通过品牌分化解决市场同质化问题的原理。

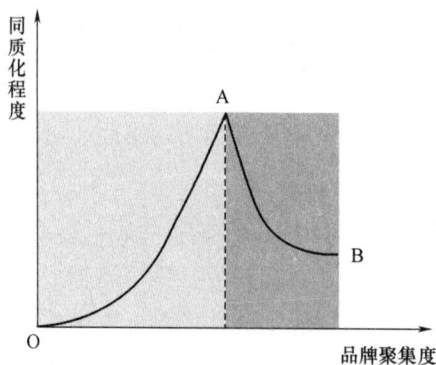

图9-1 同质化市场的品牌分化

图9-1中的曲线O～A表示市场上产品同质化程度处于上升阶段，它与品牌的聚集度密切相关，这反映出当大量品牌集中于同一个细分市场时，由于产品的标志性特征已经形成并成为品类识别的依据，所以，参与竞争的品牌都采用典型化的产品设计方案以表明自己

的市场定位，这样就必然出现互相模仿的情况，如图9-1所示，在A点，同质化达到最高点。图9-1中的曲线A～B显示了一个根本性转折：虽然品牌聚集度仍然有增无减，但产品同质化程度则处于下行区间，这似乎是由于产品创新的结果。然而，今天服装市场的实际情况是：通过产品创新来实现这样的目标可能性很小。那么，唯一的解释就是：由于品牌采取了类型化策略，从而使消费者对不同品牌产生了不同的感受和认知，以至于从主观上得出在某一细分市场上参与竞争的服装品牌的产品各不相同的认识。也就是说，产品同质化程度的下降是一个假象，这是由于消费者对品牌的认知差异弱化了对产品同质化的感觉。可以说品牌类型化是一种非产品因素的分化现象，由此而实现了市场的进一步细分，从而扩大了市场的实际容量。从本质上讲，消费者对不同品牌产生认知上的差异，是认知心理在品牌认识上的一种具体表现，这也正是运用类型化策略的理论依据。这个示意图直观地表明了品牌实施类型化策略的可行性和重要性，并且，说明推行品牌的类型化策略远比进行产品创新更加有效。

如果探究一下原因的话，这是由于生活形态的不同使消费者对服装品牌的感受和体验方式存在一定程度的差别，这种差别足以影响以至于决定他们对品牌的认识和偏好；进而，由于消费行为的分化，消费者对市场上普遍存在的产品雷同现象并不留意，或是视而不见，这是一个值得关注和深入研究的现象。

二、定位与表达

通过以上对市场上休闲装品牌的分析，可以归纳、总结出适用于产品同质化问题的类型化定位策略的构思及运作方式，进行概括后可以得出以下几种方式，即淡化品类界限的策略，增加产品功能的策略，独创感性元素的策略，表现品牌个性的策略。根据这些策略所采取的具体手段的不同，又可以分为设计型策略和传播型策略，设计型策略侧重于开发设计和直观感受的作用，传播型策略侧重于品牌形象的塑造和联想的作用。这些模式并不仅仅适合于休闲装品牌，这些原理完全可以推而广之，在其他细分市场进行推广和应用。由此还可以归纳出两个基本认识，其一，同质化是普遍存在的问题；其二，引导消费者对品牌差别化的感知是解决问题的关键。

事实上，同质化在市场发展的初期是必然的也是必需的，只是当同质化达到一定程度才会使品牌竞争趋于激烈甚至发展成为恶性竞争，所以，对同质化的识别和控制是企业必须做好的事情。进一步讲，同质化不仅是程度问题，而且具有不同的表现形式。例如，休闲装市场的同质化更多地体现在产品层面，而时装的同质化就会集中在流行元素的运用上，华服的同质化则主要表现在产品风格及其文化寓意上……其实，在可以感知的任何一个方面以及实施中的每一个环节都存在同质化现象，而任何一种形式或任何一个方面的同质化都有可能通过类型化策略而化解。

作为类型化定位策略的关键，如何才能让消费者感知上面所说的差别，是一个必须回答的问题。从中国服装市场的现实情况来看，与其试图去"发现一个新类型"，不如设法

"找到一个新的创意点"更符合实际，而所谓的"新"，往往来自于一种独具特色的表达方式，这种方式能够给想象和理解插上翅膀，使人产生全新的感受。

例如，可以设想将一个品牌定位于运动装、休闲装和户外装的中间地带，它的产品特征是很容易把握的，即：既有运动装的舒适、随意，又有休闲装的洒脱、个性，更兼有户外装的功能性。将这些特点集中体现在产品上并不难，然而，要使消费者明白设计意图，对产品有所理解却并不容易。按照"以新的方式进行表达"的思路，可以这样来确定创意点：即选择一个定位的基点，再围绕这个基点选择一个能够表达上述特征的概念，问题就会迎刃而解。例如，将上述产品称为"轻型户外装"，表示该产品定位于户外装，但在功能性上并不追求十分专业，而是兼顾必要的时尚感和随意性，这个名称从字面上可以区别于运动装和休闲装，又表明了与普通户外装的差异，因此，可以作为一个新品类来推广。

还可以设想在一个女时装品牌的产品系统中增加一系列感性强烈的组合，通过对款式、色彩、装饰等设计元素的运用，创造一种极具角色化的服饰形象，从而打破原有产品系列的沉闷格局，再利用一个命名为"cosplay"的新品类作为品牌形象的亮点，从而使品牌的形象定位更加感性，在原有的时尚化基础上增加灵动的设计和新的元素，由此便可以实现类型化的创新目标。

再比如，图9-2所示为法国女装品牌卡夏尔（Cacharel）2013年春夏发布会上展示的款式，从设计风格上看，属于唯美、雅致和清纯的类型，可以用"优雅"来概括。

图9-2　卡夏尔2013年春夏系列（图片来源：*VOGUE*时尚网）

优雅是一种具有广泛认知度的由服饰风格和行为举止所体现的气质类型，除了优美、精致、乐观大度、卓尔不凡的形象外，非常重要的一个特征就是知性和从容，是一种发自内心的高贵与淡定。卡夏尔的设计很好地表现出优雅的形式要素，而在服装的神韵中融入了年轻人特有的纯真、热情和期望，表现出不经世事的单纯、毫不做作的自然和对美好的追求，使传统意义上的优雅多了一份活力和率性。如将其定义为"纯真的优雅"，就可以作为品牌定位的类型化特征加以传播。

品牌创意：畅想"地平线"——通过渠道创新创造品牌传播新语境

1.概述

品牌名称："地平线"；品类设定：户外装；创意点：选择不同一般的渠道。

作为户外装品牌，产品以围绕户外运动、休闲旅游、健身锻炼的款式及功能设计为宜。鉴于目前户外装市场的竞争格局，即专业化和大众化方面均有强势品牌进入市场，并且已经取得了较高的知名度和美誉度。该品牌的基本构想是：另辟蹊径，利用户外装与汽车用品的高度相关性，将消费者定位于爱车一族，亲近自然，喜欢自驾出游和举家外出活动的消费群体，进而将产品定位于具有户外装的基本功能，适当融入流行元素，强调舒适性、通用性特点的"时尚化轻型户外装"，并且，突出以下设计思想：一是强化系列感和产品的丰富性，以满足不同旅游目的地的环境及路途需要；二是强化标志性和鲜明、独特的款式，以满足团队进行团购的需要，同时，引入亲子装设计模式，满足家庭购买的需要；三是在品牌形象规划中，充分考虑爱车一族的心理特点和消费模式，充分运用自然环境和辽阔遥远的意境，创造开放、积极、充满活力和探索精神的心理体验；最终将品牌营销定位于汽车用品营销渠道如汽车用品专卖店、汽车用品超市等，档次定位参照中高档消费级别。

2.设计要点

产品设计具体构思为：围绕"地平线"的概念，以五个地理方位划分产品系列，分别是山峦、草原、江河、大海、冰雪，并分别命名为"志超绝顶"、"纵情海滩"、"快意江河"、"放歌草原"、"驰骋雪野"；进而按照以上主题拟定产品开发方案，对应开发五个服装系列（户外运动装、时尚休闲装、运动休闲装、泳装和沙滩装、登山装）以及饰品与装备系列（基本旅游装备如护目镜、旅行包、水壶等，轻型户外运动装备如帐篷、登山鞋、安全防护用品、钓具等，风格化服饰品如帽子、手表、首饰等），设计品牌LOGO以及标志色，标志色将橙色、蓝色、黄色、绿色、红色五个基本色组成一个五段彩虹式色阶，对应五个服装系列，并作为品牌识别标志之一。

在产品款式设计、面料选用上以及辅助产品设计上，均可参考市场上成熟的产品形式，要把创意重点放在产品组合和品牌形象上。

3.创意点评

该品牌创意以渠道创新为切入点，将服装卖场移植到汽车用品市场，从产品功能的角度与汽车用品构成一个密切相关的体系，从品牌形象的角度与消费者的理想与生活以及联想特点相互呼应，有助于树立一个感受强烈、寓意深刻、体验充分的品牌形象，而这一目的的实现主要依靠汽车用品市场所提供的特定语境和消费者明确的消费诉求，基于这两点，便可以有效地引导消费者对品牌的理解、认同和消费，进而树立和巩固品牌形象，强化品牌的市场地位。从根本上讲，这一创意的核心在于实现了类型化的品牌定位策略，既能够借助成熟的户外装市场对户外装概念及其消费时尚的推行，又可以利用渠道创新与目标消费者建立密切的关系，从而使品牌传播更加明确和深入。

第二节　流行化设计策略

　　从品牌策略的目的和意义出发，设计一词的含义将有所扩展：从内涵上讲，设计既是品牌的起点，又是维护品牌形象的工具，更是创新品牌概念的手段；从形式上讲，设计的基本任务就是以不同的方式对于贯穿品牌各个层面的感性元素进行构建、重构和创新，从而使品牌获得一个立体而又鲜活的形象体系。

　　结合前面章节的内容并综上所述，应该将品牌设计的主要指向确定为流行化设计，这是因为随着流行变化的加速以及消费者感性需求的不断提升，一成不变的品牌形象及其表达形式必然使人感到陈旧和乏味，甚至于随着设计语言的流行化对语境的影响，原有的品牌符号已经不能很好地实现其意指功能，将无法满足品牌传播的要求。所以，有必要通过流行化设计来寻求品牌形象的生动性和新奇感。在现实条件下，应该将流行化设计策略作为品牌策略最基本的一个内容，给予足够的重视。

　　就服装品牌而言，所谓流行化设计，即选择具有流行特征的设计元素和感性素材来表达品牌概念和传播品牌形象，在此，流行和感性是两个关键词：流行特征是流行化所要求的，这一点毫无疑问，而感性则是消费者的感受方式和感受习惯所要求的，这一点需要很好地理解和体会。事实上，当设计元素既具有感性特点又符合流行特征时，往往会由于其广为人知的象征意义和时尚概念，使消费者产生更为强烈的感受，从而留下鲜明的印象。

一、唯一的经典就是改变

　　站在形象和设计的立场，对经典有两种不同的理解，一种是存在于历史和传统中已经凝练成为典型的范例，另一种则是关于设计的哲学，它所倡导的是一种通过不断的改变，从而能够以一种新的形式来表达那些已经成为经典的审美形象和价值符号。也就是说，要不断创造出新的表达方式和样式，才能使经典的形象永远鲜活，长盛不衰。就品牌策略而言，通过改变使经典得以发扬光大，具有更大的现实意义。

　　然而，改变绝不是朝三暮四的随意而为，它必须体现对价值观的继承和发扬，但改变也绝不能轻描淡写，它必须要精心打造一艘感性之船，承载着经典及其所代表的价值体系驶向未来。

至此，不能不提到李宁（LI-NING）的改变。作为中国体育运动服装品牌的标志，李宁创造了许多令人称道的成就，其品牌形象早已深入人心，因此长期以来在市场上占据了稳固的地位。但是，随着国外品牌在中国市场上扩张战略的推行以及本土品牌借助国内经济发展的大好时机奋起直追，李宁面临着越来越多的挑战，逐渐进入了发展的瓶颈期。对于李宁而言，发展的真正含义应该是升级而不是扩张，而市场扩张也确实使李宁的升级受到拖累。于是，寻求改变成为李宁面临的首要任务。李宁的创意团队非常准确地提出了"让改变发生"的创新理念，并且将其作为新的品牌口号和广告词。应该说，李宁随之展开的一系列变革措施和品牌策略应该都是审时度势的结果，从程序和手段来说不可谓不专业，从思想和意识来说也不能讲不深刻，然而，改变带来的效果却并不理想。

当我们站在市场和消费者的角度观察和分析李宁的改变，除了重新设计品牌LOGO、改变广告词之外，以品牌传播而论，在产品符号、商品符号和品牌符号三个层面都没有令人称道的突出变化，这便使得"让改变发生"成为一句空谈。

其实，"让改变发生"是非常准确的判断和正确的选择。就李宁在中国市场上的发展历程看，它的消费者从"50后"发展到"00后"，足有六"代"之多，如果再加上变化日益迅速的时尚观念带来的影响，消费者的分化情况远不止于此。当然，不断推出的新产品，不断开展的品牌推广和活动营销，都旨在使品牌跟上时代的脚步，始终保持在消费者心目中的地位。但是，万变不离其宗是品牌经营的一个基本原则，可以改变的有许多，不可以改变的只有一个，这就是品牌的精神，也可以叫品牌基因和品牌之本。

李宁所代表的精神，也是作为品牌的立身之本和成功之道，就是中国人对于体育的一种情结：曾经长期以来被称为"东亚病夫"的中国人，在国家的竞技体育非常落后的时代，对于体育运动所象征的自信和力量有突出的理解和感受，因此，在很长的时间里，中国人不会像西方人那样把体育运动视为游戏，而是当作一种精神寄托，是比胜利还多一层含义的光荣。所以，对于能够为国争光的体育明星就会有更深一层的感情。李宁正是在这样的思想背景下成长起来的民族品牌。然而，随着时代的发展，中国的国情也发生了巨大的改变，全球一体化的经济模式和基于互联网的世界文化的融合，使审美与价值观日益走向多元化，"新人类"和"新新人类"的更迭超乎想象地迅速。在此背景下，李宁的改变势在必行，却又必须坚守精神的领地。李宁需要做的，就是把自己所体现的经典——属于中国人的自信和力量，在新的语境下给予新的诠释——这一定是超越了体育的，深入到每个中国人生活中的，对于美好生活和幸福未来的一种向往和体验。

事实上，无论李宁的创意团队对于改变的理解包含了哪些内容，但终于未能把握住一个法则，即：将经典付诸于变化，以感性引导理解，让感知树立形象——这应该就是流行化设计的法则。因此，李宁的"让改变发生"只是品牌发出的一句呼唤，是一个期待，而不是通过生动的符号表达，产生于新一代消费者内心的一种信念与情感的寄托。

二、设计语言

结合以上的分析，将用于设计的语言体系具体介绍如下。

由于流行化设计主要是对视觉元素的运用，所以，首先要提到视觉传达的概念，以视觉传达作为研究角度来分析设计语言，需要涉及以下三个层次。

其一，设计元素的提取。设计元素是取自于品牌构成的各个方面的视觉素材。例如，属于品类和产品的款式、面料，属于文化背景的图案、风格，属于定位的工艺、商品组合，属于符号的标志色、道具等，所谓提取，则是要求选择某个方面的某个细节和特征，如款式中的领型、面料中的纹样等。作为提取的原则，要求必须满足两个基本条件：一是这些元素能够代表某种属性和特征；二是这些元素能够有机地结合成为一个整体，并且符合视觉美感的一般标准。

其二，设计构思与创意。即选择适当的视觉元素，将其集合而成为一个画面、一种形态或一个场景，使之在呈现某种形式感的同时能够代表某一事物。在此过程中，需要尝试、比较不同的形式，尽量追求新颖独特的感觉和明确清晰的表达。

其三，设计表达。设计表达是实现构思与创意的成果形式。需要对视觉元素进行复制、抽象、替代、变形等处理，使之成为设计元素，即可以直接用于某种表达的形式，进而在设计法则（即形式化法则）的指导下，运用设计元素组合成为某种视觉形式，如照片、绘制的设计图，实物场景如店铺的橱窗、商品的展示形式等。设计表达是通过创造某种视觉形式，经由视觉形式使人产生的联想、想象和理解等心理活动，实现对某个概念、事物、观念的表达。为此，要求设计元素尽量概括、典型、鲜明，并且，表达的意思清楚明了。

对于视觉传达而言，设计语言就是一种以形为本，以物寓意的形式语言，其特点是利用设计创意启发人的理解而实现表达。

如果从语言学的角度分析设计语言，可以分为：语构——感性材料或设计元素，组合方式及其规律性；语义——形式语言所表达的意思、概念；语用——表达的目的，适用的环境，以及在应用上的创新。

通过以上两个角度的分析，就可以很方便地说明第三个设计语言体系，即符号学的体系。本书在前面的章节中已经运用到符号学的原理和方法，对于设计语言来说，符号学是一种非常简单且实用的工具。相对于视觉传达，符号学用符码来表示设计元素，也就是说，它是经过提炼和抽象化的视觉元素；用能指表示由设计元素集合而成的视觉形式，用所指表示视觉形式所表达的概念或事物；能指和所指统称符号，是设计语言的一种形式。相对于语言学，能指即为语构，所指即为语义，符号的设计、创意即为语用。可见，运用符号学可以更简单方便地说明设计语言的概念。从原理上讲，符号学与其他设计语言并无本质的区别，而只是思考的方式与角度有所不同。符号学不强调技法，而是更加注重表达，即它对于符码的运用非常灵活，较少受到形式化法则的限制——这正是符号学作为设计思维的一个重要特点。

在全面理解设计语言的基础上，再分析流行化设计并加以运用就会很方便，而运用符号学来构思和创意则更为便捷。可以将流行化设计以符号学的思想表述：流行化设计就是在符号创意时加入一个流行性符码的设计方法。

例如，在构思一个旨在表达品牌定位的橱窗时，可以利用表9-1的形式将各个符码逐一列出，同时显示出各个符码的寓意，以及符号的层次和结构，即具体指明这些符码是如何集合而成为符号的。

表9-1　橱窗设计实例

符号分解 符码类别	1	2	3
服装单品	九分裤（雅皮）	七分袖衬衫（新潮）	
服饰品	帆布运动鞋（活力）	领带（规范）	
道具	企划书（商务）		高档提包（身份）
橱窗背景			地铁通道（都市化）

这个设计方案采用了表格化的表示方法，其中，表格的横向表头表示橱窗符号的三个分解单元，它们集合起来便可形成符号；纵向表头为符码所属的四个类别，即符码提取自这四个方面；表中内容为符码及其寓意——即括号中的概念。整个表格表示了一个橱窗的全部内容，其意指为：定位于新锐商务精英的休闲男装品牌。该设计的要点在于"七分袖衬衫"，正是由于这个符码的加入使流行化得以体现。该设计方案也清楚地表示了流行性符码的应用方法。

站在服装品牌的角度归纳流行化设计的着眼点，主要可以在以下几个方面加以考虑：审美形态、品类属性、品牌定位、文化类型和个性塑造。只要在设计中真正表现出感性特点，并且恰到好处地运用了流行性符码，设计创意就会达到应有的效果。

案例：点睛之笔——男装品牌平面广告创意练习

该练习是借用Thoms Pink的平面广告加入流行性符码改造而成的平面设计。这个设计非常简单明了，图中包括三个层次的内容：一是品牌属性符码，即经典男装品牌；二是背景画面中的企鹅形象，以此寓意绅士和高雅的气质（对绅士的独特解读）；三是流行性符码，即一个卖萌的小企鹅——"萌"的形象与经典男装形成反差，由此体现与时俱进的品牌理念，如图9-3所示。

（设计者：临沂大学美术学院动漫专业12级王琪，指导教师：孙美芹）

图9-3　男装品牌平面广告

第三节　符号商品营销策略

符号商品就是指那些以它所代表的意义作为价值点，从而在营销中实现价值的商品。在消费社会，品牌本身就是符号商品中最重要的一种。

在高度同质化的时代，需要一条裙子的消费者，如果以"裙子"这个商品条目作为搜索目标，一定会有数不清的同样款式、同样质量、同样风格的裙子出现在这个条目下，这必然让她无所适从；如果再增加一个限制条件，例如她说自己想要的是一条代表优雅的裙子，又会有数不清的裙子都以优雅的名义呈现在她面前；如果她打算作一番比较，看看哪个才是真正的优雅，便会面对诸如经典的优雅、时尚的优雅、个性化的优雅等无数对优雅的权威解释……

事实上，用一种款式和一个品类来代表某个概念，象征某种生活方式，体现某种价值的时代早已经过去，取而代之的是以一个品牌作为某个概念的象征标志。这是由于品牌的本质使然：所谓品牌，就是一种内涵丰富而复杂的概念集合体，因此，每当提起一个品牌时，首先浮现在人们脑海里的就是这个品牌的形象，它是在人的联想与想象中借助形形色色具有符号特征的表象勾画出来的概念和意义。由于品牌可以包容和承载无数的意义，因而便成为消费者复杂多样的观念和情感的寄托。当品牌以一种形象出现时，由此代表了一种生活方式，而这种生活方式又被涂抹了价值的色彩，它便成为了符号商品——可以把某个概念和市场价值联系在一起。

深刻认识品牌这个符号商品的特点，才能真正理解品牌营销的实质，从而实现效益的最大化。这无疑是一个非常重要的策略。

一、符号商品的特点

就市场特点而言，把今天称为符号商品时代是再贴切不过了。这也说明，深刻认识符号商品的概念及其意义是时代的要求。要想真正理解符号商品的概念并把握其特点，莫过于从理解符号消费的概念入手。所谓符号消费，是指消费者对商品价值的诉求不在于它的实际功能、特性和质量，而在于它所象征的概念，即消费被赋予的意义。其实，用日常消费中最普通的例子就可以很容易地说明什么叫符号消费。如果说买一瓶饮料属于有形商品消费或称为实物消费的话，那么，在情人节买一束玫瑰就属于符号消费——虽然它同样体现为实物形式，但它的价值并不是由花朵而是由它所象征的爱情体现出来的。再比如，口渴时买一瓶可口可乐而不买其他品牌的饮料（尽管有许多可以选择的其他品牌，并且都可以解渴），这同样是符号消费的一种形式，也就是说，这是以品牌（可口可乐具有排他性）而不是以效用（解渴是所有饮料共有的效用）作为选择的依据。至于无形商品中的服务消费，同样有无数符号消费的例子。参加旅行团的游客们在许多情况下并没有欣赏到旅游手册上介绍的美景，因此也就不可能有体验的满足感和愉快的心情，这样说来，旅游的目的并没有实现，但是并不能说这是旅游公司的骗局，准确的解释是——游客们消费的其实是旅游指南上的说明。

通过以上的分析，可以进一步理解品牌的确是一种非常典型的"可以被消费的符号"，这首先是由于品牌具有排他性，因此，当提及一个品牌时，人们所想到的一定是这个品牌而不会是别的品牌；其次，由于品牌作为一个名称，相对于商品更容易表达和传播，也更容易被记住和想起，这样才有可能成为某个概念的代名词。当然，要想成为"可以被消费的符号"，首先必须能够代表一个有价值的概念。

如何才能使品牌等同于某个概念，即代表某个意义呢？一般来说，途径不外乎是让品牌能够成为一种象征，无论是象征一种生活方式，抑或是象征一种流行时尚。所谓象征，是人们用简单的标识或简明的事物来代表抽象意义或复杂情感的一种手法，它是通过人为地将上述两者联系在一起而实现的。下面的例子可以很好地说明一个象征是如何被建立起来的：

意大利高级时装公司普拉达（PRADA）通过赞助电影《穿普拉达的女王》，塑造了一个时尚杂志*Runway*的主编Miranda（米兰达）的艺术形象，影片中的Miranda是一个颐指气使，独断果敢的女强人，在职场上具有不可抗拒的统治力，而且，她只穿普拉达时装。年轻姑娘Andy进入*Runway*任职以后，在Miranda的指令下疲于奔命，几近崩溃，虽然经过激烈的思想斗争，但事业上的成就感还是使她的认识和思想观念发生了根本的转变，这个曾经充满幻想的质朴女孩儿最终蜕变成为一个行为干练、智慧出众、有信心和决心冲破一切困境的都市时尚新女性——她把普拉达女王Miranda作为模仿的榜样，不仅在职场角色上与之形神如一，而且在衣着上也以普拉达作为唯一的选择。这部影片成功地创造了一个强有力的象征：普拉达就是智慧干练、事业有成、能够掌握自己命运的职场女性的标志。

一旦品牌被赋予了象征意义，也就具备了创造价值的潜力，当它所象征的意义迎合了某种价值观，或成为一种时尚而受到推崇，它便可以体现出符号商品的价值。因此，通过挖掘品牌的符号属性，创造品牌的符号意义，进而通过营销实现品牌的价值，逐步提升品牌的价值等级，是品牌策略中最具效力的一个。

二、策划品牌符号

把市场营销思想作为指南，就可以清晰地描绘出以品牌创造价值的基本思路：创造出一系列品牌符号并使它们代表有价值的概念。在此，将来自品牌基本构成要素，为了塑造品牌形象和传播品牌信息而创造的符号称为品牌符号。正如前面所说的，策划品牌符号的出发点就是使它真正成为价值的体现者。

符号设计的一般思路是：以形式化、概念化、典型化作为基础，在今天的市场背景下，品牌符号设计必须更多地了解符号学原理，以便在感性化、时尚化方面能够有所突破。在此，需要强调的符号学原理是符号的任意性法则。

任意性是符号的一个重要特点，它表明符号的能指与所指的联系是人为指定的，也因此反映出人的符号行为是一种极具创造性的文化创造活动。充分运用任意性法则，就可以打破普遍存在的品牌符号的沉闷格局，以一种全新的感觉赢得消费者。下面介绍几个常用的创意方法。

首先是拟形法。即模仿其他品牌最具识别特征的符号形态，以便达到借助其他品牌的影响作用而表现和突出自己的目的。比较典型的例子就是体育运动品牌LOGO的创意，人们熟知的耐克（NIKE）和李宁（LI-NING）都是以一个极具动感的标志作为品牌LOGO的图形，这种以简单的图形寓意的表达方式对于启发消费者的联想很有作用，往往能给人以深刻的印象并且深入人心，久而久之，便成为一种典型化的范式。同类型的品牌一般都按照这种范式设计品牌LOGO。例如，安踏（ANTA）的LOGO是以品牌的英文名称的字头"A"加以变形处理而形成的图形，它由半径不同的圆弧交汇而成，形成充满张力的形态，使人体会到一种跳动的弹性和滑翔的速度感，如图9-4所示。安踏的LOGO设计正是运用了拟形法而使人更加容易理解和接受，这对于安踏诠释品牌形象有很大的帮助：在安踏

图9-4　安踏的LOGO诠释图

的介绍中说安踏的LOGO以极其简约、概括的手法，展现了力量、速度与美三个元素在运动中的优美组合，并从广义上喻义安踏追求卓越、超越自我的理念时，消费者对此会有很高的认同度。有他人作参考，可以有许多借鉴，使自己给人更多思考的空间。应该说，就形式感而言，安踏的LOGO比耐克和李宁更有视觉冲击力，是一个非常成功的设计。

拟形法不仅适合于品牌LOGO的创意，在店铺形象和展示设计方面同样有用武之地。

其次是系统法。系统法是根据符号设计的基本原理概括而成的一个适合于各类符号的设计方法，它将不同方面的感性素材集合起来，通过几个层次构成一个符号系统，完成品牌符号的创建。如图9-5所示的登喜路（Dunhill）的卖场展示，其构成元素包括服装、服饰品、道具（服装部件、模型、缝纫线）和环境色，不同的元素均有各自的寓意，并且相互呼应、彼此衬托，整个系统构成一个意义鲜明的品牌符号，使人感受到国际化男装品牌登喜路于不拘一格中透出的绅士气质，由传统服装美学所体现的历史积淀以及休闲情调给人带来的活力感，这种气定神闲的贵族意识足以使人相信登喜路有资格跻身世界高级男装品牌之列。

系统法同样适用于广告设计、橱窗设计、商品组合等方面。

图9-5　登喜路的卖场展示

下面再介绍场景法。场景法是通过模拟或还原生活中的场景，或是利用虚拟的情境，使人在直观面对和体验中强烈地感受到品牌的文化特色和价值取向，从而准确理解品牌符号的意义。例如，在西好莱坞Melrose大街附近有一间瑞典品牌Nudie Jeans的专卖店，Nudie Jeans以专营丹宁牛仔裤而著称，也是倡导绿色消费和自然主义的品牌。这间专卖店集中了斯堪的纳维亚和加州的文化元素，运用木梁、金属管道和明亮的自然光线来营造展示空间的氛围，店铺内以古典陈设和黑板为道具，在巨大的中世纪风格的桌子上摆放着丹宁牛仔裤，黑板上写着"修补"、"重用"、"缩减"等计划，画着限量版丹宁裤的款式……所有这些元素集中创造了一个气氛十分强烈的牛仔裤作坊，塑造了一个趣味横生且别具艺术情调的店铺形象。

场景法在专卖店规划、电视广告设计、社交媒体广告策划，特别是在虚拟空间即网络上进行场景构思时可以发挥很好的作用。

第四节　品牌化延伸策略

所谓品牌化，是将品牌的某个重要价值点或品牌旗下的一个产品系列按照品牌的概念进行开发或是发展成为子品牌，使之成为定位工具，用于丰富品牌形象的内涵，强化品牌的市场地位，并利用其符号功能，强化传播效应，从而最大限度地挖掘、利用和创新品牌价值。由于这个策略可使品牌形象得到充实和延伸，所以称之为品牌化延伸策略。

一个十分典型的例子来自法国高级女装品牌迪奥（Dior）。众所周知，法国高级女装的全球化策略包括两个重要方面，一个是举世闻名的时装发布会，分为高级定制和高级成衣两个系统，发布会分别在每年的一月和七月以及三月和九月举行，这是法国高级女装最具特色的品牌符号，除了作为品牌传播外，它在文化层面的意义更加突出；另一个是化妆品的全球推广，由于此类产品采用大众化的价格定位，在高级女装的光环下性价比非常高，因此，在市场上具有不可替代的地位和影响力，是高级女装品牌的摇钱树。1985年，迪奥的女用香水毒药（POISON）进入中国市场，以颇具针对性的市场策略作为在中国的开篇：它选用东方香型来迎合中国消费者的习惯，瓶身的设计犹如花苞般饱满而温情，色彩则选择极具象征意味的紫色，将法国式的浪漫和西方的神秘魅惑表现得极其到位。从此毒药成为知名度最高的法国香水之一，如图9-6所示。

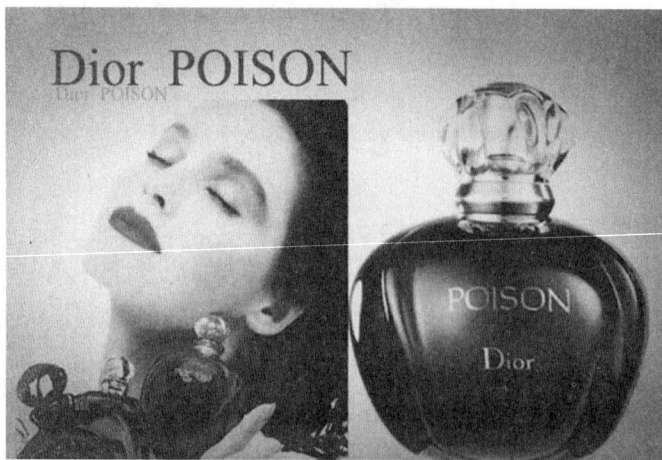

图9-6　Dior的POISON（"紫毒"）

迪奥此后分别于1994年、1998年、2004年、2009年在中国市场相继推出以绿色、红色、白色和蓝色为标志的毒药，俗称"绿毒"、"红毒"、"白毒"和"蓝毒"，与第一款"紫毒"形成系列，并称"五毒"。"五毒"均采用典雅的瓶身造型，以不同香型诠释女性神秘性感的特质，各自以诱惑与迷人的气息满足了不同的消费诉求。这个营销策略的结果是：通过广泛的传播，"五毒"在人们心目中不再是五款产品，而是变成了五个彼此相关并且各具特色的香水品牌。

一、品牌化的作用

一款产品，它的价值是特定和有限的，而且，存在贬值风险。例如，时装以流行特征为价值，随着流行风潮的改变，它的价值也就不复存在了。然而，一旦产品被赋予了它固有价值之外的意义，它就从实物商品变成符号商品，开始以象征性来体现价值，而它所象征的意义往往历久弥新，虽然时光变迁，但总会有新的内涵充实其中。例如，前面提到的"紫毒"，消费者选择它是由于"弥漫着浓郁的神秘性感而极具女人魅力"的缘故，这种在每个女性心目中有不同解释的永恒的情结仅凭"紫毒"的名字和一缕浓烈的香氛便可以充分体现，至于它的香型中有几分檀香、肉桂和康乃馨则并不那么重要。显然，品牌化的作用是将具体而有限的功能转化为抽象的概念从而创造出无限的价值潜力，是将产品变身为符号从而使之更加易于传播。

案例：迪卡侬的品类战略

法国素以体育文化的丰厚而著称，它是现代奥林匹克运动的发源地，又有诸如环法自行车赛（Le Tour de France）、法国网球公开赛（French Open）等著名国际赛事，这使得法国人对体育运动有较深刻的理解，也反映在他们对体育运动产品和品牌的策划上。

法国体育运动品牌迪卡侬（Decathlon）创立于1976年，迄今已经发展成为全球最大的体育用品零售商之一。2003年进入中国以来，迪卡侬在中国市场上的业绩快速增长，截至2013年，已经拥有分布在全国25座城市的近60家商场。事实上，在这个时期，中国体育运动市场竞争非常激烈，发展空间十分窄迫，那么，迪卡侬的卖点究竟何在？

在传统国外强势体育运动品牌耐克和阿迪达斯等极力推行大众化营销的市场背景下，相对处于劣势的国内品牌开始尝试重新定位，并相继走出了分化求存的道路，也都取得了一定的成效。国内品牌在市场上的分化策略客观上提升了消费者的专业化和个性化要求，这恰好为迪卡侬的营销策略提供了机会。

具体而言，迪卡侬的基本定位同样是在大众化市场——这是寻求快速增长的必要条件，它所采用的超市连锁经营模式非常适合大众化的商业推广，"自助式""一站式"等特点，也体现了当前大众化服装市场的主流。然而，这些都不是迪卡侬取胜的关键所在，真正的原因是由于迪卡侬很好地实现了大众化与专业化的统一，以及专业化的实际体现。而实现这些目的最核心的手段就是实施了品牌化策略：迪卡侬发挥了体育文化强国的优势，把所有的体育运动进行了分类和筛选，从中选出了最具代表性并且兼顾了普及性和时尚型的65项运动作为产品开发项目，同时将服装和装备进行了有机地整合，形成了迪卡侬的产品体系，包括20个品类和35000多种产品。然而，这只是迪卡侬策略的第一步。关键的一步是迪卡侬将20类产品均作为子品牌来经营，分别确定了品牌名称、主营品类和品牌表达。迪卡侬的这一举措实现了以下目的：首先，运用"以品牌来表达"的传播方式，使它的20个子品牌自然而然地被消费者所认同；其次，品牌化的运作方式给人以专业、特长的印象，也就是说，它通过品牌化运作打造了20个各具特色的专业符号；再次，它将20个子品牌整合成为一个商业集群，创造出一个"集大成者"的形象，有效地强化了品牌的专业性，迎合了这个阶段消费者的消费心理。与此同时，也构建了一种营销模式，无论是称之为"一站式"还是"自助式"，总之，完全迎合了当前消费者习惯的消费方式，也由此表明了迪卡侬品牌定位的大众化特点和时尚性。上述三个举措使迪卡侬的品牌化策略首尾相顾，环环相扣，合理有序，因此，特色鲜明，效果明显，堪称范例。

表9-2具体说明了迪卡侬品牌化策略的具体情况。

表9-2 迪卡侬经营的20个子品牌

品牌名称	主营品类	品牌表达
Quechua	户外系列（冲锋衣、外套等以及背包、帐篷等户外装备）	户外运动的天堂
Tribord	水上运动系列（航海、冲浪、潜水等方面的服饰与设备）	水上运动的乐园
Kipsta	团队系列（排球、橄榄球、手球等球类服饰及用品）	团队运动的首选
Kalenji	跑步系列（跑步机、跑鞋等跑步用品）	跳跃的音符，运动的快乐
Artengo	小球系列（羽毛球、排球、壁球等高性能装备）	球拍之舞，乐趣无穷
Domyos	健身系列（个人健身、格斗类运动服装和器械）	最舒适的运动体验
Inesis	高尔夫系列（高尔夫装备与服饰品）	高贵的运动，典雅的生活
Geologic	自然运动系列（钓鱼、打猎、射箭等服饰及用品）	贴近自然、放飞心灵
Btwin	自行车系列（自行车装备及其相关用品）	轮上精艺，速度之美
Nabaiji	泳装系列（游泳装及用品）	水中的缤纷世界
Newfeel	步行系列（简单、舒适又时尚的步行产品）	最自然的精神旅途
Wed'ze	滑雪系列（滑雪运动的相关产品）	白雪世界的竞速者
Fouganza	骑马运动系列（与骑乘、马术相关的产品）	马背风采，御风而行
Simond	登山攀岩系列（登山攀岩装备）	超越巅峰的享受

续表

品牌名称	主营品类	品牌表达
Caperlan	垂钓系列（钓具及相关产品）	别具一格的自由与宁静
Geologic	目标运动系列（安全、敏锐的产品和服务）	精确如丝，体验无极
Solognac	野外系列（野外生存装备）	探索与冒险的旅程
Oxelo	滑行系列（轮滑、溜冰及滑板运动产品）	快乐飞旋的心灵舞者
Aptonia	防护系列（防寒保暖、护腰等专业类护具）	最精心地呵护，最自由的运动
Geonaute	监测系列（运动心率表等运动电子产品）	运动与科技一同飞翔

二、品牌化的方法

明确了品牌化的定义，就不难理解品牌化的方法。一般来说，品牌化就是将具体的品牌价值抽象化的结果。例如，一个体育运动品牌以"智能化缓冲气垫"的创新技术作为鞋类产品的价值点，那么，如果将"智能化缓冲气垫"抽象为"全程呵护"的概念，进而运用"以品牌来表达"的方式传播这个概念，可以将其表述为"全程呵护，就选某某品牌"，这样，"全程呵护"就可以被当作一个消费理念或价值观的象征，也就有可能成为消费的对象。如果一个概念能够成为消费对象时，被消费的一定是它所代表的意义。此时，这样的一个概念已经等同于一个品牌，这是品牌化的一种方式。另外一种方式则更为直接，即可以用一个特别的称谓命名一个功能或是一个设计，当然，也可以命名一个品类、一个系列或一个产品。例如，某户外装品牌开发了一个使用光效涂层面料的产品，这使它的识别度大大提高，从而安全系数明显提升，如果想要使用一个技术或商业术语准确地定义这个新产品，并不是一件很容易的事情，而冠之以一个品牌名称却极其容易，就如同迪卡侬所做的那样。这样一来，既解决了命名的难题，又创建了一个品牌。

从品牌化的定义和方法上看，它既不同于品牌延伸，也不是多品牌策略。虽然这并不是新生事物，但对它的研究还不够深入，因此，应该给予足够的关注。

产品创意：亲子装的新卖点——基于品牌化策略的亲子装产品开发

1. 概述

亲子装是一种以家庭成员为设计对象的生活化和趣味性服装设计，即将父母与孩子的服装统一到一个样式当中，除款式外，也包括运用各种形式化的元素，如使用某种图案或增加某个独特的标志。由于需要使成人服装与童装协调一致，男女不限，要尽量以童装为中心展开设计，还要充分考虑穿用的场合，所以，亲子装一般应用在运动装、休闲装、户外装等款式简单、轻松随意的服品品类的设计上，个别情况下，可以是为节日、庆典等专门设计的服装。总之，亲子装就是将同一个款式用于成人服装和童装，使之形成一个系列，以表现亲密、温馨的家庭关系或轻松、欢快的生活氛围，因此，亲子装主要是在外在特征上体现设计思想，在统一性上体现寓意。

2. 设计要点

鉴于亲子装的一般模式很难再创造出更多的新意，并且，由于通常都是着眼于款式、图案的设计，因此，也只能在产品的层面上体现价值。本创意就是针对这一情况，将品牌化策略运用于亲子装设计之中，使之有望成为一个新的卖点。具体构思如下：

首先，在保持系列化要求的前提下，打破一致性的限制，是本创意得以实现的关键。

其次，以一个内涵丰富的主题作为服装系列的设计目标，使设计在此主题下可以自由发挥，启发尽可能多的创意。

根据以上思路，对系列中父母与孩子的服装分别命名，以此作为系列化的关联因素，同时，尽量减少父母与孩子以及爸爸和妈妈的服装在款式上的雷同。具体方案如下：

方案一："森林里的故事"

设想一家人是大森林里的三位动物朋友，它们愉快地生活在一起。

服装设计例一及命名：男装为风格豪放的宽松夹克，命名为"爸爸大熊"；女装为宽松随意的连衣裙，命名为"妈妈松鸡"；童装为舒适活泼的针织套头衫和七分裤，命名为"宝宝花栗鼠"。

方案二："童话年代"

构思一系列童话故事（可以借鉴安徒生童话等名著的情节和人物关系），家庭成员均为故事里的主人公。

服装设计例二及命名：将男装、女装和童装分别按照休闲装进行设计，适当加入一些夸张的元素使之显得比较新潮、别致，但各自要体现本身应有的款式特点；将童装（男孩儿）命名为"哈利·波特"，并使用代表哈利·波特的标志（如人物卡通形象，此为服装创意之一）；男装则命名为"罗恩"，女装命名为"赫敏"，并分别使用相应的标志来表示。

3. 创意点评

这个设计创意可以将亲子装定位于不同服装品牌下，如休闲装、童装等，具有很大的可选择性。它将亲子装作为一个产品系列进行开发设计，创意点是将服装系列冠以一个极具联想性的名称，这样便可以实现以这个名称来表示服装系列的用意，从而达到以抽象的概念来表达而不是以具体品类或款式来表达的目的——这正是品牌化的一个具体体现。为了更好地达到预期的效果，在服装设计上要注意一点，即对于服装的命名而言，在款式与风格的把握上要体现神似，而不要拘泥于形似。这是保证"以抽象的概念来表达"、"以品牌来表达"的重要前提。

第五节　新媒体渠道策略

渠道在经典营销策略中是一个重要组成部分，在今天的市场环境下，渠道的重要性将更加凸显，往往成为制胜的法宝。

互联网作为新媒体的开端，使媒体进入一个以创新和升级为标志的快速发展时代，新媒体是信息时代的必然产物，它在为人们与世界建立联系提供强有力的支持和无限可能性的同时，也使作为符号商品的品牌获得了新的形态和传播方式。可以预见，未来新媒体的发展趋势是打造服务于人们生活各个层面且具有全部职能的全媒体平台，这将是服装品牌营销必须面对的新方式、新视界和新领域，每个服装企业都应该有所准备，有所把握，有所创造。

"个人媒体"是新媒体中最值得关注的一个方面。今天，几乎每个人都无时无刻地接受全方位的信息传播。显然，高度个人化的时尚消费以及高度时尚化的品牌消费一旦进入个人的掌握之中，会通过社交圈子中成员的共享和相互间的示范作用，显著影响与之相关的那些服装品牌的定位和符号化的过程，这种圈子成员间潜移默化的相互影响和排他性，将对品牌的基础定位产生不可忽视的分化作用。

可以预见，新媒体将成为流行时尚及品牌传播的加速器；新媒体对于传统生活方式所产生的冲击会不断颠覆传统的观念，包括服装文化、消费习惯、品牌意识；在个人可以随时发表宣言的时代，意见领袖不再是明星的代名词，消费主张和时尚观念可以来自每一个参与者，设计创意也将成为大众化的行为。

未来新新人类的时尚生活会被数字媒体全面接管，在新媒体的助力下，新品牌、新模式将如雨后春笋般地成长起来，并且，它们走向成熟的周期也会远远短于传统媒体时代。数字化营销和网店、微店正在呼唤新的品牌符号形式以及新形式下品牌形象的创新。总之，新媒体将从根本上改变关于服装品牌的传统观念，并以一种全新的意识开辟服装品牌的新时代。

一、品牌如何"上线"

严格意义上讲，今天的网店仍然属于单纯的电子商务，也就是说，并没有超越"淘宝"时代，真正的网络品牌营销尚未成型。

对此作出判断的方式其实非常简单，可以从营销和购物两个角度进行分析。

先来看营销。如果网店的运营是以下面这些条件为基础的，即采用吸引人的外观设计，具备完善的交易过程和信用支付手段，能够保证良好的售后跟踪与服务，不断地寻求个性体现和创新，建立网上试衣系统，建立全面的退货制度，提供安全可靠的付款方式，可以利用方便快捷的物流系统，能够实施安全管理措施……可以说，这只能算作一个网上的交易平台，因为从中看不出一个旨在树立并且能够不断充实品牌形象、与顾客展开全面互动的机制在发挥作用。

再来看购物。消费者在进行网购时，其动机大致可以归纳为：为了满足一时产生的购物冲动，享受选择和交易中的种种方便和较低的价格，体验一种全时空（可以在任何地点和任何时间）的自由，也由此而避免了与人直接沟通的烦琐，体会作为网民的新奇感、时尚感和随心所欲的自在感……这些也只能表明网购是消费者网络生活的一种形式，它并不比搜索一个链接或阅读一则新闻有更多的含义。

能够体现新媒体时代精神的品牌营销自然需要借助于媒体的革命和信息技术的有力支持，但是，品牌营销的核心要素在于内容而非形式。也就是说，新媒体时代改变的是人们交换信息的方式，同时创造了难以想象的自由，也因此改变了人们的观念和习惯，但并没有改变人们思考、理解事物所依赖的心理机制，没有改变人们联想的逻辑、体验的感受以及对梦想和情感的依赖。因此，真正意义上的网络品牌营销，要靠消费者如临其境的体验以及由此产生的联想与情感思维所创造的品牌形象，再将品牌形象中蕴含的价值通过品牌符号实现营销，由此体现出品牌所象征的意义以及将其传播给更多的人。概括起来讲，就是创造体验的情境从而将某种意义赋予品牌以及创造传播的方式从而将品牌传播作为营销的根本手段。如果从中总结出两个关键词，那就是品牌符号和传播模式。对于新媒体渠道而言，传播模式是决定传播效应的关键，取决于对媒体的理解和应用，而品牌符号则取决于对品牌的认识，是理念和创意的产物。

虽然目前这方面成熟和系统的成果还十分鲜见，但一些品牌已经开始了积极的尝试，并取得了可以借鉴的经验。

例如，美国户外运动品牌Bass Pro Shop创造出将"户外带入室内"的情境体验模式，它颠覆了一直以来植根于人们脑海中的商店的印象，通过实体体验店的情境创意，将消费者带入一次户外的奇幻之旅。当这个模式成型之后，它便将其移植到网络上，除了提供给消费者线上购物的方便外，在其网站的虚拟空间里还有信息检索图书馆和户外教学课程的体验功能。当然，目前还只是为了满足人们对资讯的需求，同时也作为商品"预展示"的平台，为消费者未来的真实体验进行"预热"。最具有网络品牌特色的还是Bass Pro Shop所开发的一系列线上户外游戏，如钓鱼、射击、户外服装搭配等，这些"花絮"可以提高消费者购物的乐趣，使消费者更加积极地参与到与品牌的"对话"中。

目前比较通行的做法有如例外（EXCEPTION de MIXMIND）的网络虚拟空间展示，即采用将服饰融合在特定情境中的方式，给人以直观的感受，启发人的联想与体验。例外将其服装融入自然之中，借助自然四季轮回的环境变化，搭建产品展示的天桥，以具有感染力的场景描绘出例外返璞归真、追求原生态的品牌理念：春天是万物重生的季节，夏天有激情四射的节奏，秋天呈现丰硕的满足，冬天表现沉稳大气的情怀……通过虚拟空间的画面更迭，万千意象随之进入人们的脑海，品牌符号也由此而渐渐清晰起来。但是，目前这种呈现式的表达方式，仍然没有超越一般广告的传播效应，存在表现有余而体验不足的问题。

网店创意：定制时尚生活——基于网络虚拟空间的品牌体验

1. 针对的问题

就体验的概念而言，情境的导入是前提，而伴随着感受的行为参与则是极为重要的过程，否则，人的思维就会停留在认知阶段而难以深入到情感层面，也就不会在内心深处留下感受的印痕。对于网络虚拟空间来说，人关注的对象是一个界面，相对于真实的场景，它具有很大的局限性，此外，由于"食指模式"取代了"双脚模式"，所以画面（即场景）的转换是随意的，具有"碎片化"的特点，这将直接导致思维表象的无序化，使人所建立的概念缺乏关联性，这种可以比喻为"混沌"的状态与应有的体验过程还有很大的差距。下面将结合体验的要素，提出一个针对网络虚拟空间的服装品牌体验方式。

2. 设想概述

消费者的网络虚拟空间之旅开始于一个网络化时尚生活指南，它会根据消费者的个人情况和需要提供一系列时尚生活"套餐"供顾客选择，顾客做出选择就是定制了一个网络服务，其中集成了模拟现实生活的各项活动内容。具体到服装消费，顾客将得到一个类似于现实中城市商圈介绍的"时尚消费地图"，顾客可以选择想要去的"商城"，每个"商城"都按照与目标消费者个性特点和需求类型相适合的模式设定了各自的定位，并根据定位的不同分别集中了一系列服装品牌。当顾客选定了其中任意一个品牌时，就可以按照程序所设定的模式"步入"品牌"专卖店"，程序会按照"浏览"的路线设置"专卖店"的招牌、橱窗、入口、通道、服装展示与陈列……顾客可以选择观看橱窗，比较价格牌以及全景式地观看"店铺中"展示的服装；可以提出了解细节的要求，诸如对手感的描述，对设计特点的分析，对功能性的解释；还可以选择中意的款式试穿，并征求"导购"的意见和建议……

以上是一个设想中的电子商务模式，基于虚拟现实技术，就如同设计网络游戏一样，可以使设想的功能充分实现。这个设想的关键之处在于：注册到这个电子商务模式中的服装品牌需要自行规划设计它的虚拟专卖店，有关功能、展示特点、体验内容及其创意设计，都是品牌的个性化要素。通过以上描述，可以非常容易地设想，服装品牌是如何基于这种方式提供体验的情境，并以此树立自身品牌形象的。

3. 创意点评

网络生活的特点是通过人机交互实现信息与思维的互动，人的自由主要体现在选择的随意性上面，决定性的因素还是来自于网络。根据体验的一般行为特点和心理过程，充分运用网络的"环境因素"以及系统所创建的"可操控性"，引导消费者"进入"一个"真实的"消费情境当中，是本创意的关键所在。鉴于网络信息"碎片化"的特点，将品牌信息整合在一个完整、有序的"购物行动"当中，可以系统地呈现品牌的感性元素，激发消费者的联想和心理感受，对树立品牌形象具有重要意义。由于"现实感"有助于使体验达到预期的效果，而品牌符号的创造则能够实现与现实中的情境相一致，这对于掌控品牌的传播要点和实现传播目的是决定性的。作为一种电子商务模式，它通过创造"现实感"和"真实的"消费体验而超越了一直以来品牌网络传播的"广告式"或"杂志式"的呈现方式，从而实现了体验的深化。其中，非常重要的一点是：利用虚拟环境的超现实性，可以创造出比现实环境更为丰富的想象空间，从而使品牌形象由于网络世界特有的梦幻色彩而魅力倍增，产生更加强大的影响力。显而易见，基于网络的品牌传播效率及效应均远远大于现实环境。

二、新媒体传播

新媒体是相对于报纸、杂志、广播、电视等传统媒体的新型媒体形态，在通常意义上，这是一个不必严格界定的笼统概念，一般是指在当前被广泛应用的各种形式。其中，首推在信息时代最具标志性的移动通信及移动互联网终端——手机。

今天，手机已经从通信工具发展成为人自身的一个组成部分：人们利用手机建立自己的社交圈子，可以自由发表个人的意见和观点，与此同时，也被强制接收无数信息。然而，接受全方位的信息刺激已经成为人们日常生活的习惯，因此，今天信息化的社会交往和生活方式使人们无法离开手机生活。智能化手机用户更是可以随时随地而且随心所欲地做任何事情，如看电影、玩游戏、发邮件、收信息以及购物、付账、阅读、搜索、定位……而这些事情过去不但要依赖电视、电脑、银行、商店、图书馆等设施和机构才能完成，还必须受固定的时间和地点的限制。今天，智能手机用户可以24小时在线，人的所有时间空白都被来自各处的信息所充斥，而一个人随便发出的一条信息，都可以像病毒一样快速蔓延开来，到达几乎任何一个角落。

正是由于这种极大的便捷性和人们不断升级的随心所欲的生活方式，手机用户的快速发展达到了非常惊人的程度：根据《2013—2017年中国移动互联网行业市场前瞻与投资战略规划分析报告》提供的数据，至2013年年底，中国的手机网民人数已经超过4.8亿。

可以预见，移动电子商务将成为电子商务的主流业务得到快速发展，企业如果想要展示自己的产品信息及企业形象，可以寻求互联网服务提供商的服务；如果想要打造自己的移动商务平台，还可以和专门的管理中心进行合作，由他们提供WAP业务。

利用手机开展电子商务需要注意三个基本特点。一是手机用户的使用习惯，可以概括为"碎片化阅读"和"分段式互动"。也就是说，人们利用手机不可能像阅读杂志一样从头到尾完整地了解某个方面的信息，从而得到一个整体的印象和系统化的认识，而是在支离破碎的随机信息中进行选择和关注，了解到的情况不可避免是片面和孤立的；在与他人进行互动时，人们也不会只专心于一个对象，为了同时联络和回应不同的人，只好将时间分段来使用。二是手机的功能特点：手机功能的扩展，使之成为一种界面工具。虽然触屏可以大大简化手机的操控，但屏幕过小仍然是手机最大的一个制约因素；除了画幅、画质方面的缺陷外，无法同时运行多个界面，没有鼠标那样的精确操控性也是手机天生的不足。三是社交圈子的泛化，在实现互联交际的方便性和自由度的同时，会形成不同社交圈子相互重叠的情况，这便使得人们的社交圈子会在非自主的情况下扩展。

鉴于此，利用手机进行品牌传播时就应该把握以上特点，使手机的优势真正得到发挥，开创品牌传播的新格局。

品牌传播创意：品牌拼图——基于微博（Micro Blog）的品牌传播

1. 背景介绍

在新媒体的发展与普及应用中，各种社交网络平台发挥了重要的作用，这种兼有传播性质和交互功能的社交模式，为广大用户提供了进行个人表达的机会，因而得以快速普及。其中，手机用户广泛使用的微博是一个基于用户关系信息分享、传播以及获取的平台，用户可以通过WEB、WAP等客户端建立与不同社交圈子的联系，浏览或发布简短的文字、图片和视频信息，实现即时分享。微博作为一种社交工具的便捷性、即时性、趣味性和娱乐性，作为一个信息平台的自主性、可选择性和随意性以及作为一种传播方式的广泛影响性（一则有吸引力的新闻可以在极短的时间内吸引无数的关注），使得微博用户体验的黏性越来越强。而微博最基本的传播性，无疑可以在品牌传播中发挥巨大的作用。

设想一个名为"即时"的个性化时尚女装品牌，计划通过微博实施品牌传播。

2. 构思

（1）根据手机"碎片化阅读"的特点，对品牌的可传播性进行分析，提出的创意设想是：可采取系列化品牌符号进行连续传播，具体采用形象化图片（平面广告）和新闻性事件穿插进行。

（2）拟定品牌符号系列设计方案。具体设想为：按春夏、秋冬两季划分两个传播周期，将每个传播周期划分为四个单元，每个单元介绍一位为品牌代言的青春女性，其中包括四个故事，分别描写代言女孩儿日常生活的不同侧面，分别为：

"与季节同生长"、"一个人的旅行"、"都市频道""咖啡时段";再将每个故事细分为五个段落,每个段落包括一个标题画面和一段标题故事(内容略)。

(3)将上述图片和故事按照拟定的时间表在微博上发送。

3. 创意点评

根据手机"碎片化阅读"的特点,将品牌符号分解为"品牌碎片"在圈子中传播,圈子成员则通过连续浏览、阅读和互动、点评,在头脑中将品牌符号整合还原,达到品牌传播的目的。由于从形式上类似于拼图的方式,所以称之为"品牌拼图"。

采取故事性、标题化和一定的发布频率,体现了感性化要求,并迎合了手机用户"围观"的心理;整个传播周期体现了品牌形象的完整性,并考虑了故事发展的层次性,阅读则逐层递进,保持悬念,有利于引起人们的关注和兴趣;标题画面和标题故事的艺术创意和生动性,将有助于广泛的传播。

思考题

1. 举例说明基本策略、竞争性策略和创新性策略各自的要点。

2. 通过市场调研和文献分析,对现实中品牌策略主要的着眼点提出自己的观点并进行必要的分析。

3. 选择所在城市的某些典型的服装品牌,通过分析比较,指出它们可以选择的策略并说明要点。

4. 举例说明符号商品的概念并分析消费者对应的消费观。

5. 收集三个主题休闲品牌橱窗效果并用流行化的设计方法提出新的设计方案。

创新性策略之理论与方法——

创新法则：让消费者永远拥有新感觉

课题名称： 创新法则：让消费者永远拥有新感觉

课题内容： 1. 品牌表达创新

2. 品牌概念创新

3. 符号学方法

4. 适度的创新

课题时间： 3课时

教学目的： 说明将创新立足于"新感觉"的理由；准确定义"新感觉"并从理论上给予明确解释；说明品牌表达与品牌概念的策略要点及针对性；说明从品牌表达到品牌概念的转化中包含的感知方式和心理基础；解释清楚符号学原理及其实用性；说明对创新的感受与认知及其把握。

教学要求： 1. 举例说明创造新感觉的不同方式，即形式上的创新和内容上的创新。

2. 举例说明象征的普遍意义和具体应用。

3. 举例说明概念创新的不同方式及其体现的原理。

4. 充分举例说明符号学方法在创造新感觉中的作用。

5. 总结归纳服装品牌最具代表性的新感觉。

教学方式： 理论讲授、图例示范、案例讨论与分析。

课前准备： 阅读参考文献并重点了解以下概念：品牌价值、核心价值、衍生价值等；调研DAZZLE、DIAMOND DAZZLE 和d'zzit、UR（URBAN REVIVO）、海澜之家（heilan home）、阿依莲（Ayilian）等品牌专卖店；阅读有关专业杂志和学术期刊。

第十章　创新法则：让消费者永远拥有新感觉

　　市场上只有一件东西永远是稀缺的，那就是创新。好在消费者对于创新很敏感，所以，每培育一朵创新之花，都会收获满园微笑。

　　放眼当今的服装市场，新名称、新形象、新感觉、新体验层出不穷，创新成为制胜秘诀，屡试不爽。而因循守旧者，往往举步维艰，以至难以为继。在今天的市场竞争条件下，创新品牌比创建一个新品牌更具挑战性，几乎所有的品牌都会因创新不够而面临发展的瓶颈，而发展的停滞往往就是走向衰落的开始。

　　然而，全方位的创新很难把握而且成本巨大，一旦失去控制就会动摇根本，这在服装品牌的实战中有不少深刻的教训，而采取较为稳妥的渐进式，效果却不一定明显。分析不同的创新思路，应该说以"新感觉"作为创新目标在今天的背景下是比较可行的。提出这个观点其实不需要太多的理由，因为当世界被抹平以后，市场也在向平面化发展。在消费者的视野里，竞争中的品牌都以价格水平线为基准相互看齐，并把市场上热卖的价值点复制、改造成适合自身的模样来为自己争取发展空间，这就使得市场上的品牌你中有我，我中有你，给人整齐划一的感觉，当所有卖点都被品牌分享了之后，难免使消费者产生审美疲劳。不妨将今天的服装市场比喻成一览无余的海面，虽然水下暗流涌动，但海面波澜不惊，试想，此时如果有一个创意能够激起一朵耀眼的浪花，一定会引起一片喝彩！可以说，对于服装市场来说，今天已经进入了一个呼唤表现主义的时代。

　　由于感受对人产生作用的心理机制使然，如果比较"旧瓶装新酒"和"新瓶装陈酿"两种价值取向不同的创新模式，无疑后者会产生更大的影响力，应该成为"感受创新"的第一选择。显然，这与感性时代被广泛采用的创意模式具有密不可分的关系，也反映了"价值可以从感受中产生"这个价值感知原则的确是今天的金科玉律——人们已经养成了一种判断事物的习惯：只有新的内容而无新的感受，虽然新也不能算是新。

　　有必要强调说明一点，不能仅从字面来理解"新感觉"这个概念，也就是说，创新既要体现在形式化的外在表现上，也要在内涵方面挖掘新意，提炼出新的价值点，使之成为新感觉的有力支撑。综合起来讲，这是一种运用符号学元语言的创意思路。从这个意义上讲，体现了符号商品在今天的重要性。

　　此外，还需要注意的是，"感受创新"必须准确把握尺度，理解"过犹不及"的道理，尤其要恰当把握目标消费群体的感觉方式。

第一节　品牌表达创新

构思创新设计，首先要明确出发点。对于品牌的创新规划不能只考虑细枝末节，而要从根本入手，这就需要回到品牌的本质上，那么，定位就是一个不能回避的根本问题。通俗地讲，定位就是亮明自己在市场上所扮演的角色，给消费者提供一个选择的理由，从这个角度来说，定位的出发点就是品牌表达。

然而，定位对于品牌而言，就好比是大树的根基，不可随意改变，而唯有"以新的方式表达一个永恒的经典"是可行的手段。因此，不断以新的方式创造新感觉，通过新感觉使一个不变的承诺一直保持诱人的魅力，使品牌给人历久弥新、生机勃勃的感觉，使消费者与品牌共同成长，始终忠诚于自己的选择，这正是品牌表达创新的真正意图和根本目的。

一、品牌识别创新

品牌识别是指消费者通过感知和理解对一个品牌的身份认定。从形式上讲，有的非常简单，如用于品牌识别的LOGO，可称为标志；有的相对复杂，如卖场形象、品牌形态以及广告等品牌传播形式，可称为品牌符号。从内容上讲，品牌识别通常分为四个层次，其一是基本识别，即仅以区别于其他品牌为目的；其二是理解识别，即对品牌的内涵有所认识，可以把握品牌的实质；其三是情感识别，即消费者基于情感体验而对品牌产生的具有排他性的心理感应；其四是形象识别，即消费者根据在自己头脑中形成的品牌形象对品牌的认定和评价。

根据以上不同的识别形式和内容，从概念上对于品牌识别创新的理解，应该概括为：为了使消费者产生新感觉、新认识、新形象而进行的基于品牌感性元素的各种创新手段，其最佳途径就是走品牌符号创新之路。

下面通过分析几个实例，说明关于上述形式及内容的创新原理和方法以及相应的创新思路。

比较典型的例子是李宁（LI-NING）新标志的运用。自2010年起，体育运动品牌李宁实施了品牌重塑战略，旨在通过对品牌DNA、目标人群、产品定位等进行重新调整，打造"90后李宁"。在具体的推行中，最突出的变化就是将口号改为"让改变发生（Make The Change）"，以及品牌LOGO的重新设计。新的品牌LOGO在保留原标志基本形式的基础上，加强了图形与字体的时代感和设计感，以及图形的力度，较好地体现了体育运动品牌特有的形式感和动感，从而给人耳目一新的感觉。

另一个例子来自班尼路（BALENO）。作为一个被广大消费者所熟知的休闲装品牌，班尼路的品牌LOGO几乎达到了人所共知的程度，但是，也不免产生陈旧感和脱离现行流行趋势的问题。因此，班尼路将其品牌LOGO改变为小写形式，即"Baleno"，并且使字形更加流畅、轻盈，一改原标志的沉重、累赘之感，使人非常乐于接受。

上述两例均符合品牌LOGO创新设计的原则，即通过更为简洁、明快的形态实现更高的识别度；利用图形、字形的形式感启发受众的心理动势，从而传达新的品牌形象风格；使LOGO体现时尚感。因此，都属于较为成功的设计范例。

然而，从LOGO创新设计的目的性来看，它对"引导品牌理解，提升品牌形象"这个目的所起的作用是很有限的，这是因为品牌LOGO主要是给人以标志的作用，并且旨在"引导识别"，这是一种习惯性的"看法"，所以，品牌LOGO很难超越"招牌"所固有的功能；即便LOGO的设计在形式上有所创新和突破，其结果也主要是给人以形式上的美感，或是由于新颖、时尚而使人体会到它的时代感。品牌LOGO这种止于表面的单纯的标志作用类似于心理学上的"功能固着"现象。

要想提升品牌LOGO创新的作用，就必须与其表达语境的创新相呼应。也就是说，在使用创新后的LOGO时，首先要通过某种方式，对它的变化加以阐释，从而使新LOGO与它想要传达的新概念建立起必要的联系，使LOGO的创新能够被赋予充实的内涵。

电视广告创意："改变，让人生充满自信和力量——李宁新LOGO宣传片"

1.概述

李宁（LI-NING）提出"让改变发生（Make The Change）"的新口号，并且启用了重新设计的品牌LOGO，旨在对市场定位进行必要调整，以适应消费群体的变化，使产品和品牌风格更多地体现"90后"消费群体的需求和心理特点。

2.广告目的与构思

采用电视广告形式，以"改变"为主题宣传李宁的品牌精神。

分镜头设计：

镜头一：足球少年特写，显示运动衣上的李宁新LOGO（以下简称"李宁"），突出少年认真专注的神情；拉镜头至中景，足球少年接受教练指导。

镜头二：远景，足球比赛的画面；推镜头至中景，足球少年与队友进行传接配合，接球、过人一气呵成，起脚射门；摇镜头，足球应声入网。

镜头三：足球少年庆祝的动作，推镜头至特写，突出少年兴奋与自豪的表情。

镜头四：身穿李宁运动衣在操场、健身房、山坡进行体能训练的一群青年（分镜头略），表现他们刻苦发奋、拼尽全力的场景。

镜头五：中景，登上险峰的青年人；推镜头，青年人快乐而充满自信的表情；拉镜头，青年人手持的旗帜上印有"大学生登山队"字样。

镜头六：年轻人身穿李宁服装跑步晨练；身穿工作服与同事在机房研究设计方

案；与专家面对产品模型进行讨论（分镜头略）。

　　镜头七：身穿西装的年轻人与客户签订合同；推镜头，紧握的手；举起的酒杯；特写，表现年轻人自信的神情和发自内心的成就感。

　　镜头八：朝阳中的清晨；身穿李宁服装晨跑的少年与列队跑过身穿李宁服装的青年们相遇，双方挥手示意；移镜头，青年们与身穿李宁服装跑过的年轻人相遇，双方挥手示意；在灿烂的朝阳下，少年、青年们、年轻人微笑并充满自信的脸庞。

　　字幕："让改变发生在每一天，让每一天都收获自信和力量！"

　　3.创意分析

　　拟将"自信与力量"作为李宁品牌的精神实质。通过新LOGO和表现"努力与成功"的画面再三地重叠以及与片尾字幕的呼应，将新LOGO与"让改变发生"的新口号同生活中的努力与成功形成关联，使受众理解"让改变发生"的寓意为"努力与成功"，并使之与新LOGO建立联想关系；同时，使受众通过画面中的情境表达感悟到"让改变发生"来自于"自信与力量"。由此，赋予李宁的"改变"（包含新LOGO和新口号两个层次）以内涵，达到以品牌的价值诉求来表达目标消费者所应具有的精神意志的目的。

　　再举一个店面形象的例子，介绍快时尚品牌UR（URBAN REVIVO）的做法：UR以"奢华大店、产品丰富、更新快速和价格实惠"为定位，采取了以产品为主导的经营模式，即以产品符号引领品牌形象，旨在以差异化的手段，即通过营造与其他快时尚品牌的差异，来创造快时尚的新体验。基于这样的构想，UR在进行店面形象设计时，将体现自身特点的产品组合纳入奢华品牌的架构之中，在体现设计感的基础上展示丰富的款式，由此而实现了不同于市场上其他快时尚品牌的个性，即所谓的"轻奢华"的品牌形象。利用这个手段，使人通过店面形象可以明确感知品牌的定位，较好地引导了消费者的理解识别。

　　今天，情感化策略成为服装市场上常见的手段，运用得当往往能够取得可观的收效。而情感化的品牌定位需要借助于情感化的识别才能达到目的。例如，地素时尚股份有限公司以倡导个性化的生活方式作为品牌定位的思想基础，为此，它分别创立了三个相互补充，彼此呼应的女装品牌DAZZLE、DIAMOND DAZZLE和d'zzit。其中，DAZZLE定位于独立率性，气质高雅，不受传统束缚的知性女性；DIAMOND DAZZLE则是专为青春靓丽的新新女性和时尚达人"量身定制"的品牌，因其采用半手工制作，将高级定制的概念体现在款式设计当中，将传统的奢华与当今的时尚进行了有机地结合；d'zzit则是集全球化时尚风潮于一身的时装品牌，既彰显自由，又追求时髦，款式多样，搭配随意，是都市年轻女孩儿的倾心之选。通过上述三个品牌在品牌传播中的相互对比、映衬，比较清晰地表达了各自在消费者定位上的创意及其特点，因此，在情感诉求上与消费者形成了有效的互动，从而使其品牌理念得到了预期的理解和认同度，消费者从中能够体会到一定的归属感，这一切使得品牌较好地实现了情感识别的初衷。

类型化品牌ICICLE，定位于初入职场具有高学历的大都市知性青年女性，在其品牌形象上力推"通勤"、"舒适"、"环保"的概念，利用立体裁剪工艺、新型环保面料以及合体轻巧的款式风格很好地体现了上述品牌理念，并且，拥有七条比较成熟且能够成为品牌形象支点的产品线，包括：体现基本定位的精致通勤线，体现消费者特点的商务旅行线，体现品牌特色的超级环保线，体现轻松时尚感的年轻线，体现基本消费需求满足百搭要求的基础线，体现母子亲情的Ecobabe即童装线，体现品牌延伸的男装线。由于定位鲜明，各个产品线的内涵符合市场需要，从心理感受上充分考虑到职场年轻女性的特点，因此，ICICLE在类型化策略上是一个比较成功的品牌，也因此在形象识别方面给人以较为清晰而突出的印象。

二、象征的运用

为了使品牌识别达到尽可能深入的层次，即超越单纯的区分，达到能够激发消费者情感体验乃至树立起良好品牌形象的目的，象征的手法是最为有效的。

例如，男装品牌海澜之家（heilan home）的品牌表达为"男人的衣柜"，仅从字面上看，这一表达反映了品牌的经营特点，即一站式、全方位的产品体系，体现了灵活全面的产品组合方式和方便随意的自选式销售模式。如果对其品牌表达稍加回味，"男人的衣柜"可以与"家"形成联想，并在其中蕴含着一种细致入微的体贴与呵护——它所象征的是家的温暖，是女性无微不至的关爱。这是一种需要借助体验而产生的认识，在象征手法中类似于"转喻"的方式，虽不直白鲜明，但却润物无声，其效果可以非常久远。

象征属于一种艺术表现手法，通常都是利用人们所熟知的象征本体和象征意义来表达思想，这样才可以使人有深刻的理解和体会。

例如，女装品牌阿依莲（Ayilian）借助色彩特有的象征性，用粉色来象征淑女温文尔雅的气质和优美的情怀，基于此，阿依莲在服装设计上以粉色为标志色彩，以中国第一淑女装品牌作为定位理念，并将品牌表达确定为"纯美淑女，粉色王国"。由于产品设计与品牌形象在象征手法的作用下取得了很好的传播效应，阿依莲在国内市场上具有较高的品牌知名度，被年轻女性消费者认为是优雅与时尚的代表。

但是，为人所熟知的象征手法虽然效果明显，却也会带来泛化的问题：当阿依莲成功地以粉色的象征性赋予淑女们纯美的气质时，市场上还有许多无论是定位，还是设计风格，甚至是品牌LOGO都与阿依莲极其相近的女装品牌表达着各自对粉色的诠释，比较典型的有淑女坊、茵佳妮、诺曼琦、艾莲达、极美度……它们都是当今中国服装市场上在某个消费群体眼中淑女派品牌的代表。正是由于品牌象征的泛化现象，粉色被统一用作淑女的象征，而不再代表哪个品牌，这就是说，同质化的定位表达，使得粉色成为淑女的代名词，而不是哪个品牌成为淑女的代名词，其结果便是，提到粉色，使人能够立刻联想到淑女，却说不清它与哪个品牌相关。

品牌创意：淑女装品牌的新象征

1. 概述

由于在今天的服装市场上，人们对淑女装概念的认识是一致的，因而相关服装品牌的定位以及品牌表达具有明显的同质化现象。在当前的背景下，拟对某个新创立的淑女装品牌的表达方式加以创新，具体将采用象征手法进行品牌表达。

比较现有淑女装品牌，可以注意到它们大多按照中国古典主义的观念来解释淑女的概念，也就是说，基本上都采用《诗经·关雎》中"窈窕淑女，君子好逑"这一诗句所表达的淑女的含义，即文静美好、温和善良的女子。这是一种经典之美，在今天仍然具有十分强大的影响力。为了将时代气息融入其中，在不改变其本意的前提下，引申出优雅恬静、知性纯洁的寓意，即由注重体现形象和性格过渡到注重体现气质和内涵。结合新的含义，考虑恰当的象征方式，从而达到本创意的目的。

2. 基本构思

迄今为止，中国传统的象征手法在对于淑女的表达中仍然是主要的方式，即利用自然的事物来象征淑女，例如，被人们广泛使用的粉色以及古典文学中使用的"夭桃"等。在前面已经提到，这也是象征同质化的一个具体表现。因此，本创意将以此为构思起点，并运用差异化的方式对淑女的象征进行创新。

构思将围绕引申后淑女的含义即"优雅、恬静、知性、纯洁"展开，要以结合现代生活和体现服装的特点为出发点。根据这个思路，应选择能够被今天的消费者广泛接受的象征方式才能达到预期目的。再与差异化的思路相结合，拟采用具有艺术人文属性的文化元素取代传统的自然属性的形式元素。

归纳以上各点并比较了各种可能性之后，选择在《罗马假日》中成功塑造了纯洁美丽、楚楚动人的安妮公主形象的奥黛丽·赫本作为"优雅、恬静、知性、纯洁"的淑女的象征。奥黛丽·赫本是历史上最负盛名的音乐剧与电影女演员之一，她以高雅的气质和极具品位的穿着而著称。1953年，奥黛丽·赫本与好莱坞名影星格里高利·派克一起主演的电影《罗马假日》大获成功，迅速风靡世界。她在片中扮演安妮公主，表现出公主高贵优雅的气质，优美脱俗的容貌和轻盈苗条的体态，她那一头黑色短发立刻成为国际流行发式。1954年，赫本荣获奥斯卡最佳女主角。应该讲，作为艺术形象的塑造者和女性文化的传播者，奥黛丽·赫本以其天使般的气质、容貌和风度，为"优雅恬静，知性纯洁"的现代淑女形象作出了绝好的注解。

恰逢奥黛丽·赫本第一次获得奥斯卡最佳女主角奖60周年纪念，将这个淑女装品牌作为对她的尊敬和纪念献给她，品牌就叫"奥黛丽"。

3.创意点评

鉴于市场上的淑女装品牌大都借助外在的象征元素来表达品牌的定位，而且，各个品牌都采用了几乎相同的象征手法，所以造成了比较突出的同质化现象。本创意所构想的淑女装品牌"奥黛丽"，既有差异化的文化背景，又具有非常丰富的品牌联想，尤其是对淑女概念的表达方式成为了一个亮点，不但准确得体，而且无法模仿，可以赢得消费者广泛地认同和喜爱，对于塑造、维护和发展品牌形象将极为有利。

三、构建文化模式

任何一种表达都需要立足于特定的文化背景，只有这样，一种方式才能成为被人普遍接受的方式，它所表达的内容也才能成为可以接受的内容。

品牌表达与人们在其他方面的思想表达并无不同，只是在文化模式上要求更加具有代表性和典型性，因为品牌代表着消费者的生活方式，体现着消费者的文化归属，因此，不具有文化意味的品牌表达将是空洞无物的，很难达到预期的效果。

例如，世界著名体育运动品牌彪马（PUMA）在1948年创业时只是德国的一家制鞋小厂，但是在它发展的关键时期进行了准确的市场定位，同时，在它的品牌表达中体现了与定位非常契合的文化模式，从而使彪马能够在竞争激烈的体育运动用品市场上占据一席之地，树立了鲜明的品牌形象。彪马产品的优势体现在运动鞋上，在跑鞋方面，它拥有非常骄人的"动态适足科技"，即通过三大创新技术实现了运动鞋随着脚部的动作而伸缩的独特功能，这使得彪马掌握了在技术水准上与耐克和阿迪达斯竞争的资本。但是，彪马并没有盲目拓展它的产品线，而是将品牌LOGO的美洲豹作为品牌精神的实际体现，以"速度最快的跑鞋"作为自己的品牌口号，并利用所拥有的局部优势，在传播"跑步与速度的文化"和"脚上的体育"方面花费了大量的精力，以"快乐地运动"作为品牌所代表的生活态度。借助这样的文化定位，彪马成功地发展了它在世界第一运动足球方面的影响力：在几届世界杯赛上，都因赞助了冠军球队而声名鹊起——巴西足球队曾穿着彪马足球鞋三夺雷米特杯，并将金杯永远留在巴西；彪马与球王贝利和马拉多纳都有长期的合作。近年来，彪马又将赞助的重点瞄准那些技术高超且以享受比赛、追求快乐足球而著称的非洲球队，进一步扩大了自己的影响。在2014年巴西世界杯赛上，彪马赞助了全部参赛球队的四分之一，达八支之多，仅比耐克少两支，比阿迪达斯少一支。作为"速度最快的品牌"，彪马曾经是美国飞人杰西·欧文斯在柏林奥运会上七夺金牌时所穿的跑鞋，新一代短跑明星牙买加飞人博尔特也是彪马的品牌代言人。

品牌所体现的文化模式不可能是抽象的，它必须与消费者在生活中的文化取向相一致。而消费者的文化取向通常体现在以下四个方面：体现自然特征及自然生态理念的，体现地域特点和地方生活方式的，体现人文精神和历史传承的，体现文化思潮和艺术风格的。

　　一般而言，纯粹的某种模式往往会成为一种限制，而实际中成功的做法则会灵活许多。例如，女装品牌裂帛（LIEBO）就是一个以探讨文化取向为特色的设计师品牌，从市场定位来看，它是将设计引入休闲生活从而从大众化转型为个性化的非主流品牌，这也就使得原创设计有了用武之地；从服装风格来说，裂帛兼具自然风格和民族特色，这使得设计有了参照。但裂帛并非单纯地参照，而是以设计思维为本。如果是将遥远时代的文化基因移植到现实生活中，不留设计的痕迹，那么，裂帛就只能做一个文化的传播者或精神的修道者，这与现实主义的品牌经营和理想主义的品牌理念都不相吻合，也无法实现随心所欲地寻找头脑中的意象，并将其以服饰的形态呈现出来的创造者的情结。因此，裂帛选择走一条设计主义路线，它是在范式与独创之间徘徊的泛文化模式，奉行的是以设计立言的裂帛文化。

品牌创意：构想"写意"——创建时尚定制女装品牌新模式

　　1. 概述

　　在个性化消费时代，自主消费成为一种时尚，它是以颠覆消费定式为标志的；而个性化消费的社会背景，是多元文化日渐兴起的大环境。服装消费是完全个人化的行为，一旦服装形象的审美标准不再拘泥于某些类型的时候，服装定制可望成为一个新的消费热点，也将是相关服装品牌新的增长点。

　　作为定制有许多形式，能够符合上述发展趋势的应该是时尚定制。也就是说，它是基于时装的定制方式，具有大众化的特点，既不模仿高级定制的模式，也不是单纯的量体裁衣。其中，包含着一个体现品牌文化的关键要点，那就是消费者对于设计的参与。

　　初步的构想包括：①以品牌的《设计手册》实现时装的设计定位，即每季提供一定风格特征和数量的参考款式供消费者选择；②以中西合璧作为品牌的文化定位，服装类型以较为正式，适合多种场合的长裙和套装为主，使之与定制服装的消费特点相吻合；③以咨询、形象设计、风格策划和设计互动作为实现消费者参与设计的方式；④以量体、套型或单裁、试衣等方式保证定制所应体现的服务内容和品质标准。

　　2. 构想

　　将品牌命名为"写意"，以此来体现"激发消费者设计潜能，抒发消费者审美情怀，实现消费者个性塑造"的品牌经营理念。

　　设定三个服装系列：其一，用于较为正式场合的西式长裙，以刺绣、蕾丝花边和数码印花等形式体现中国民族、民间装饰艺术风格，注重美感和个性化风格；其二，简约大方的职业套装，注重合体性和款式、面料创新运用；其三，不拘一格的自由设计，结合新型面料、流行款式和消费者特点，充分满足消费者自我设计的需要。

品牌运营条件：以设计工作室兼客户接待室作为与消费者互动的场所；以设计师、板师、工艺师和形象顾问组成客户服务团队，各司其职，分头负责整个定制服务流程；利用自有定制工厂和协作加工厂承担定制工作以及样衣的研发；由企划团队负责品牌策划、《品牌手册》编制、面料选购和客户服务项目议定等工作。

3. 创意点评

首先，本创意将三个方面的文化，即代表市场趋势的消费文化，指导经营理念的品牌文化和体现顾客消费方式的服饰文化，通过品牌经营模式实现了整合，从而在文化定位上体现了品牌的个性；其次，以时尚的概念，以"写意"的品牌名称，表达了定制女装的新含义，所制订的实施细节非常有利于品牌形象的树立和传播。

第二节　品牌概念创新

所谓品牌概念，狭义的理解是指企业对品牌核心价值的具体表述；按照广义的理解，即是指对品牌各方面构成要素的全面表达。对于品牌概念创新而言，一般都是着眼于品牌核心价值，通过创新使之在品牌营销中能够发挥积极的作用。

具体讲，品牌概念创新的目的是针对市场的各种变化，诸如消费群体的更新、时尚观念的发展、竞争形势的改变等，使品牌概念能够通过适时、恰当地调整，维持对于品牌核心价值准确而有效地表达。采用的方式主要是对品牌概念的内涵进行调适，一般以充实、凝练、升华、转向、对应和抽象等方法来实现。

可以说，由于品牌概念与品牌核心价值直接相关，所以概念创新对于树立品牌形象和促进品牌营销具有重要的意义。

一、不断变化的市场

在时尚消费领域，永恒不变的价值并不多。随着新生代的加入，一个品牌必须有步骤地更新与消费者的关系。更加变化无常的是时尚及其对于消费的导向作用，这就要求品牌必须能够在新的条件下维护品牌形象的始终如一。而新的竞争对手则常常使局面发生出乎意料的改变，此时，品牌应该作出积极有力的应对。这些都是服装市场上经常发生的变化，而应对各种变化则是一个品牌时刻都应做好的准备。

市场的变化源于两个方面因素的作用，一个方面是市场自身机制所产生的作用，如市场的细分机制——当参与到市场竞争当中的同类型品牌增多，品牌聚集度明显上升时，市场就会释放出分化这些品牌的信号，使得相关品牌通过另辟渠道、创新品类、升级定位等措施对市场的要求作出反应，从而发生细分行为；市场的平抑机制——作为符号商品，品牌的价值同样与稀缺性密切相关，当竞争品牌对占据垄断地位的品牌发起挑战时，垄断品牌的价值就会因为稀缺性的下降而降低，并且使竞争品牌得以分享在细分市场上创造价值的机会；市场的赋值机制——各个品牌所代表的各种观念，经过在市场上的培育和对比，其中某些会被赋予某种价值从而被消费者所接受；市场的分层机制——当某一细分市场上的价值因品牌竞争而被稀释后，市场会促使竞争品牌进行再定位，如通过创新商业模式或拉开品牌的级差，从而达到分化竞争的目的。另一个方面是社会经济、文化等环境因素的作用。一般认为，经济因素会影响人们的购买力，而文化因素则会改变人们的价值观。其实，任何影响因素的作用都不是孤立的，在各方面因素的共同作用下，人们的生活方式会随之发生变化，这正是品牌应该重点应对的一个重要的现象。

市场变化是市场发展规律的一种体现，既然是规律，就是可以预见的，例如，"00后"将逐渐取代"90后"成为某些品牌的目标消费者，而他们的观念、意识、感受事物的方式、消费理念等与"90后"会有不小的差别；相反，受某一个品牌深刻影响的消费者，当他们因年龄、身份等原因不再消费这个品牌的时候，还是会在内心存留一份对这个品牌的依恋，这对于他们选择新的品牌具有相当的影响作用。

只要是规律，就可以去发现，拿来作为参考的依据。今天被称为大数据时代，来自于传感器、搜索引擎、交易记录、网络日志等网络信息系统的庞大数据，可以被用于了解消费者的消费动态、所关心的内容和心理趋向，对于把握市场上的大概率事件具有很好的参考价值。

今天，不同的商业模式构成了市场上花样翻新的景观，各种新的渠道不断出现，它们代表着新的商业理念和消费形态。商业地产为品牌的聚集和市场的类型化、层次化提供了最有力的支持，使城市商圈发展得更加成熟；而创意产业则引领了一种新的商业模式，它利用创意地产作为吸纳创意群体、创意观念和模式以及运营资本的手段，集聚了以创意群体为核心的主题性创意文化及商业形态，成为都市先锋文化的一个发源地和聚集地，对于服装与时尚品牌的发展起到了导向和推动的作用。比较有代表性的商业地产有万达、大悦城，创意商业地产有北京的798、上海的新天地等。

概括来讲，市场的变化是在经济的推动作用下，不同类型的文化聚合、碰撞的结果，由此而产生的文化碎片，是市场外在结构和内在机制的变化依据。这种碎片化的文化，也正是服装品牌在自身文化建设时应该认真理解和吸纳的元素，以此为基础，品牌的表达将会更加具有针对性，尤其是表达的方式和内容就会容易被人所理解和接受。而这种碎片化的文化，由于具有"变化基因"，所以，也对品牌提出了不断优化品牌形象，不断创新品牌概念的要求，从而使品牌的新形象、新概念成为文化碎片的一个组成部分。

二、概念创新法则

如果一个品牌的核心价值能够实现，就说明品牌概念已经被消费者所接受。而为了应对已经或即将发生的新变化、新情况、新要求，品牌概念就有创新的必要。

品牌概念的创新，既是品牌内在更新的外在反映，即根据变化情况对品牌的再定义，又是与外部环境的一种互动，即以一种新的姿态面对环境和条件的改变。因此，可以说，对品牌概念的创新是升级品牌和应对挑战的一种方式。

下面具体介绍品牌概念创新最基本的一些思路、原理和法则。

充实，是所有创新法则的基础。充实的意思就是说，补充和完善品牌概念固有的内涵上的短板或是在发展中显现出来的欠缺。例如，对于一个时尚女装品牌，如果它在产品上体现出"快变多样"的特点，只能说它具备了时尚品牌基本的形象要素，在个性方面还没有能够凸显的东西，对于品牌形象而言是一个不小的问题。为了进行弥补，可以在产品的层面上继续进行挖掘，在"快"与"多"这样太过抽象的概念上，补充一些相对具体又比较明确的定义，诸如简约主义风格、"轻奢华"的定位、自主设计的原则等，这样便使得品牌的内涵更加具体，使品牌概念得到必要的充实。

凝练，应该属于一种优化法则。这也符合今天的高度概括，简洁化、标题式的信息特点。从原理上讲，凝练是将若干并列的含义进行归纳或是在重要性不同的概念中选出关键的，在鲜明度不同的概念中选择突出的，使经过提炼的概念能够清晰、准确地表达它的意思。对于服装品牌而言，凝练一般是为了使品牌形象更加鲜明，或者需要突出某方面的个性特点，从而借鉴或创造更加具有概括性的品牌概念的一种创新方法。例如，对于一个基础类服装品牌，它的品牌口号是"每个人，每个季节，每一种需要"，应该说，作为品牌表达，它说明了品牌"大众化"、"一站式"等特点，但仍然需要一些理解上的辅助，因此，不能算精练、概括，如果用"知心衣橱"来表达，不仅品牌的特点通过程式化的表达方式得以说明，而且还增加了一层情感意味。

升华，通常是为了提升品牌的层次，需要更新品牌所表达的概念，以便使之能够适应品牌定位的调整。例如，对于一个以产品色彩丰富多变为特点的感性休闲装品牌来说，以前使用"色彩魔方"来描述其特点和创意性，可以很生动地说明品牌的感性特征，而且，具有活泼、自在、年轻的定位特征。当品牌根据市场需要，在经营策略上作出调整，计划增设一个相对高端的时装产品线但又不希望改变品牌形象，只想通过增加其产品内涵以及补充相应的品牌概念，达到提升品牌文化定位的目的，此时，可以用"莫奈的调色板"作为其时装系列的表达方式，这样，通过语言类型的变化，即使用艺术化的表述，就会使品牌的品位得到明显的提升——从通俗的游戏升华到艺术的表现。

转向，按照市场的风向标来调整，也反映了市场顺应社会发展的一种价值观的改变。在新的时尚潮流开始显现的时候，品牌需要将其体现的意义向市场上新的动向靠拢，即以新的语境作为品牌概念表达的立足点，从而使品牌能够与时俱进，始终站在新时尚的潮头。例如，一个倡导自然主义的个性女装品牌，以象征自然的"清风"和表达自由自在心情的"怡然"用于品牌的口号，即以"清风怡然，自在本真"来阐释品牌的理念。当"绿色"、"低碳"成为一种消费时尚的时候，不妨另以"清风天意，绿色我心"作为品牌口号，这样，既保持了品牌的本真个性，又体现出绿色环保的社会意识。

对应，是指与竞争对手提出的概念形成对应，从而引导消费者进行对照和比较，一方面使自己的概念更加易于理解，另一方面可以借助竞争对手特别是有号召力的对手拥有的市场影响力来宣传自己。这是一种借势的策略，也是一种强化概念的手段。例如，体育运动品牌李宁当年参照国际品牌阿迪达斯的经典广告语"Impossible is nothing"（没有不可能），提出了"Anything is possible"（一切皆有可能）的品牌口号，就成功地树立了有实力、有气度的中国体育运动品牌代表的形象。

抽象，是指将具体的概念抽象化，从而留给消费者更多想象空间的一种概念创新法则。例如，某奢侈品牌所选定的品牌概念为"精致，经典，始终不渝"，所传达的品牌价值点体现于品质、风格和情感象征，使用了比较具体而常规的表达方式。如果运用抽象的概念创新方法，可以将概念表达为"真爱，是细微处的光芒"，这样，既保留了品牌概念原本的含义，又充分放大了想象力的空间，而且也明显加强了品牌的情感特征。

创意：家居服品牌构思及其概念表达

1. 概述

家居服在今天的市场条件下和消费观念中，已经不再是原来意义上的家居服装，而是演化成为一种代表生活方式的服装类型——为了适应当今的工作、生活模式，有些人在日常生活中选择以"宅"为主，"居家"已不再是休息和家庭生活的代名词，而成为工作、学习的一种状态或是一种生活方式的体现。

在这样的背景下，家居服的款式、功能已经超出了睡衣、起居服、家务工作服的范畴，以及以柔软、舒适的棉质服装为主的服装类型，它会更多地关注消费者的心理特点和核心需要，以多元化的审美观念和自我观念作为家居服设计开发的依据。

在家居服品牌建设方面，要以"宅"一族现实的精神世界和生活特点为中心，而不能以传统的观念理解他们的需要，从而真正成为他们的朋友。

2. 构思

按照上述原则和要点，本创意将家居服品牌规划分为三方面，即生活形态规划、情感规划和概念表达规划。

（1）生活形态规划：将家居服消费者定位在自由职业者、兼职工作者、大学生及研究生以及个性化消费者。将"家"定义为一个以自我为中心的活动空间，具有工作与学习、休闲与社交以及家居生活三重功能，以案头及线上为主要工作及学习方式，以小型聚会、餐会、书会为社交方式；提倡节约公共资源的生活理念，以及开放式、不封闭的生活态度。

（2）情感规划：品牌目标消费者是注重情感、关心社会、关爱家人、自立自强的年轻群体，出于独立生活的需要和情感的需要，"家"应该有足够大的包容性，简洁但不单调，其中包括工作空间、阅读空间、聚会空间、爱宠空间等生活空间，由此体现消费者丰富的内心世界、充实的生活内容、独立的生活态度、细腻的情感体验。

（3）概念表达规划：在概念表达中，包括品牌名称、品牌口号和产品描述。

首先根据以上规划确定产品类型及特点。产品为舒适、宽松的裙装、袍服、套装以及T恤、短裤、七分裤等；面料采用棉、麻、新型人造丝等素色及印花织物与针织物；采用具有传统民族风格、异域风情和浪漫风格的精致刺绣、花边、镶嵌等装饰手段，体现精致与唯美的设计感。

品牌名称确定为绿植布艺。说明："布艺"表示以艺术感和设计感为产品特征，具有精致手工风格；"绿植"象征自然、生命和梦想，同时也代表"家"中最重要的装饰品。

品牌口号："我是你案头的绿植，永远清新着你的世界。"

3. 创意点评

本创意注重消费者生活特点、心理特点和消费需要的关联性，通过明确的定位以及产品策划和品牌策划，使三个层面的概念表达形成呼应、彼此联系、用于表达品牌理念的概念具有鲜明的象征意味，非常有助于引导消费和树立品牌形象。

概念创新并非只能通过语言的表达方式来实现，如广告语、品牌口号、产品介绍和品牌定位说明等，其他方式如利用形式化语言进行表达，同样可以达到概念创新的目的，如平面广告、店铺橱窗、卖场展示等，通过创新设计都可以实现概念创新的目的。其实，这些方式都非常容易理解和掌握，最简单的思路就是将创新后的语言表达方式"翻译"成其他形式化的方式即可。

将以上内容进行归纳，可以概括为直接表达方式，属于直截了当、简单易行的方法。而在实际当中并不限于此，对于概念创新而言，企业在品牌运营中的特定举措和某些具有象征性的行为，都可以起到创新品牌概念的作用。虽然这些形式往往需要比较复杂的运作和相应的资金投入，但是，可以将品牌概念创新与品牌的管理、维护、传播等工作结合起来，体现着企业的创新意识和智慧，是非常值得尝试的途径。

案例：例外的品牌表达方式

1. 背景介绍

如何利用市场上不断创新的商业模式及其理念的影响来定义自身的发展，是今天的服装品牌必须认真思考的问题。而通过创新渠道，建设文化平台，达到提升品牌文化、发展品牌概念、实现品牌表达的目的，是一条行之有效的发展之路。

在这一背景下，设计师女装品牌例外（EXCEPTION de MIXMIND）在广州太古汇广场开办了一个名为"方所"（Fang Suo Commune）的生活文化概念店。方所名义上是一间书店，是例外与台湾行人文化实验室联合创办的。方所占地1800平方米，集书店、美学生活、咖啡、展览空间与服饰时尚于一体，严格意义上属于混业经营。但是，方所首先表明自己是书店，在方所的玻璃门上，有诗人也斯的赠语："但愿回到更多诗歌朗读的年代：'随风合唱中隐晦了的抒情需要另外的聆听。'"这似乎指明了书籍的范围是以人文、艺术为主，在其经营的书籍里也包括设计、建筑类读物，还有港台书刊和近万种外文书。店内设有阅读指南，是一些诸如"方所推荐"、"媒体推荐"、"网络意见领袖推荐"等特色书架。按照"百度"的说法，方所是一个优雅自在的天堂。在这儿你可以捧本小说，点一杯咖啡，坐在椅子上享受一个下午的美好气氛。

方所所在的太古汇广场，是广州最高端的标志性商圈，在那里聚集了许多国外知名服饰品牌，包括：路易·威登、阿玛尼、普拉达等。在方所1800平方米的营业空间内，书店部分为500平方米，展示和销售设计品的美学馆有400平方米，展览空间有260平方米，服饰馆为250平方米，咖啡馆有90平方米。这些显示了方所的环境氛围和内部结构——它的功能性是由身处的商业语境和店内各个部分的面积以及所整合的内容来实现的。

一个值得思考的问题是，目前，由于数字化和网络的阅读已经十分普及，实体书店的经营面临着巨大的挑战，而例外恰恰在这个时候开办了一间书店，并且，郑重表明这是书店，尽管它的确不是纯粹的书店，那么，其中的用意究竟何在？

2. 结果分析

根据《2012—2013中国服装行业发展报告》中的有关分析，这个书店一年的客流量约为200万人/次，在今天这个流量就是营业额的时代，仅有250平方米的服饰品营业面积，也就是说，仅占总面积约14%的服饰品销售区，却创造了超过总销售额45%的业绩。

上述分析报告指出："这是公司对消费者进行深入研究的结果，例外的定位、风格和营销，一直围绕着文化、美学、情感和心灵。在这种与文化相伴相生的营销渠道中，东方美学、文化和现代生活模式自然结合，牢牢抓住了例外目标消费者的心，也使方所这个跨界渠道获得了成功。"

3. 对方所现象的再分析

可以将上述事例称为一个现象。正如上述分析报告所指出的那样，方所的成功，就在于"牢牢抓住了例外目标消费者的心"。而如何能够实现这一点呢？其实，所有这一切，都源于一个概念的创新和它的成功表达，这个概念就是"文化消费"。如果说作为时装品牌的例外代表着文化，从来就没有人否认过，但也还没有真正成为被消费的主导价值：一般地，人们都是围绕它的款式、设计、理念、审美来传播、理解和接受，正是由于在认知中充斥了这些具体的分析和阐释，例外也就不再是纯粹的文化，而是一种类型，一种风格，一种具体的消费理念，也就是说，它就是"例外"。于是，"例外"变成了符号，代表着时尚、个性、知名度等许多价值，但是，很少说"例外"就是文化——这是一个具有巨大包容性，蕴含着无穷想象力，而且极具崇高意义的概念。

然而，方所改变了这一切。读书，是最单纯的文化行为，更何况，在方所读书不是苦读，因为有一杯香气四溢的咖啡作为点缀，有一个别致的环境，有一群同样的读书人，读书成为一种真正的消遣，一种对内心的审视，一种生活方式。于是，方所自然成为了一个文化的乐园，也就是说，方所成为一个符号，它的所指正是文化。就这样，例外自然也就成为文化的一个象征了。所以说，方所的成功，就在于它将一个纯粹的商业模式创新成为一个具有纯粹文化特质的符号。

第三节　符号学方法

在今天的服装市场中最具代表性也是最具象征性的现象，就是以商业中心为代表的实体商业模式和以电子商务网站为代表的虚拟商业模式以难以置信的速度在增长，因为在今天看来，投资服装市场仍然是获取资本增值的有效途径之一。而支持这个现象的必然是符号消费的快速普及和增长。

其实，人们需要借助服装来实现的生活意义远没有想象的那么多。例如，一个初入职场的女孩儿，有一个某品牌的包包就足以让她获得一种归属感，在同事们认同的目光里，她会感到从未有过的自在和轻松。但是，市场是一个制造符号的机器，而且，与工厂不同的是，它能够让以前生产的"产品"快速贬值，以便推销它的新"产品"。在新"产品"上市的时候，并不是人们追求的意义发生了改变，而是代表这个意义的能指被市场替换了，这样一来，那个女孩儿就只能再去买一条某品牌的裙子才可以继续感受她的自在与轻松。

这样看来,人们所追求的意义概括起来讲,不外乎是"今天的时尚",或是"今天的生活方式",而代表这些意义的,却是始终变幻不定的事物。因为只有如此,消费才能永不停息地进行下去。这就是市场的生存机制——由于需要靠符号来维持自身的增长,所以要不断地制造新的符号。

事实上,制造新符号的并不是市场,而是企业,市场只是在制订游戏规则,企业用它创造的符号即品牌从市场手里换取自己的生存空间。从创新的角度讲,品牌的创新是维持符号价值的方法,这是市场的宽容之处,它并不希望品牌只是昙花一现,而是鼓励它们通过更新自己来谋求生存和发展。

因为品牌是一种必须依靠创新才能存在符号,所以,运用符号学的方法来研究品牌创新问题,是一个可以深入品牌本质的方法,而且会非常实用和方便。

一、基本原理

如果将符号学作为一种创新的方法来看,它旨在确立能指与所指之间的关系,并且有充分自由的发挥余地。它所依据的原理是:由于文化的存在,使人很容易找到制造符号的素材即符码——符码是基于物质的有关知觉、逻辑或是经验的认知,或者说,是文化发展过程中产生的概念。在人们的现实生活当中,许多事物都可以被作为符码来使用。由于使用符码的目的是创造符号,所以,人们首先需要创造使符码成为符号的条件。最基本的条件称为语境,也就是说,符码在一定的情境中,就具有了符号的功能——能够表示一个具体的概念,或者表示一个特定的意义。例如,在面料展会上,再生材料被用来表示环保这个概念,面料展会就是语境,再生材料就是符码——这源于人们对再生工艺的认识,而符号也由此产生了——再生材料是能指,环保是所指。而在另一种情况下,例如,再生材料被制成服装陈列在服装店里,显然,语境发生了改变,那么,再生材料还是表示环保吗?此时是不确定的,因为在前面的例子里,面料展会作为语境,使人们都会从原料的角度来看待再生材料,而在本例中,在服装店这个语境中,人们却不一定从原料的角度来看待再生材料,有可能是从功能的角度,还有可能是从流行的角度。总之,因为再生材料具有许多不同的属性(任何事物都是如此),当一个语境不能限定它被人们看待的角度时,它所代表的意义就无法确定。那么,在此情况下,再生材料就不再是符码了吗?回答是否定的。还可以继续为语境补充新的条件:如果在进行商品陈列时,将再生材料产品相对于其他纯棉产品摆放在一个突出的位置上,它就成为"被推荐的产品",再生材料也就在人们的理解中被当作"新型"或"流行"的能指;而作为商品的意义,"新型"和"流行"并无根本的区别。这个例子说明了创造符号的几个规则,其一,当一个符码(即具有可以被人们理解的某个或某些属性)在某个语境中不能成为符号时(即条件不具备,原因是该语境不能确定人们看待它的角度),通过增加其他符码就有可能满足创造符号所需的条件;其二,一个符号的意思并不是唯一的,人们可以有不同的解读(在许多情况下,虽然解读不同,但符号的意义同样存在);其三,正如符号需要条件一样,成为符码也是需要条件的，也就是说，恰当地选择符码是创造符号的关键。

通过以上说明，可见作为一个创新工具，符号学的方法就是根据人们对事物的感觉、经验和认识在特定条件下的不同反应，运用恰当的符码并通过构建语境而创造出不拘一格的符号。其中，选择与组织符码是创意的关键，从这一点来看，很像学生练习造句的情形。

正是由于符号创意具有不拘一格的特点以及解读时可能产生不同的认识，才使得创新成为可能。这也是认为符号学方法实用而且方便的主要理由。

二、实际应用

对于服装品牌而言，品牌符号即表达品牌概念的符号形式是用于传播的，因此，品牌符号的创新就体现在传播过程中，这就使得品牌符号创新研究一般是在特定的范畴里进行，它的规律也因此而容易把握。

概括地讲，服装品牌符号在实际当中主要有两种情形。其一，符号的外在形态是运用各种结构性要素（如产品、道具、装饰）作为符码，并按照一般的构成规律（如商品组合、橱窗展示、店铺陈列）和确切的目标（如品牌形象创新）来完成一个视觉形象的创造，从而使其成为"可感知的"能指，与此同时，通过创造典型化的语境使之具备可理解的条件，来完成符号的创建——使它的所指能够被解读。其二，符号以空间和场景的形式出现（如卖场、展示会、发布会等），从而创造出一种"舞台效应"：通过特定空间中各种构成元素的组合以及呈现它们之间复杂的关系，来限定和引导人们看待符码的角度和思维方式，并通过激发人们的感受力和想象力，创造出一个表现美好生活的场景或是想象中的情境，由此引发人们的心理体验，从而使符号的所指在体验中产生。

这既说明了品牌传播主要是通过上述过程来实施的，又可以看出品牌符号创新的基本途径。由于品牌传播是将品牌符号反复呈现的过程，而无论对符码的看待方式还是对符号的解读，都是以受众的经验和认识水平为前提的，所以，消费者接触品牌符号的过程也就是积累经验和获得认知的过程。当品牌符号在一定的认识基础上再现的时候，任何一个符码的加入或是语境的改变，都会使那些已经熟悉品牌的表达方式，并且已经在头脑中形成有关概念的消费者们得到不同的感受，并由此产生新的认识。这便是品牌符号创新的基本手段。

在此，以图10-1所示的一个首饰品牌的橱窗设计为例，进一步说明符号创新的手法。设计者将一幅名画《戴珍珠耳环的少女》（约翰内斯·维米尔创作于1665年）作为新符码加入橱窗中，于是便得到了图10-2所示的效果。画面中的少女朴实无华、侧身回眸，闪烁的目光流露出殷切之情，仿佛有万千思绪在头脑中萦回，她双唇轻启，仿佛要诉说什么。这幅画作被用作符码的点睛之处，是少女佩戴的那副泪滴形珍珠耳环。当受众被少女的惊鸿一瞥深深震撼的时候，那颗纯美明亮的珍珠可以让人在一瞬间理解了纯洁和珍贵的含义——通过这个由橱窗创造的符号，其所指也就作为品牌形象浮现在消费者的脑海里了。

图10-1　首饰品牌橱窗

图10-2　创新后的橱窗

　　如图10-3所示的是某女鞋品牌的卖场展示，画面表现了卖场中一个局部，这样比较便于分析——因为视觉对象的主体部分更加突出，就如同广告画面一样。图中，处于画面突出位置的是一把豪华的椅子，上面摆放着一双女鞋和一款手包。这是一个利用家中的陈设来表现品牌定位的设计，因为只有在私人居所才能最明白无误地表明这一切是属于个人的——归属感便由此而产生。此外，家具的形制同样可以非常清楚地显示出它的等级（可见使用家具作符码是很聪明的选择）。鞋和包摆放的位置，进一步暗示它们的私人物品属性以及通过和椅子的关系显示出高于其上的地位。最后，不要忽略了那件装饰品蝴蝶的作用，正是由于它的存在，使画面中主体和陪衬的关系被进一步强调出来：女鞋是主体，而椅子则是陪衬，因为它是被用作展具的——蝴蝶给了它这样的限定。这个例子进一步说明了使符码发挥特定作用的方式以及如何通过建立符码之间的关系来创造或是创新符号。

图10-3　女鞋品牌卖场展示

　　拿实物来做符码的效果是显而易见的，这是由于它们原本就是生活的一部分，当设计者运用它们在生活中的常态来创造符号时，生活经验会帮助人们选择视角和进行解读；当然，也会由于一反常态而使人产生不同一般的看法，创新往往就由此而实现。

今天，网络营销正在快速增长，屏幕上的符号，指尖上的符号，抽象化的符号，正在成为服装品牌创新的重要对象。其中包括：由实物向虚拟转化的创新，由场景向屏幕转化的创新，由全景向截图转化的创新，尤其是由固有的概念向全新概念转化的创新，这无疑是创新的核心内容。

相对于上面介绍的符号形式，拼图式符号在网络上将成为主流，特别是手机用户，将更容易接受这种方式。拼图不能像实体场景一样呈现复杂的关系，也因此不能使用那些需要特定条件的符码，所"拼"之"图"当然也不宜太过繁复。所以，拼图式符号的组成部分，与其叫作符码，不如就称为视觉元素，因为在很多情况下它们只是一个难以理解的形态而已。

如图10-4所示为江南布衣（JNBY）在网络上发布的服装系列的概念表达，它没有使用具有寓意的画面，而采用服装的局部形态，着重表现衣纹、质感、色彩等视觉特征，并将它们组织在同一个画面当中以形成对比，使它们产生比较强烈的直观印象。这组图片给人的第一印象是色彩非常雅致、质朴和原始；进而可以看出服装所采用的图案是泼墨、水墨画、瓷器纹样、绣花等，这些都是中国文化元素；在图片所显示的服装形制上，采用中国传统的交叠式、汉服的中门襟以及褶皱等方式来体现服装的廓型、体积与量感。最后，利用文字说明，将服装的设计主题命名为"青瓷"。可以说，江南布衣的这个概念表达因为不循定式，所以具有个性化的新意，并且，由于利用了人的直观感受所产生的意象和心理体验，所以具有很强的创意性和艺术感，能够给人以美和愉悦，这些都是品牌概念创新、品牌形象创新所应努力追求的效果。

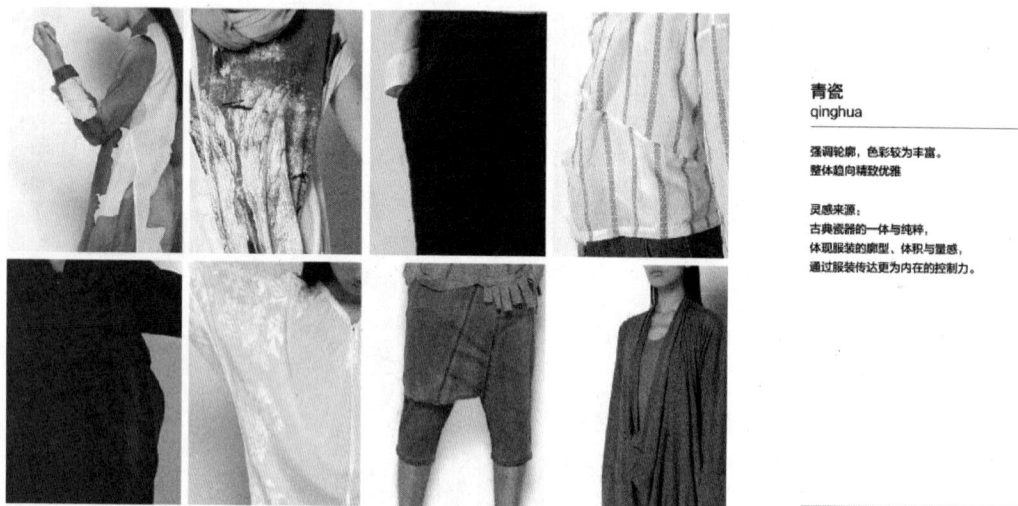

图10-4 江南布衣的服装系列表达

第四节 适度的创新

创新是改变，而且应该是可持续的改变，所以，在追求创新的效果时，还要注意不要期望能够"一步到位"，因为这很可能导致偏离轨道或是后继无力。创新所要求的目标，首先是创造不断创新的条件和基础，这也符合消费者无论在感官方面还是在心理体验方面的要求。

概括起来讲，从创新的效果来看，必须有足够的鲜明性，才能使人感受突出，印象深刻。然而，从创新的持续性和发展性来看，则应该适度、适时，恰到好处，留有余地。如果考虑到消费者的感受，就要避免主观臆想，脱离实际，夸大其词，必须以消费者的心理需要和感受方式为出发点。

一、消费者的感受特点

文化的功能就是当人们面对许多不同形式的事物的时候，可以决定让人们注意什么以及忽略什么。创新正是利用了文化的这个作用，将品牌最具有价值的东西选择出来传达给受众。显然，现代消费主义商业文化对今天的消费者也做了同样的事情，让他们注意某些东西，同时又能够忽略另一些东西。

那么，今天是哪些东西能够被消费者更多地关注呢？这要从价值的产生及其变化说起。在商业繁荣的初级阶段，商品价值更多地体现在它的物质属性上，也就是功能如何、是否耐用等，消费者的判断则来自于生活经验，因此，在这个阶段，商品的感官品质就是消费者重点关注的方面。在市场的成熟期，产品更新周期日益缩短，商品品类与品种日渐丰富，此时已经不能完全凭经验来进行价值判断，因此，一个东西看上去如何就变得越来越重要——所以，外观设计和包装备受重视，视觉营销成为这个时期重要的营销手段。今天，消费者的注意力已经转向品牌对生活观念和象征意义的表达，虽然消费者面对的还是商品——这也是他们最终花钱买回去的东西，但是，符号商品时代的文化意识使他们总是忽视眼前实实在在的东西，而把注意力放到能够证明他们心目中想象的某个概念的因素上，他们会充分调动自己的感知力、想象力和创造力，来寻找感性直觉所带来的内心共鸣，以便获得愉悦的主观体验。例如，给防雨夹克配一幅雪山耸立的背景画面，就可以创造一个表现户外运动的符号，关键在于它的意义并不体现在防风挡雨的实际功能上，而体现在它能够象征勇攀高峰的英雄气概上。这表明，想象中的场景、氛围和意象，这些与眼前的一切并无必然联系，甚至并不真正存在的联想的产物，才是人们所向往的东西。

因此，消费者的感受有赖于那些能够激发想象和联想的元素，也就是那些被视觉化或是听觉化的文化观念，只有它们才能使人在直观感受中被意象和情感活动所支配而忽略了对具体事物的审视。在价值多元化的时代，不同类型的人会对不同的东西有感觉，而且，不同的心理会影响人的反应方式和强度。所以，除了前面所讲的消费者的感受会被他认同的文化所引导以及具有感性化、情绪化色彩、属于想象力的产物等特点外，因人而异、因时而异、因境而异也是消费者感受的一个显著的特征。

二、适度原则的把握

前面谈过适度的必要性，在此，说一下适度的把握问题。

在实际应用中，形式法则和内涵法则被分别作为品牌创新的两极，具体的创新设计将根据情况有所侧重，或是突出前者的形式感特征，或是强调后者的理解性特征，因此，不同的创新方式和创新目标，在感知和理解方面会有不同的效果。因此，适度也会在上述两个方面有所体现。

因此，在构思创新方案时，就要先确定创新主要体现在哪个方面，之后再确定体现的方式。例如，对于童装品牌或个性化突出的感性品牌，就应侧重于对形式法则的运用，需要在不同的感觉方式中进行选择；如果是需要突出内涵的创新，就应侧重于思考新的品牌概念，在不同的理解方式中进行选择。当创新的着眼点确定下来之后，就进入具体的设计层面，此时，要选定体现创新点的要素，并且，排出程度或属性不同的序列。例如，以色彩对比为视觉创新要素时，就可以排出强、中、弱三种不同强度的对比形式；再比如，按理解方式的不同选择品牌概念，就可以选择诗化的、寓意的、日常生活的三种不同类型的概念进行排列——因为它们对于理解具有不同的引导方式，也会使不同的受众产生不同程度的反应。

综上所述，创新的适度原则是建立在感受和理解方式的差异性之上的，并且，在运用时又是与不同程度和类型的创新要素有关。那么，将感受与理解的差异性和程度、类型不同的创新要素放在一起考虑，就可以从原则上和方向上保证创新的恰如其分；进而，通过对效果的分析、总结，再进一步选择和优化创新元素，就有可能保证创新的可持续性，从而使消费者永远拥有新感觉和新体验。

案例：男装品牌的风格创新

1. 初步尝试

一个以标准外套（习惯称之为西装）为主要品类的男装品牌，出于差别化策略的考虑，需要适当改变品牌的文化定位，即使品牌由"传统与正宗"向"文艺范儿"转化。然而，由于服装款式的限制，只能在面料、服饰品和上下装的搭配上进行一些改变。诸如采用较有文化气质的格子面料、印花领带和对比鲜明的长裤，使服装从整体感上偏向洒脱、考究和体现品位。然而从结果上看，产品的变化并没有将消费者的认识引向预期的目标。因此，需要重新考虑对创新要素的选择。

2. 再次创新

经过对不同创新要素的分析、比较，意识到在产品层面寻找创新点是不大切合实际的想法，这是由于服装发展的多元化趋势，使标准外套的样式、面料等都已经发生了许多改变，因此，仍然在此做文章就难以引起关注。

通过进一步分析得出的结论是：与其在形式要素上寻找创新点，不如把着眼点放到理解方式的改变上。基于这个认识，最终采取了新的创新方案：在橱窗设计时，首先，突出产品在面料、配饰上的改变；其次，引入一个对于理解能够产生引导作用的元素——具有历史感的电影杂志和电影胶片，如图10-5所示。这样的结果是，由于改变关注点而实现了对受众理解方式的引导，从而使人们感受到一种强烈的艺术气息。

3. 点评

在初步尝试中，改变的方式是正确的，但由于新意不够突出而使"改变"的所指并不确切，故而造成解读上的问题。在再次创新中，由于引入了与其他元素具有性质差别的象征元素，从而使受众的感知和理解都集中于此进而由此引发，品牌的"改变"便得以理解。

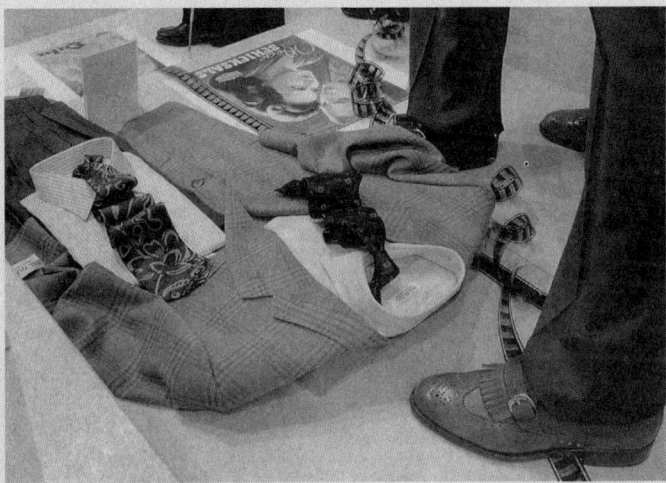

图10-5　男装品牌橱窗创新设计

案例：SAINT LAURENT PARIS的形象创新

1. 概述

长久以来，伊夫·圣·洛朗（YVES SAINT LAURENT）在人们心中留下了色彩缤纷、浪漫高雅的印象，经典而不落俗套是它永恒的风格。无论在高级定制，还是香水、彩妆等方面，伊夫·圣·洛朗始终传达着高雅、神秘的女性魅力，为无数消费者所倾倒。

然而，进入21世纪，创新与改变同样是伊夫·圣·洛朗的重要任务。突出的改变发生在2012年，当年，重返伊夫·圣·洛朗担任创意总监的设计师Hedi Slimane为其服装线更改了新品牌名称——SAINT LAURENT PARIS。当然，名称的改变并不能说明什么，但是却标志着改变的开始。

2. Hedi Slimane的创新设计

应该说，SAINT LAURENT PARIS所要完成的首要任务，就是品牌形象的创新。事实上，伊夫·圣·洛朗始终是法国高级时装的标志性品牌，这源于担任首席设计师的伊夫·圣·洛朗个人的才华和个性上的浪漫情结，因此，伊夫·圣·洛朗的时装设计总是唯美而且充满了浪漫情怀，虽然这代表了审美的一种境界，但是与今天的时代风貌却渐行渐远。

既然经营品牌的目的是赢利，那么，打破固有的风格桎梏而寻求突破，就是Hedi Slimane必须完成的任务。

在一系列创新举措中，非常引人注目的是SAINT LAURENT PARIS的平面广告设计，它很好地诠释了SAINT LAURENT PARIS的改变。这个设计一改伊夫·圣·洛朗传统的风格，把一种极端的个性化感觉营造得十分彻底，使人在受到强烈视觉冲击的同时，开始体会其中蕴含的意味，如图10-6所示。

3. 创新分析

创新的要点是：当人们仔细地看这则广告时，一股"英伦摇滚（Britpop）"之风扑面而来。众所周知，作为一种音乐类型的英伦摇滚可以称为英国文化的象征，具有极其广泛的影响力。典型的Britpop是由吉他、贝斯和鼓所组成，并且以吉他为核心——吉他那种略带迷幻色彩的扫弦弹法，极具文化与情绪的标志性。

这则广告展现了一个英伦摇滚女孩的典型形象。如果这是一个通常意义上的个性化时装品牌，使用这样的广告创意并不会引起太多的关注，然而，将这样的艺术形象赋予SAINT LAURENT PARIS，就会使人有所感悟——在英法两国的交往当中，纯粹的法国文化与纯粹的英国文化总有一些格格不入，这也常常成为一个有趣的话题。那么，当一个最具有法国气质的高级时装品牌，使用了一个最具有英国意味的摇滚女孩儿作为品牌标志的时候，它所传达的"改变"这个概念，就会极其明显而且强烈。

由于使用了具有震撼力的广告传播手段和别具深意的概念表达，SAINT LAURENT PARIS的形象创新通过制造一个强烈的感受，进而又非常准确地引导了受众的理解，因此而取得了很大的成功。

图10-6　SAINT LAURENT PARIS的平面广告（图片来自VOGUE时尚网）

思考题

1. 比较一个新品牌和一个发展中的品牌所体现出的"新"有什么相同和不同。

2. 品牌之"新"主要表现在哪些方面？举例说明并提出个人观点。

3. 尝试解释感性需要与概念思维的相关性，说明相互转换的条件。

4. 选择有代表性的专卖店展示或品牌橱窗，利用符号学原理进行分析，指出其设计思路及创造的意义，进而提出创新的方案。

参考文献

［1］余明阳，朱纪达，肖俊崧.品牌传播学［M］.上海：上海交通大学出版社，2005.

［2］迈克·R. 所罗门，爱诺拉·W. 斯图加特.市场营销学（实践篇）：真实的人，真实的选择［M］.王宝，来婷妍，译.桂林：广西师范大学出版社，2003.

［3］惠勒.品牌标识创意与设计［M］.王毅，姜晓渤，译.上海：上海人民美术出版社，2008.

［4］罗兰·巴特.流行体系——符号学与服饰符码［M］.敖军，译.上海：上海人民出版社，2000.

［5］叶万春，万后芬，蔡嘉清.企业形象策划——CIS导入［M］.3版.大连：东北财经大学出版社，2011.

［6］马大力.商品管理［M］.北京：中国纺织出版社，2005.

［7］梅丽莎·戴维斯.时尚品牌设计［M］.羊箭、朱志勇，译.北京：中国纺织出版社，2012.

［8］程宇宁.品牌策划与管理［M］.北京：中国人民大学出版社，2011.

［9］艾·里斯，杰克·特劳特.定位［M］.北京：中国财政经济出版社，2002.

［10］艾·里斯.品牌的起源［M］.太原：山西人民出版社，2010.

［11］埃里克·乔基姆塞勒，等.品牌管理［M］.北京：中国人民大学出版社，2001.

［12］戴维·阿克.管理品牌资产［M］.北京：机械工业出版社，2013.

［13］戴维·阿克.品牌领导［M］.北京：机械工业出版社，2013.

［14］戴维·阿克.创建强势品牌［M］.北京：机械工业出版社，2013.

［15］托比·迈德斯.时装·品牌·设计师［M］.北京：中国纺织出版社，2010.

［16］马丁·林斯特龙.品牌洗脑［M］.北京：中信出版社，2013.

［17］宝利嘉顾问.品牌体验［M］.北京：中国经济出版社，2003.

［18］凯文·莱恩·凯勒.战略品牌管理［M］.北京：中国人民大学出版社，2009.

［19］郑宗宏.品牌知行——微观品牌管理与研究［M］.广州：中山大学出版社，2004.

［20］龚慧娟，郭萌萌.服装品牌形象在营销中的“符号化”表达［J］.江苏纺织，2011（3）：49.

［21］周如意.服装品牌传播信息结构研究［D］.北京：北京服装学院，2007.